妈妈有智慧，孩子才优秀

鲁鹏程 —— 编著
芋头 —— 绘

海豚出版社
DOLPHIN BOOKS
中国国际出版集团

图书在版编目（CIP）数据

妈妈有智慧，孩子才优秀 / 鲁鹏程编著；芋头绘. -- 北京：海豚出版社，2020.1
ISBN 978-7-5110-4766-3

Ⅰ.①妈… Ⅱ.①鲁… ②芋… Ⅲ.①家庭教育 Ⅳ.① G78

中国版本图书馆 CIP 数据核字（2019）第 192506 号

妈妈有智慧，孩子才优秀
鲁鹏程　编著　芋头　绘

出 版 人	王　磊
策　　划	田鑫鑫
责任编辑	张　镛
装帧设计	杨西霞
责任印制	于浩杰　蔡　丽
出　　版	海豚出版社
地　　址	北京市西城区百万庄大街 24 号
邮　　编	100037
电　　话	010-68325006（销售）010-68996147（总编室）
印　　刷	北京亚通印刷有限责任公司
经　　销	新华书店及网络书店
开　　本	880mm×1230mm　1/32
印　　张	10.5
字　　数	214 千字
版　　次	2020 年 1 月第 1 版　2020 年 1 月第 1 次印刷
标准书号	ISBN 978-7-5110-4766-3
定　　价	45.00 元

版权所有，侵权必究。
如有缺页、倒页、脱页等印装质量问题，请拨打服务热线：010-51438155-357。

前　言

　　孩子的教育对每个家庭而言都是不折不扣的一件大事，甚至可以说是整个家庭中最大、最重要的一件事，无论多么重视都不为过。

　　因为没有好的教育，孩子就很难成为对家国社会有用的人才。而好的教育又不是天上掉下来的，是需要父母辛苦付出、用心努力培育出来的。所以，作为妈妈、作为爸爸都应该知道自己之于家庭、之于孩子的角色，要能很好地承担起这个角色。

　　不要认为赚钱养家最重要，而把教育孩子放在第二位。赚钱养家是必要的，但教育孩子才是最根本的。否则，一个败家的孩子会把祖上几代积累的财富一夜败光。那辛辛苦苦挣那么多的钱留给孩子又有什么用呢？

　　有一些事情，是错过了就不能再回来的，就如同孩子成长的时光，这是一条单行线，只有去程，没有返程。所以，每一位父母都没有"本钱"错过这件事。在孩子的成长过程中，选择教育、陪伴和参与，还是选择漠视、忽略和远离，结果会截然不同。

虽然做妈妈、做爸爸是一件很自然而然的事，但如何成为一个好妈妈、好爸爸却需要不断地学习。因为不学习，就不能掌握教育孩子的真智慧，可能就会在教育孩子这件事上犯错误、走弯路，从而耽误孩子的成长。

教育孩子有一个总原则，就是父母要做对，要给孩子做个好榜样，以身示范，而不仅仅是说教，因为好的教育不是说出来的，而是做出来的。所以，父母要懂得做父母的"道"，那孩子自然会在孩子的"道"上，一定会很好教，甚至可能都"不用教"。

至圣先师孔子说："其身正，不令而行；其身不正，虽令不从。"父母身正了，孩子自然就会跟着正，这叫"上所施下所效也"，也就是古老的《说文解字》对"教"的解读。再就是要"养子使作善也"，就是把孩子培养成一个有善心、善念、善行的人，有德有品有内涵，这也是《说文解字》对"育"的解读。综合起来看，可能就会明白"教育"二字的道理了。

可见，教育孩子是需要智慧的，要抓住教育的根本"道"，再结合教育的一些方法——"术"，道、术结合，教育会做得更轻松、更有效。

我特别希望有更多的妈妈爸爸关注家庭教育，反思家庭教育，想办法把家庭教育做好，因为这是包括学校教育、社会教育等所有教育形式的基础所在。如果家庭教育做不好，想让孩子考个好成绩，想让他以后有一份好工作，为社会国家做力所能及的贡献，实现他的人生价值，会比较困难。

想想看，我们做父母的在家一个孩子都还教不好，把他交给学校，能指望一个或几个老师教好几十个学生吗？显然不能。即使在学校把孩子教好了，孩子回到家还会沾染上父母的不良习气，还是会受到父母的恶劣影响，他怎么能变好？

有人说，孩子是父母的复印件，父母是孩子的原件，有什么样的父母，就有什么样的孩子。想让孩子变得更优秀、更出色，父母就要做得更好，最大限度地提升自己，还要努力经营好自己的夫妻关系。因为父母的修养决定孩子未来的教养，夫妻关系的好坏决定孩子教育的成败。

有人说，孩子是父母的镜子。但在我看来，孩子其实不是镜子，镜子是没有问题的。因为镜子是客观的，镜子里那个出了问题的人是谁？这个人不是孩子，是父母！镜子里出了问题的人恰是我们自己的映照。不必改变镜子，需要改变自己。

所以，做父母的不要抱怨社会，不要说孩子被社会上的坏孩子带坏了。这是不负责任的说法。想想，如果父母教给孩子明辨是非的能力，他交朋友自然会有选择，自然能经受住各种诱惑。儒家有一句真理："行有不得者，皆反求诸己。"遇到事情不要向外找原因，原因一定在自己，只要你肯找，就一定能找到。只要你肯改，就一定能改得了。父母改了，孩子肯定会改；父母变好了，孩子肯定也会变好！

今天的孩子是幸运的一代，物质大丰；今天有的孩子又是不幸的，精神贫乏。所以，要想让孩子幸福，妈妈就要学习怎样做妈妈，爸爸就要学习怎样做爸爸。

　　说了这么多，无非是想阐述一个观念、一个道理，就是"父母好好学习，孩子天天向上"，父母要更有智慧。那么，做妈妈的、做爸爸的应该具备怎样的智慧呢？我想可以从这几个方面考虑一下：第一，把握正确的家庭教育理念；第二，知道什么对孩子更重要；第三，好的亲子沟通胜过更多的说教；第四，培养孩子的独立自主精神；第五，轻松教孩子喜欢上学习；第六，满足孩子的娱乐和交往需要；第七，教育孩子要避免走入误区。教育智慧要学，更要做，不要把这些教育智慧与方法当成充实大脑的教育知识，因为当知识是没有用的，唯有真正去实践落实这些智慧与方法，它们才能产生价值，也才能为社会为国家培养出栋梁之材！

　　衷心希望每一位父母都能成为掌握教育智慧的父母，也衷心希望每一个孩子都能受到最根本、最有效的教育，健康快乐地成长！祝福大家！

鲁鹏程

目录 CONTENTS

第一章

把握家庭教育的9个正确理念

孩子最开始接触到的教育就是家庭教育，在这之后，他才会根据需要去接受其他教育。可以说，家庭教育是孩子日后接受所有教育的基础。不过，现今很多人对家庭教育却只是一知半解、以偏概全，显然只有理清教育理念，我们才能更好地对孩子开展好的家庭教育。

教育要培养人格健全的人，教孩子先成人再成才 / 2
给孩子做孝敬父母的好榜样，让他感觉家里充满爱 / 8
夫妻关系好坏决定家庭教育的成败 / 13
夫妻尽量不要吵架，如果不能避免，就请避开孩子 / 18
要爱孩子，但必要的时候也要适度惩戒一下 / 22
换位思考，要学会站在孩子的角度去看待问题 / 29
尊重孩子的秘密，给他一定的独立空间 / 34
在生活中对孩子进行适当的"艺术教育" / 38
要给孩子健康的身心，胜过丰厚的物质财产 / 42

第二章

清楚对孩子更重要的9大内容

教育其实是一件非常精细的事情，很多时候需要我们做出正确的选择与是非判断后才能再开始教育。否则，如果一开始就对教育产生了错误的理解，那孩子就会受到错误的引导。所以，要知道什么对孩子更重要，要选择正确的教育方向与方法来让孩子进步成长。

兴趣比成绩重要，尊重孩子健康的兴趣爱好 / 48
成长比输赢重要，让孩子在生活中不断历练成长 / 52
主见比顺从重要，培养孩子有自己的想法 / 56
良知比对错重要，教孩子从小就有是非判断标准 / 60
反思比推责重要，教孩子时刻懂得反省自己 / 65
成熟比成功重要，给孩子一个成熟的心智 / 70
幸福比完美重要，让孩子未来能拥有幸福的人生 / 74
信用比金钱重要，不要让孩子透支了他的诚信 / 80
多样比单一重要，教孩子不死读书，要多方面学习 / 85

第三章

胜过更多说教的9项沟通技巧

关于如何与孩子相处这回事，有相当一部分父母习惯于端着父母的架子用说教的方式来进行教育。但是孩子却并不一定领情，相反可能还会与父母逐渐疏远。事实上，如果能与孩子好好沟通的话，很多喋喋不休的说教也就可以省了，而且教育效果反而会更好。

每天花半小时陪陪孩子，多听听他的"声音" / 92

经常拥抱、抚摸、亲吻孩子，让他感知你对他的爱 / 96
善于发现孩子做得好的地方，并及时赞许、鼓励他 / 102
多跟孩子一起欢笑，不要总是对他"一本正经" / 106
如果有时间，晚饭后陪孩子散散步 / 110
跟孩子分享自己的快乐，也要分享孩子的快乐 / 115
关心孩子的身体健康与情感需求 / 119
睡前给孩子讲讲故事，让他笑着入睡 / 123
在家跟孩子也要讲文明用语 / 127

第四章

培养独立自主精神的9种方式

孩子生来就是一个独立的人，也是希望获得更多自由的人。自从出生之后，他就在十分"拼命"地学习各种知识和能力，以期让自己快快地成长。孩子对独立自主也是有追求的，所以我们也应该顺应他的这种成长需求，给他机会让他成长为一个独立自主的人。

鼓励孩子去做一些力所能及的家务 / 137
把选择的机会和权利适度还给孩子 / 144
尊重孩子的独立人格，要和他平等地相处 / 150
给孩子一定的自由空间，但也要赋予他一定的责任 / 155
有意识地创设一些困境，与孩子一起去克服 / 159
尽早教孩子掌握骑自行车、游泳等基本技能 / 164
对孩子的事不"包办代替"，不做"奴仆型父母" / 167
适当给孩子一些钱，教他试着学习理财 / 174
与孩子生活有关的困难或家中大事，要倾听孩子的想法 / 180

第五章

教孩子轻松爱上学习的 11 种方法

学习是一个人一生都要去做的事，特别是孩子，未成年时期是学习的最佳时期，这一阶段学习的内容可以算得上是一个人未来的基础，所以特别重要。不过不是所有孩子都喜欢学习的，所以需要父母多用一些智慧，想办法来教孩子轻松喜欢上学习、学会学习。

给孩子营造一个舒适的学习环境，尽量不在家搞娱乐活动／186
与孩子一起读书学习，但要少看娱乐读物／189
不要强迫孩子学他不感兴趣的东西／194
不要因为孩子成绩不好而去责骂他，认为他没出息／198
及时发现孩子的点滴进步，懂得赏识他／203
不因为孩子的成绩好而"献媚"——用物质或金钱奖励他／207
教孩子读好书，好读书，会读书／214
孩子的书桌也要干净整洁，不乱摆放与学习无关的东西／219
认真对待孩子提出的每一个问题／223
不要给孩子贴上"笨"的"标签"／228
给孩子准备一个展览架，让他展示自己的各种"作品"／232

第六章

满足孩子娱乐和交往的 9 大需要

玩是孩子的天性，在孩子这里，玩可以被定义为很多种活动，娱乐、交往其实都算是玩的体现。既然是天性，那便是我们不能阻止或限制的，更不可能彻底抹杀。孩子本来就需要娱乐与交往，所以倒不如顺应他的需求，满足他的需要，以保证他的身心健康发展。

允许孩子玩，给他一个玩耍的独立空间 / 240
跟孩子一起看动画片，但提前约定好时间，以免成瘾 / 246
适度允许孩子看一些少儿益智节目、少儿科教片等 / 250
和孩子一起玩各种游戏，但要有度 / 255
跟孩子下棋，要让他赢也要让他输，教他懂得"落子无悔" / 259
允许孩子收集他感兴趣的各种"废弃物" / 262
经常带着孩子去郊游，或者去更远的地方 / 267
不妨跟孩子春天踏青、夏天游泳、秋天野炊、冬天打雪仗 / 271
鼓励孩子邀请他的同学、朋友到家里来做客 / 275

第七章

家庭教育要避免走入的 10 个误区

我们总会以教育者自居，认为自己肩负教育孩子的重任，所以一定要不遗余力地对孩子开展教育。虽然这种想法没错，但可能无法保证自己的教育方法是完全正确的，一旦用错方法，教育孩子不成，反倒弄巧成拙。所以，要努力做对的教育，避免走入教育误区。

不要以"揭孩子伤疤"的方式去提醒他所犯的错误 / 282
不要把孩子长时间丢给老人或者保姆带 / 286
不要把自己没有实现的梦想强加在孩子身上 / 290
不拿自己的孩子跟别人的孩子比，不说他比别的孩子差 / 295
不要对孩子轻易许诺，一旦许诺就要尽全力去兑现 / 299
不要当众批评和嘲笑孩子，你要面子，孩子也要 / 303
绝不用辱骂来惩罚孩子，呵斥与辱骂是无能的表现 / 307
不要随便吓唬孩子，以免他变得胆小怕事 / 311
不要责备孩子的房间太乱，因为他可能在"创作" / 314
不要过分满足孩子不合理要求，适时说"不" / 318

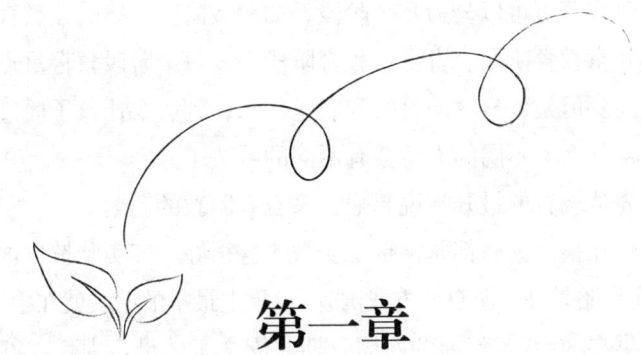

第一章
把握家庭教育的9个正确理念

> 孩子最开始接触到的教育就是家庭教育，在这之后，他才会根据需要去接受其他教育。可以说，家庭教育是孩子日后接受所有教育的基础。不过，现今很多人对家庭教育却只是一知半解、以偏概全，显然只有理清教育理念，我们才能更好地对孩子开展好的家庭教育。

教育要培养人格健全的人，教孩子先成人再成才

教育孩子对于每一个家庭而言，都至关重要。孩子的教育按照时间节点可以分为几个阶段，如胎教阶段、婴幼儿教育阶段、儿童教育阶段、青少年教育阶段……每个阶段教育重点各不相同。但是，教育的目的到底是什么，到底要让孩子通过教育获得什么，不同的人就会有不同的看法了。

先从教育的最开端说起吧，来看看胎教的问题。

现在很多家庭都非常重视胎教，这很好。其实胎教自古有之，而且胎教并非源自西方或国外，世界上最早的胎教就在中国。

早在3000多年前的西周时期，周文王的母亲太任在妊娠期间，就表现得"目不视恶色，耳不听淫声，口不出傲言，能以胎教"。意思就是，太任怀孕时，眼睛不看邪恶的东西，耳朵不听淫乱的声音，嘴巴不说狂妄的话，这就是很好的胎教。不仅如此，太任还"立而不跛，坐而不差，笑而不喧，独处不倨，虽怒不骂"，也就是站有站相，坐有坐相，不放声大笑，即便独处也不懈怠放任，发怒时也不随便骂人。太任用礼教来约束自己的一举一动，就是为了能保证自己的言行对胎儿有好的影响。

那么太任的这些胎教，其目的是什么？很明显，她是希望孩子在自己的良好言行引导下，也会有良好的言行，有健全的人格。而事实证明，"文王生而明圣，太任教之以一而识百"，

周文王智慧、才能皆非凡。

可见，教育孩子，目的、目标、方向一定要正确，再辅以有效的教育方法，那好的教育效果自然也就达成了。这是"人之初"的教育。

一个生命诞生后，最重要的事只有一件，那就是成长。什么叫成长？是变得有才吗？当然不是了，那只是成长中的一小部分罢了，而且还不是最重要的那部分。真正的成长，是成长为一个从身到心都健全的人。而家庭教育，就是为了要培养孩子成长为人格健全的人。

中国的文字是有智慧的文字，"教"这个字里同样蕴含着极大的教育智慧。"教"这个字是左右结构，拆解开来，左边是"孝"，右边是"文"，这样一左一右，就把教育的次第，也就是教育的先后顺序非常清楚地表现了出来。

教育的次第是什么？就是先教孩子学"孝"，再教他学"文"。孝，其实就是良好品德、健全人格的重要体现；文，是才能、知识的重要体现。可见作为教育，良好品德、健全人格、知识、才能都不能缺少。但今天，我们对孩子的教育好像只重在教"文"，而不教"孝"，那孩子能不出问题吗？想想看，如果我们辛辛苦苦地把孩子培养成了博士，但他对我们却没有半点孝心，那教育算不算是失败的呢？如果他再不好好工作，做一些违法乱纪的事，我们的脸上还会有光彩吗？可见，没有"孝"做这个"文"的支撑，孩子也很难真正成人、成才。

换句话说，教孩子成人比成才更重要，先成人再成才，次第不能乱。

《大学》中讲道："物有本末,事有终始,知所先后,则近道矣。"万事万物都是根本,有枝末,也有开始,更有终了,知道先后次序,才会接近明了事物的规律,就离"道"不远了。而"教"这个字所透出来的信息就是教育的"道"所在。如果我们还跟孩子说"你只要好好学习就行了,其他事情你都不用去管",那是我们的无知,是对孩子的不负责任!

每个人的人生都是一条单行线,若想要具备健全的人格,只有在孩童时期加强培养才有效用。年少时每个人都是一块素丝,"染于苍则苍,染于黄则黄。所入者变,其色亦变;五入必而已则为五色矣。故染不可不慎也",《墨子·所染》中这样提醒我们,只有在孩童时期为孩子"染"上合适的"色",未来他这块"丝"才可能有大用途,否则色尚且不正,又何来成大器之说?

而且《三字经》也提到,"人之初,性本善,性相近,习相远",如果其后没有为孩子创建正向的培养环境,没有对其实施正确的人格培养,那么"少成若天性,习惯成自然",他的人格也就会逐渐定性,这个定性可是永久的,随着成长,也会"定"得越来越扎实,以至于就此延续一生。

当然也不是说,不会出现后期的改变,但这种改变毕竟太难了,正所谓"江山易改,本性难移",有时候指责某些人的不是时,我们不是也经常会说这样的话吗?

两相比较一下,尽管成"才"与成"人"都重要,但哪个更重要?我想答案也就不言而喻了吧!而接下来也就是很显然的事情了,家庭教育就是培养孩子成人的第一站,同时也是最关键、最重要的一站。

一定有人会问，我们到底该做些什么？为了让孩子成长为具有健全人格的人，要开展怎样的教育？很简单，就是将孩子培养成"自然人"。

还是回归《三字经》中那句人人都会背的话，"人之初，性本善"，我们要做的，就是要帮着孩子发扬这个"本善"，辅助他将自己的"本善"巩固下来，并引导他在更多的方面表现出"本善"。也就是让孩子能自然地将自己善良的天性表现出来，并让他能在这种天性的引导下自然地去成长为有德且有用的人才。

可能你会担心："我的孩子只顾着培养善了，别的孩子都学了那么多知识，我们岂不是被落下的那一个？"只是因为没有学那么多知识，就一定会被落下吗？并不一定吧！好的品德与人格会促使孩子意识到自己应该做什么、应该怎么做，他会更自动自发地去学习，而不用父母操心。相反，如果没有学到好的品德、人格，那么孩子未来多半也不会有好的进步。

况且，我们提倡重视孩子的成人教育，并不是否定他的成才教育。也就是说，不是"只顾着培养善"，而完全不管他的学习。否则，你的教育也就走了极端了。那样显然也是有问题的。

有一则新闻中讲了这样一件事：

一位姓杨的女士带着妹妹乘坐公交车。车行进途中，上来一位带着四五岁孩子的妈妈，杨女士好心起身让座给这对母女。很快，她带着妹妹下车了，但回家后却发现手机不见了。经过

妈妈有智慧，孩子才优秀

回忆，杨女士觉得手机可能是落在了公交车上，随即便去往公交公司调看了监控。

但监控中的一幕却让杨女士很心寒，手机果然是落在了座位上，还被那对接受让座的母女看见了，小女孩指着手机，显然是想要喊住杨女士，但那位妈妈却按住了孩子，没让她声张，而是让她坐在了手机上。等到公交车再开动的时候，妈妈才让小女孩将手机递了过来，并开始解锁动作。

杨女士的手机里存着诸多联系人的电话和信息，而且不久她就要举行婚礼了，这些重要的联系方式她也找不回来，所以着急万分。

也许这位妈妈也曾经教育过孩子，她要有出息，但是孩子眼下却学到了什么？可想而知，如果日后再遇到这类事情，这个小女孩多半也会学着母亲的处理方式去处理吧！也许这个孩子是正去往学习的路上，或者是刚结束学习回家，可即便她学了再多的知识，在人品道德这方面却被落下了，从长远来看，这也该算是一件令人唏嘘的事！

"成才"不必拘于年幼，有时候"少年得志大不幸"，而"大器晚成"也比比皆是。但"成人"却不行，某时某刻一旦有品行、人格错误没有得到导正，可能就会种下恶因，结出恶果。时间越久，受其影响就会越严重。

有的妈妈认为学的知识、技能很多，这些内容中总会也有道德元素在其中，所以学习的同时，德行、人格方面的内容应该也都学到了，毕竟每个人也是在成长的。但此言却真是"差矣"！为什么这么说？就好比是两个桶，一个桶是完整的，一个桶缺了一块，那么倒进同样多的水，完整的那个桶会一滴不漏，可缺了一块的桶，却是无论如何也装不满了。人格也是如此，拥有健全人格的人才会越学越多，才会越来越进步；不健全的人格会导致人从一开始就不认同那些正确的东西，即便学得再多，那些好的、善的、正确的在他眼里也不过是熟视无睹，又何来成长呢？

看看新闻中不断爆出的硕士生、博士生"高科技犯罪"事件，能说这些人没有才吗？知识水平越高的人，若道德底蕴有问题，那才越危险。

可反过来看，人们称赞的又是什么？虽然知识水平不高但却拾金不昧、舍己救人，虽然大字不识几个但却懂得与人为善……可见，那些善的、美的、好的品德，那些拥有这些美德的人，才更为人们所推崇，先"成人"的人，德便是其一生最重要的财富。

当然，在好的德与人格的基础上，再有才就更好了，这也是每个人应该完善自己的方向。所以，我们要努力把孩子培养成德才兼备的人。

《易经》说，"天行健，君子以自强不息""地势坤，君子以厚德载物"，君子处世，该像天一样力求自我进步，要表现得刚毅坚卓、图强不息；也要像地一样厚实和顺，增益美德，以容载万物。孩子一路成长，我们应该懂得先要鼓励他在哪些方面自强，也要懂得应该先增益他的哪种财富。家庭教育作为最初的教育环境与载体，一定要帮孩子打开正确的人生大门！

妈妈有智慧，孩子才优秀

教育启示

人格培养是一瞬间的事，因为扎根只要一瞬间，好的开始自然会引发好的发展。但同时，人格培养也可以说是一辈子的事，不论何时都要想着去巩固，否则就会因"习"而"远"。孩童时期的基础显然最重要，只有基础打好了，未来成人，他才会知道该如何去保持自己最初的那个善性。所以，最初的"成人"教育，一定不能松懈才是！

给孩子做孝敬父母的好榜样，让他感觉家里充满爱

对一个家庭来说，爱是最重要、最关键的黏合剂，甚至可以说是唯一的黏合剂。因为有爱，家庭中所有成员之间就会创造出和谐的关系，如此一来才会有相亲相爱、长幼有序、父慈子孝、阖家欢乐这样的美好场景出现。

所有的孩子都喜欢这种充满爱的家庭氛围，在爱的滋养下，他的本善就会被激发出来，他也会变得有爱，并会将这份善发扬光大，还会成为一个有德之人，更重要的是他也能在这种良好德行的帮助下成为一个有用的人。

如此来看，家庭中爱的氛围就显得非常重要了。那么，这种爱从哪里来？其实很简单，一个"孝"字就能解决了。

《说文解字·老部》中说："孝，善事父母者。从老省，从子；子承老也。"《说文解字》中对"孝"这个字进行了解

释,老在上,子在下,这就是孝,而不仅是子对老的孝,还有子对上一辈的孝道的继承,孝只有传承下去,才有意义。因为"君子务本,本立而道生。孝悌也者,其为仁之本与",那个君子专心致力做人的根本,就是孝顺父母、兄弟和睦,这就是根本的"道义",就是仁爱的基础。而仁爱如果能在家庭中弥漫开来,这不就是和乐美好的生活氛围吗?

由此可见,身为父母的我们如果能为孩子展现孝道好榜样,这样家中爱的氛围也就会很容易建立起来了。

道理的确是这个道理,可在诸多家庭中,这个道理遍寻无影。更多的家庭中是这样一种情况:一边是我们不断提醒甚至要求孩子"讲孝道",而另一边则是我们自己对长辈的不闻不问甚至屡屡诟病。

孟子说:"教者必以正,以正不行,继之以怒。继之以怒,则反夷矣。'夫子教我以正,夫子未出于正也'。则是父子相夷也。父子相夷,则恶矣。"意思就是,教育孩子一定要用正道正理,而长辈自身的表现也要遵循正道正理,否则孩子就会因此而抱怨,认为长辈自己都没做到,凭什么再来要求小辈,长辈就是在用自己的身份压人,如此一来,长辈自然也会因为这时的情景而变得愤怒,这样彼此之间便会伤感情了。没了感情,家中爱的氛围又何在?

所以,正如孟子所言,"事,孰为大?事亲为大。守,孰为大?守身为大",孝敬父母是最重要的,有了孝道,其他方面的道德也就不会被丢弃,自然也就能守护自身的善性了,守护善性才是守护的根本。

妈妈有智慧，孩子才优秀

那么，我们又该怎么给孩子做这个榜样呢？

《礼记·祭义》说："孝有三，大尊尊亲，其次弗辱，其下能养。"孝敬父母，是从大的方面来看的，是要实现三个层次的表现，首先是要让父母受到天下人的尊敬，其次是不能因为自己的言行而使父母受辱，最基本的则是要尽自己的力量敬养父母。

《孝经》则说："居则致其敬，养则致其乐，病则致其忧，丧则致其哀，祭则致其严。"说的是孝敬父母应该具体做到的事情，也就是在日常生活中，要对父母有足够的恭敬之心；奉养饮食生活时，要用愉悦的心情与父母相对；如果父母生了病，则要真的发自内心担忧，并尽心照料；如果父母去世了，也要有真心悲情，并妥善处理后事；在祭祀先人的时候，更要严肃对待，不能乱了对祖辈的礼法。

具体到我们现在的生活来看的话，不仅要自己做好，还要想到自己的表现是在给孩子做榜样，那就应该做到以下几点：

• **教孩子学会爱护自己的身体。**

孝道的一个最基本表现，就是《孝经》所言的"身体发肤，受之父母，不敢毁伤，孝之始也"。就是要好好爱护从父母那里得来的身体，要让身体远离伤痛，更要珍爱自己的生命，以免因为身体的毁伤而给父母带来担忧、增加负担。

在日常生活中要及时提醒孩子注意保护、爱护自己的身体。对于较小的孩子，除了为他提供安全的环境，还要教他学会自我保护。比如，平时玩耍时，要带孩子去安全地带，并告诉他哪些地点危险是不能去的，为什么不能去；还要教孩子分清玩具与工具，而我们自己平时也不要一时高兴就拿着工具互相逗笑取乐，以免引发孩子的误会；不管是谁生了病，都要及时医治，不要拖着不管，健康的身体才是对长辈的安慰。

当然还有最重要的一点，不管遇到什么事，都不能损毁身体甚至是伤及生命。所以也要给孩子讲清楚生命的重要性。

- 向孩子展示如何照顾长辈。

爱护自己是根本，因为有好的身体才有足够的精力、能力去照料长辈。而对长辈的照料，也不是怎么做都可以的，所以我们就要通过自己的表现，来给孩子展示一个可参考学习的范本。

现在很多夫妻是双职工，上下班可能也没那么准时，就会请自家老人来帮忙照看。这时，同样也身为子女的我们对老人的帮忙应心怀感恩。

忙的时候自不用说，一旦不那么忙了，或者腾出了足够的时间，就要让老人歇一歇，而我们主动一点儿。只要有空闲，就要为父母洗衣做饭，帮他们打扫房间，并安排他们好好休息，也要了解他们的口味和喜好，找机会适当满足他们的一些愿望。

有些家庭可能是和父母同住的，这时就更要表现得勤快一些，我们也已经为人父母，也要承担足够的责任了。而且，如果想要让自己的孩子有孝心，我们就该不遗余力地好好表现。

此外，我们也应该多一些宽容、耐心，多一些好脸色。尤其是照顾老人和孩子的重担都在我们肩膀上，这时就要平衡好自己的心态，多想着让老人开心，多主动为他们做点儿事。所谓"上行下效"，上面怎么做，下面就怎么学。所以，你做了什么，孩子看在眼里，自会记在心上。

- 为孩子解释怎样才能让长辈放心。

孝道表现不仅仅是直接行为表现出孝敬来，一些间接表现也要有孝道。为人子女，不管是生活还是工作，都要让父母放心，不能因为自己的事情而给父母平添烦恼。

比如，要好好照顾自己的生活，不要凑合度日，不要任由自己变得颓废；如果要出门，也要尽量将时间、地点、旅程等内容详细告知，以免父母担心；要约束自己的言行，不过激、不挑衅，不触犯法律，不挑战道德底线，以免让父母因此感到羞耻，等等。

不仅要做到这些事项，最好也要给孩子讲清楚为什么这么做，告诉他让父母放心也是孝道的一种表现方式，同时也要提醒他注意自己的言行。

- 给孩子讲讲什么是"大孝"。

《孝经》中将"立身行道，扬名于后世，以显父母"当成是"孝之终也"；《礼记·中庸》中将"善继人之志，善述人之事"，即努力尽自己所能、完成父母心愿当成是大孝的表现。

这就是将孝道上升到了一个更高的层次，孝道不再只是让父母吃好喝好、生活高兴这么简单，能做更多的好事、大事，能成就一番事业，能为家族门楣增光，这就是让父母感到高兴的事情。如果能为社会、为国家做更多、更大的事情，能报效祖国，那父母更会以此为荣。到了这个地步，就更是大孝了。

大孝不是遥远的梦，所以不要觉得只有名人才算是实现了大孝，普通人只要尽己所能好好表现，也能做出一番事业来。对于孩子，我们不妨鼓励他从小就立下高远志向，并督促他勤奋努力，如此一来，他也会实现大孝。

|教育启示|

　　让家庭充满爱，为孩子营造一个爱的氛围，是我们的责任。而要实践这份责任，却也不是那么简单，一个"孝"字，包含着诸多要注意、要做的事情。对孩子的孝道培养，就在我们自己的行动表现过程中，潜移默化最佳，身教与言传若是能并举，相信孩子也会明了孝道，并加入到共同创建家庭爱的氛围的活动中来。

夫妻关系好坏决定家庭教育的成败

　　一个核心家庭的组成，成员包括爸爸妈妈和孩子。但爸爸妈妈在孩子面前不只有长辈这样的一种身份，爸爸妈妈还是一对夫妻，不管是两人独处还是与孩子在一起时，夫妻关系也是家庭中绝对不能忽略的关系。

　　但现在很多家庭中，夫妻关系却被忽略得很彻底。如果随便询问一对夫妻，"在你心目中谁是第一位的"，那么多半人一定毫不犹豫地回答说是"孩子"；还有一部分会思考一下，说是"父母"；剩下的人也许会说是"自己"，当然也会有人说是其他什么人。但只有极少数的人会首先想到那个和自己共同为家庭奋斗的"配偶"。

妈妈有智慧，孩子才优秀

其实，维系一个家庭的最主要关系理应是夫妻关系，夫妻之间如果能互相谦让、体谅，那么整个家庭一定也会充满和谐。而且夫妻间的恩爱表现，互相捧场，也能让孩子感受到爱的温暖。

但是有些妈妈却并不这么想，因为相对于别的血亲来说，妈妈与孩子之间是联系最紧密的，所以妈妈往往会对孩子投注比其他人更多的心血，有些妈妈甚至会在有了孩子之后，将全部精力都给孩子，对其他人，特别是对孩子的爸爸会有一种疏远感。

夫妻间没有了良好关系，那么两人也就会整日看对方不顺眼，一丁点儿小事也能引发争吵，身心都会受到伤害。而如此一来，坏情绪也就会在家庭中蔓延，甚至还可能会迁怒到孩子以及其他家人身上。整个家庭也变得情绪混乱，气氛压抑起来。最不受人重视的夫妻关系，岂不是变成了导致整个家庭关系不和谐的元凶？

当家庭关系紧张时，不是先看孩子怎么了，而是应该先看夫妻之间如何了。因为，夫妻关系才是整个家庭中最关键的一种关系。

不管是父母还是孩子，都是与我们有血缘关系的，血浓于水的亲缘关系，颠扑不破，亘古不变，这样的关系也相对更好维持。然而，夫妻关系却是由两个原本毫不相干的陌生人彼此结合而来的，从陌生到相识再到相知再到相爱，直到组建家庭，然后有了孩子，并将两个家庭合并为一个大家庭。显然，夫妻关系就是靠彼此的感情才联系在一起的。

更重要的是，父母会慢慢变老，和他们在一起的时间也在一天天变少，而孩子终将长大，也会离开我们去过他自己的生活。唯一能够陪我们一直到老的，就是夫妻关系。如此来看，难道我们还不应该好好经营这来之不易且又能让我们"余生不孤"的夫妻关系吗？处理好夫妻关系要注意以下几点：

· 尊重自己的另一半。

两个陌生人在一起生活，矛盾一定会有，尤其是有些人，婚前婚后可能就会是两种样子。但既然决定要在一起了，那就要带着尊重去面对对方。

恩爱的夫妻，都是安分守己的，都能看得到对方的优点，遇到问题也总是归因于自己，及时调整自我，并且努力完善自我。而对对方的优点，也是夸奖大于无视，在对方遇到困难的时候，不会讽刺挖苦，而是帮助对方看到自己的优点，并帮助对方出谋划策。

很多人都能尊重陌生人，甚至能与陌生的客户谈成大生意，但对自己的配偶却吝啬尊重，这也是很多人家庭不幸福的原因。因此，尊重是维系关系的最好法宝，一定要紧紧握在手中。

· 协调好包容与督促的关系。

每个人都有缺点这也是毋庸置疑的事，可是该怎么应对这个缺点呢？

虽然包容这种态度没错，但是包容也是有限度的，不能变为放任自流。特别是夫妻之间，现在的大部分夫妻都是独生子女，自己一直就被家人宠爱异常，什么事都不用做，结了婚之后，就会很自然地表现为"别人就得伺候我"的样子。这是很不对的，两个人如果一个一直很勤快，一个一直很懒，时间久

妈妈有智慧，孩子才优秀

了，难免会产生矛盾。而好习惯都是能被培养起来的，所以该督促的时候也要督促，帮助对方进步也是夫妻间应该做的事情。

不过，督促又不能犹如教训人一样地去指责，夫妻间也要彼此留点儿面子，不要觉得彼此都是一家人就可以口无遮拦。恰恰是对最亲的人，才最应该尊重。彼此要包容，不能吹毛求疵，要适应对方与自己不同的生活状态，同时对于一些的确可称得上是问题的问题，也要理智地提出来，好好聊一聊，督促对方改正缺点，毕竟这也是为了家庭生活更和谐，所以夫妻双方理应一起努力。

·用平常心来看待婚姻生活。

很多人特别是女性，在结婚前总会把婚姻设想得如童话般梦幻，认为自己也会过上如公主王子那样的生活。可真到了结婚之后，普通的柴米油盐、洒扫应对、家长里短就开始在生活里显现，而对方在恋爱时不曾表现的一些缺点、问题，也开始逐一在眼前展开，于是很多人就会对自己的婚姻生活产生一种幻灭感，进而就会相看两生厌，无端的争吵越来越多，婚姻甚至很快就走向破裂。

其实也不能说对婚姻有幻想就是错的，没有走进婚姻时，谁也不知道其到底是什么样子的。而走进去之后，我们需要做的是调整自我。想想看，全世界那么多人，只有你和我走到了一起，这就是缘分，所以与其抱怨倒不如善待对方，多从乐观积极的角度去思考和面对未来的生活，把普通的日子过得幸福，这并不是什么难事。

- 不要习惯性地"一家独大"。

很多夫妻也许因为是独生子女的缘故，已经习惯了说一不二，结了婚之后，在对方面前也还是会表现得"一家独大"，认为只有自己说的才是对的，只有自己才是家里的绝对主人。这样的态度也要改一改，否则人人都觉得自己是老大，"一山不容二虎"的道理可是不掺假，这也很容易让两人之间出现矛盾，并很快导致矛盾被激化。

夫妻间要学会互相谦让，遇事两人一起商量，彼此都可以发表意见，意见不同就互相讨论一下，没必要要求谁必须听谁的。平时两人也要多交流，彼此分享爱好，增进两人之间的默契，这样的生活才是值得提倡的。

教育启示

一提及教育，有人总是认为专心教育孩子就好了，殊不知，夫妻关系也同样是教育内容。只不过这个教育内容是在日常生活中一点一点体现的。孩子会通过爸爸妈妈之间的关系去感受生活，而父母良好的夫妻关系也会为他未来的婚姻生活带去参考范本，同时也将培养他在未来具备对婚姻、家庭负责的责任心。一句话，夫妻关系的好坏决定家庭教育的成败。

妈妈有智慧，孩子才优秀

夫妻尽量不要吵架，
如果不能避免，就请避开孩子

在欧美一些影视剧中，都会有这样一种场景：如果夫妻双方即将要吵架了，或者刚开始吵架，那么较为冷静的一方一定会先扭头对孩子说"先回你自己的房间，关好门"，然后剩下夫妻两人再开始讨论问题。

但是我们或者身边的一些家庭中，一旦夫妻发生争吵，如果孩子自己不主动走开，爸爸妈妈多半都想不起来要让他回避。有的家庭，甚至还会特意把已经回避了的孩子再叫出来，让孩子当这场争吵的评判人，或者连着孩子一起也被动加入被数落的对象中。

当然并不是说外国的爸爸妈妈就比我们表现得好，只是想要提醒所有的爸爸妈妈，夫妻间最好不要发生争吵，但万一无法避免，也一定要避开孩子，不要将孩子卷入父母彼此的争斗之中。

可能有人觉得这无所谓，谁家还没个吵架的时候？孩子看见了也没什么，但事实上，夫妻间的争吵势必会破坏家庭的气氛，不管是简单程度的拌嘴，还是狂风暴雨般的吵闹，都会让孩子难过。相比较其他人，我们是孩子最喜欢也是最信赖的人，而争吵时我们的样子在孩子看来都是很恐怖的，这会让他产生不安全感。特别是我们靠争吵来解决问题，也会给他留下不好的榜样。

而且，孩子都是很敏感的，爸爸妈妈的争吵很容易引发他的联想，他会觉得是不是自己做错了什么，在这样家庭成长的孩子，其内心都会存有很自卑的心理，而且在这种氛围的影响下，他的脾气也会变得摇摆不定，要么会变成过度控制自己进而导致抑郁，要么就是恰恰相反变得暴躁不已，甚至会因此而情绪失控，做出令人意外的行为来。

吵架虽然也是生活中发生概率极大的事情，但在孩子面前，能避免还是避免为好。如果找不到好办法，不如试试下面的方法。

· 努力去解决自己的问题。

夫妻间的争吵其实很多时候都是自己出了问题，但是争吵的时候却都在不停地指责对方的问题，可是这样的指责对于问题的解决却无济于事，反而只会让双方之间的矛盾增加。

所以，与其逞一时口舌之快，倒不如先想想办法解决问题。先看看自己身上哪里有问题，放下自己的姿态，承认自己的问题，并努力想着要改正。这样当双方各退一步的话，彼此也就不会吵起来了。也就是说，多看自己，少看别人。

· 用和平交流的方式进行沟通。

有问题没问题，只要好好交流一下就好。可是，很多人的交流却非要用针锋相对的方式，开口闭口都是很尖刻的语言，甚至辱骂，甚至用很难听的语言彼此伤害。最终，交流的结果只是让双方都感到难过、生气，却根本没有解决任何问题。

要交流，最好还是用和平一些的方式来进行。把问题摆出

妈妈有智慧，孩子才优秀

来，讨论一下为什么会出现这样的问题，可以有哪些解决的方法，自己可以做到什么，对方可以怎样做，有没有两方合作可以完成的事情，有没有外力可以借。

总之，就是双方在一起用商量的口气来寻找解决问题的方法，而不是彼此指责对方都做了什么错事，否则只会激化矛盾。

・不要强迫孩子充当评判员和调解员。

有些家庭中，夫妻间的争吵不仅不能避开孩子，反倒还会强硬地将孩子拉进来。比如，有夫妻会让孩子来评判"爸爸妈妈到底谁说的对"，或者让孩子选择站在爸爸妈妈哪一边；而还有的夫妻则希望孩子来做调解员，自己做不到彼此缓和，反倒是希望孩子在中间进行调解。

夫妻二人间的吵架，都是彼此的问题，这与孩子有什么关系呢？自己的问题都无法解决，强硬地把孩子拉进来，孩子的处世经验本就少，他相当于进入了风暴中心，这种可怕的感受会让他更加不知所措。因为害怕，很多孩子都会哭起来，那岂不是更难解决问题？

作为成年人，应该自己努力解决问题。争吵的时候一定要避开孩子，不要让孩子感受这种不和谐的气氛。

孩子的确是可以成为夫妻间的调和剂，但那是建立在他自愿的基础上，而不是强迫他"你怎么不去安慰你爸爸"，也不是强迫他"快去跟你妈妈说说话"，这样其实会让孩子很难过，他可能并不知道问题出在哪里，也只会想"你们自己怎么不去说"，这时的孩子其实是很茫然的，被强迫的调解基本也起不到什么作用。

- 事后要记得安慰孩子。

虽然是夫妻两人的争吵，但不要觉得我们就不会影响到孩子了，他的内心已经产生了不安的情绪，也许他自己已经偷偷哭过了，他可能还会幻想出许多不好的事情来，如果时常有这样的心理，孩子就无疑是在恐惧中成长的。

所以，如果没法避开争吵，如果孩子不小心也经历了这次争吵，那么事后我们一定要想着去安慰孩子。

可以告诉他："爸爸妈妈虽然有争吵，但都是为了对方好，还是爱着对方的，而且也很爱这个家，更爱你。不过，爸爸妈妈下次会记着好好说话，不会再争吵了。"

这样的安慰是为了让孩子放心，以解除他的恐惧。

教育启示

其实人人都知道争吵对解决问题无济于事，但却还是会有人对争吵"情有独钟"，这都不过是自尊心与好胜心在作祟罢了。但彼此是夫妻，争个强弱又有什么意义呢？更何况我们的表现都会被孩子记住，如果他也就此学会了用争吵来解决问题的话，这岂不是有违让他快乐的初衷？所以，尽可能不要争吵，和平解决问题为上。

妈妈有智慧，孩子才优秀

要爱孩子，但必要的时候也要适度惩戒一下

《礼记·学记》中说："夏楚二物，收其威也。""夏楚"就是教师用的教鞭，借此惩戒之物，对学生起到警惕鞭策、整肃威仪的效果。在古代，如果学生或者孩子做了错事，不尊重老师或家中长辈，这些情况都是可以对其进行适度惩戒的。

但到了今天，惩戒已经少了，人们或主动或被动地不再对孩子使用惩戒手段，而是被要求一定要爱孩子，要多向他表达爱。爱孩子是毋庸置疑的，如果一个孩子生长在没有爱的环境中，他的人格是会出问题的。但是，如果只爱孩子而不管教，这样的孩子也一定会出问题。

法国著名教育思想家卢梭在《爱弥儿》中说："你知道不知道用什么办法准能使你的孩子得到痛苦吗？这个方法就是：百依百顺。因为有种种满足他欲望的便利条件，所以他的欲望将无止境地增加。结果，使你迟早有一天不能不因为无能为力而表示拒绝。但是，由于他平素没有受过你的拒绝，突然碰了钉子，将比他得不到所希望的东西还感到痛苦。"可见，没有节制的爱，对孩子的错误也毫不在意的爱，最终不仅会让孩子受苦，我们的内心也会变得很难过。

《颜氏家训》中说："当及婴稚，识人颜色，知人喜怒，便加教诲，使为则为，使止则止，比及数岁，可省笞罚。"意思就是，当婴儿已经开始认识人的脸色、晓得人的喜怒时，就

该对他加以教导,让他意识到什么是可以做的、什么是不能做的,早早开始了教育,等他长大后,就不会因为顽劣不听教诲而屡遭处罚了。

其实从另一个角度来理解,这也就是在提醒我们,爱与管教是要同时进行的。如果孩子第一次犯了错,那就在当下进行一些惩戒,以让他记住什么是不能做的,越早让孩子记住正确的原则,日后也就越不会遇到"即便屡屡处罚也毫无用处"的情况。

但说到底,惩戒终归是一个听来就觉得很严肃的事情,尤其是对年纪尚小的孩子,更多的妈妈下不去手。可是面对孩子的反抗以及更加顽劣的做法,却又表现得束手无策。管教时注意以下几点:

- 一定要给孩子最起码的尊重。

中央电视台曾引进一档英国著名的儿童教育电视节目《超级保姆》,其中不乏对爸爸妈妈粗言恶语,甚至对爸爸妈妈拳脚相加的孩子,爸爸妈妈即便打骂也无济于事,只能自己一旁痛苦甚至痛哭。

而超级保姆去了之后,却往往能迎刃而解。这是因为,面对这样的孩子,保姆们无一例外地表现出了一种尊重的态度,比如她们会了解孩子为什么要这样,并认同他们的感受,然后才是和孩子聊对父母的感觉,以及讲述父母的态度和心情。如此一步步下来,多么顽劣的孩子最后也能意识到父母的爱以及父母的惩戒对他们的意义。

超级保姆们的成功其实很简单,她们使用了"尊重"这样

妈妈有智慧，孩子才优秀

一件"武器"。孩子更喜欢获得他人的理解，即便是犯了错，他也并不愿意接受过分尖刻的批评。特别是那些很侮辱他人格的惩戒，不管是骂还是打，都会导致他的"恼羞成怒"。

惩戒的前提是尊重，即便是数落孩子的问题，也要顾及他的颜面，理解他的情绪，发现他的真实想法，尊重他的感受，而不是想当然地训斥、吼叫，甚至是打骂，这样才能让他心甘情愿地接受惩戒。

· 平时要定好规矩。

很多家庭中的惩戒都是突如其来的，只是我们觉得孩子做错了，接着就开始了对他的惩戒。如此一来，孩子怎么能服气？他之前根本就不知道这样做是不对的，日后我们却说他不对，并借此来惩戒他，他自然难以接受。

因此，平时就该将什么能做、什么不能做的规矩定好，并将惩戒的内容也定好，提醒孩子一定要遵守已经定好的规矩，还要向他表明我们的态度，让他意识到我们是不会在惩戒他这件事上心软的。规矩一出，孩子也就明白了，即便犯错惩戒，他也不会觉得太委屈。

· 按照"程序"来进行惩戒。

惩戒不是突然扔出去的惊天炸雷，而应该是一个经过前期铺垫、蓄势待发，然后再后期发力，最后留有余威的过程。所以，惩戒也是有技巧的。

年纪小的孩子其自我控制能力是有限的，玩到兴起时，可能就会"越界"，最开始可以提醒他"如果你再不改就要受惩戒了"，这其实也是给孩子一个可以自我纠正错误的机会。

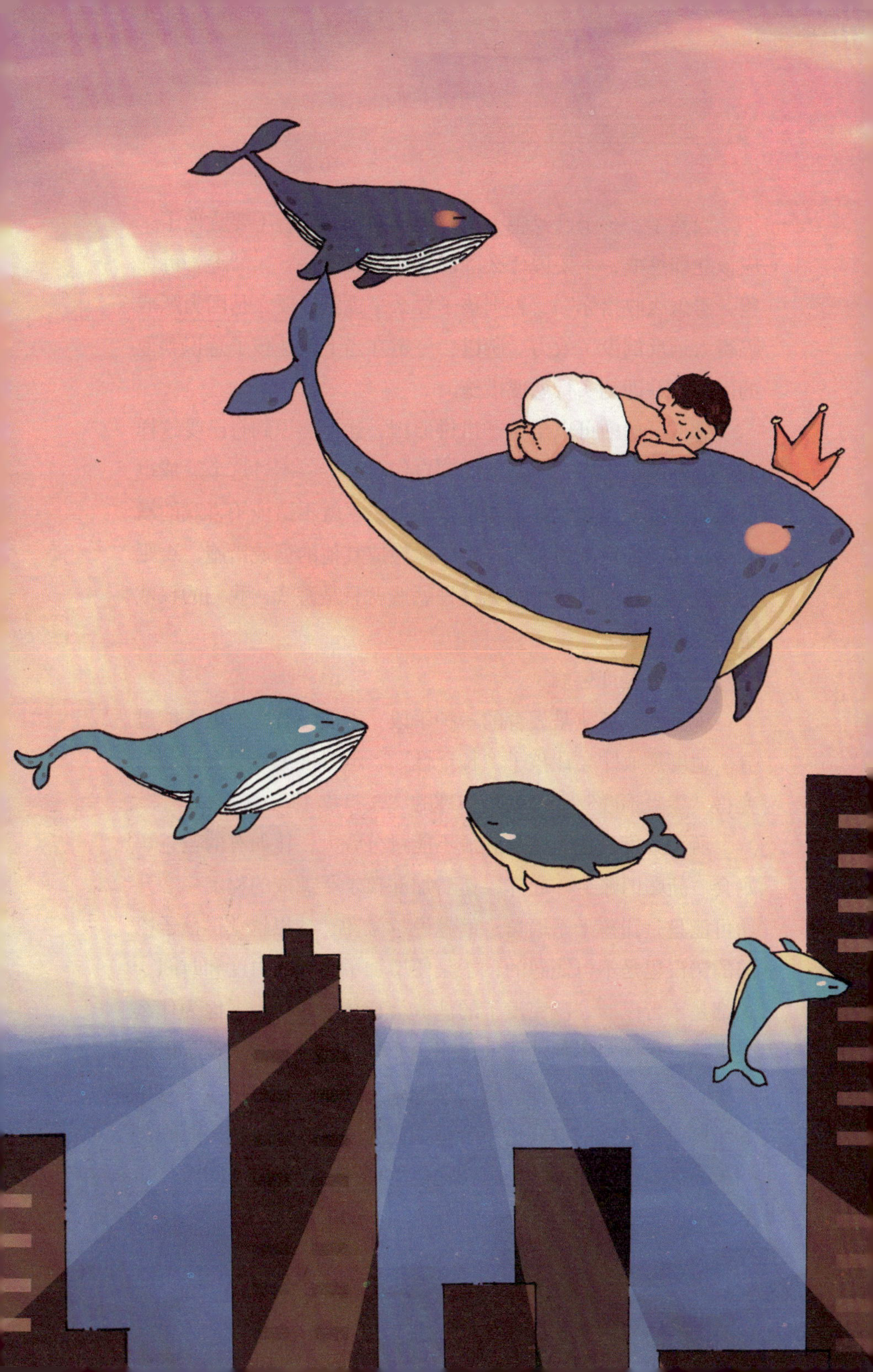

当然了，孩子已经犯了错、出了问题时，就不要犹豫了，应该立即惩戒，不要说什么"回家我再收拾你"，"等告诉你爸，看怎么收拾你"，否则孩子要么是逃跑，要么是因为惩戒隔得太远反倒没了效力。所以，一定在当下就让孩子意识到他的问题，并即刻实行惩戒措施。

惩戒开始前可以给孩子讲讲原因，让他意识到自己受这样的惩戒并不是委屈，而是他的"自作自受"。不过这个惩戒也要前后一致，比如说好了如果孩子做错了就不给他买喜欢的漫画书，那就一定不要妥协，别中途换成其他的惩戒措施，否则轻易改变主意会让孩子感觉这种惩戒就只是游戏，我们的权威也会受到质疑。

- 不要过度惩戒。

说到底，惩戒是教育的一种手段，不能没有，但也不能过分。适度惩戒才会让孩子"长记性"，但过度惩戒只会让孩子变得"屡教不改"，也就是俗称的"被打皮了"。

所谓适度，首先就是惩戒不能过分夸大，比如有的爸爸妈妈会"新账旧账"一起算，然后加深孩子受惩戒的程度。一开始可能只是罚孩子站墙角，但越说越激动，越想越觉得孩子以前的错误也是不可饶恕的，于是便增加了惩戒的力度和时间，这都是不可以的。没完没了的惩戒会让孩子忘却当下他为什么受惩戒，反倒起不到惩戒的作用，而且可能还会导致孩子出现自卑、自暴自弃等心理。所以惩戒要只说当下的事。

同时，惩戒的方式也要合适，比如，可以把"暂停时间"当成是惩戒孩子的一种措施，让他待在一个安静的空间里，而且那里要没有娱乐活动才可以。揍一顿并不是好方法，即便是打也要打得合理，打手心、打屁股，而不能打脸、扇耳光、拍脑袋。力度方面以让孩子感到疼为界限，要特别注意轻重、适度，简单几下就够了。毕竟，疼是为了让他长记性，可不是为了让你发泄的。

也要注意自己的孩子是个怎样的性格，外向性格的孩子打几下是可以的，但如果孩子性格内向，就得换一种惩戒方式了，瞪几眼，冷落一会儿或者训斥几句，都可以算作是惩戒。

这种惩戒应该是及时的、不拖拉的，因为较快地实施惩戒会让孩子更容易将错误与惩戒联系起来，从而更能将注意力集中到"受教育"这件事上。在实施惩戒措施时，应该保持中立，而且在语气上要带有同情感，以免孩子对此有抵触心理。

但也不用太担心惩戒带给孩子的负面效果。一个孩子只要是生活在一个时时处处充满爱的家庭里，他就不会对一次应该承受的惩戒产生怨恨，该阳光还是阳光，该快乐依旧快乐！

惩戒还要特别注意这几点：

第一，惩戒在孩子上小学后应该逐渐减少，青春期时，就应该停止了。因为青春期的孩子，非常希望别人把他当成人来看，如果这个时候还要被责打，他们会认为是一种耻辱，所以可能反而会更不听从管教。

第二，惩戒对少数孩子可能不管用。个别性格比较刚烈的孩子，可能会因为体罚反而更加叛逆和难以管教；以前受过虐待的孩子也会非常排斥爱的管教；对非常敏感的孩子也要区别对待……总之，惩戒不是万能的，要因人因事而异。

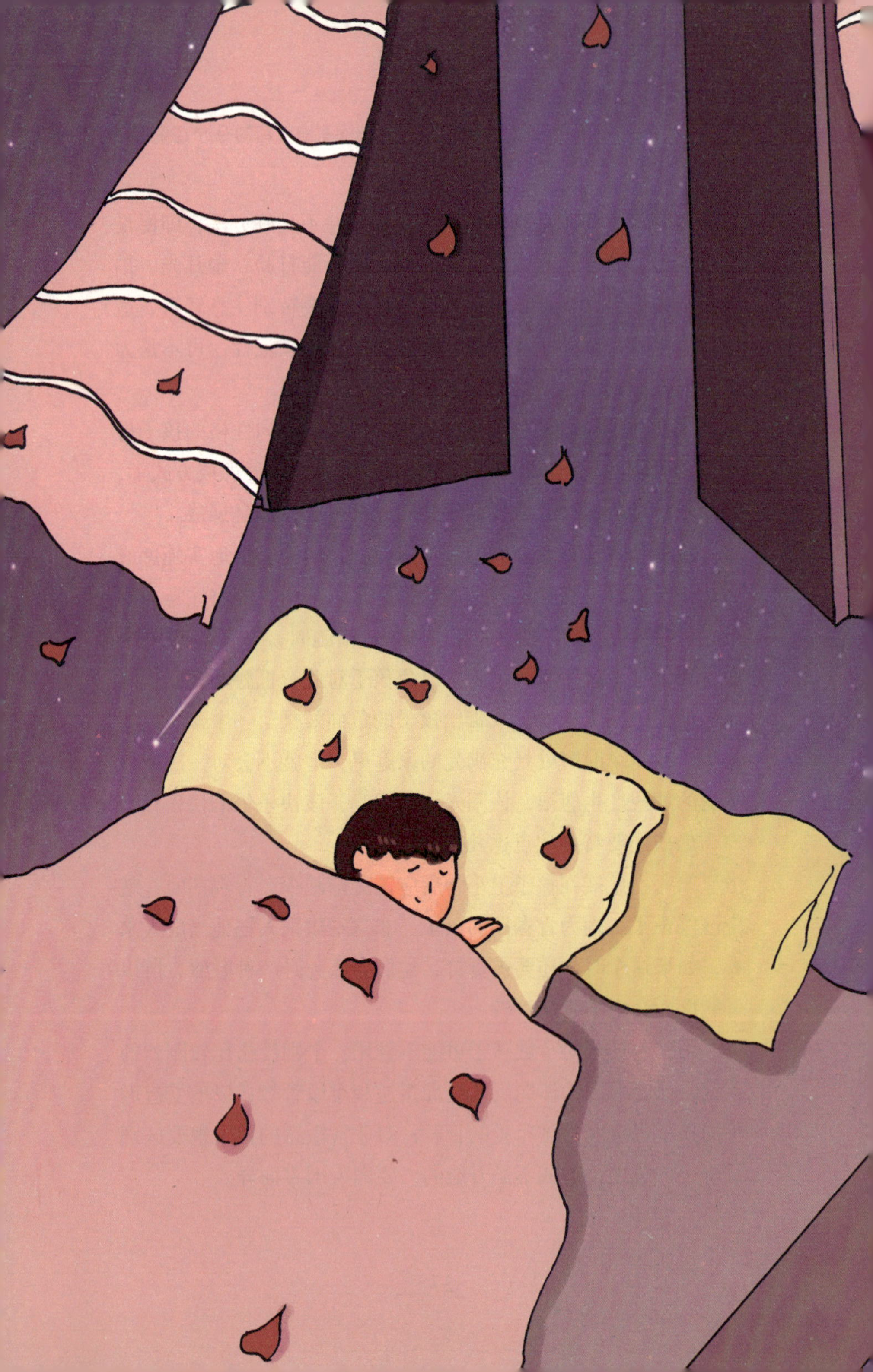

第三，惩戒也不是无原则的，而是讲求智慧与方法。惩戒只是手段，最终要达到的目的只有一个，就是让孩子养成良好的行为习惯，让他知对错，有自我约束的能力。

第四，惩戒孩子只对事，不能侮辱他的人格，还要让他知道，虽然他犯了错，但只要改正了错误，就还是好孩子，爸爸妈妈还是会爱他的。

第五，最为关键的是父母要给孩子做个好榜样，自己做对、做正，给孩子以感化、感染。事实上，最好的教育是人格感染，是让孩子接受好的熏陶，如此，教育就变成了一件简单的事了。

教育启示

孩子若想要得到成长，就一定要经历惩戒，因为他会犯错，会出问题，惩戒是让他记住某些事不能做的最好办法。只不过，也一定要告诉孩子，我惩戒你是因为我爱你，惩戒也是爱的另一种表达。适度的惩戒会让孩子记住生活中的基本原则以及为人处世的根本规矩，所以以爱的名义去惩戒孩子，在教育过程中还是很有必要的。

换位思考，要学会站在孩子的角度去看待问题

美国著名教育家塞勒·塞维若曾说："每个人观察认识问题，都会有自己的视角和立足点。身份、地位不同，所得的结

论就不同。父母与子女间的年龄悬殊、身份差异是影响相互沟通的重要原因。如果父母能站在孩子的立场上思考，一切将迎刃而解。"的确如此，教育孩子，就要懂得换位思考，要学会站在孩子的角度去看待问题。

一位妈妈和两岁的孩子在屋里玩，傍晚太阳还没下山。孩子跑了一会儿，站在阳台门口，忽然扭头对妈妈说："月亮。"妈妈抬头看看窗外，一眼没看见，便回应说："还是白天啊，哪里有月亮呢？晚上才有月亮呢！"

可孩子却坚持说："月亮。"妈妈不禁好奇地问："月亮在哪里啊？"

孩子小手一指。但孩子太矮了，妈妈只得蹲下身子，顺着孩子的小手望去，果然，在窗户外面，高楼之间，一弯白白的月亮还不是太亮，可也已经能看到了。而如果是像妈妈刚才那样站着向外看，由于阳台窗户的高度以及视野角度所致，的确是看不见月亮的。

这是一个很自然的生活场景，但其中却有一个不能被忽视的道理。一些妈妈也曾经仅凭着自己的感觉就认为某些事是不可能的，如果是与孩子有关，也会认为是孩子说错了或者是在撒谎。可是，只是换了个角度，只不过是站到了孩子的角度，用孩子的眼睛去看，就能看到他所说的内容，真的是所言不虚的。

由此也可以看出来，其实很多时候当你与孩子产生矛盾时，并不一定都是他不听话所导致的，还有一种可能是你并没

把握家庭教育的9个正确理念

有站在孩子的角度去思考,所以误解了他,甚至是完全没有理解他。

这种不被理解,在孩子感觉中是一件很严重的事情,他会觉得自己是不被重视的,而且爸爸妈妈不信任自己,如此一来就会打击他与你交流的积极性。时间久了,他可能就不再愿意与你分享他的所见、所闻、所想,彼此的关系也会越来越疏远。明明是最亲的血缘关系,相处起来却犹如陌生人,这种家庭现状着实令人担忧。

解决这个问题的一个最有效的办法,就是要懂得站在孩子的角度去看待问题、思考问题。

之所以要这样做,是因为孩子看问题的角度与成人肯定是不同的。成人总觉得自己经历得多,所以看问题的时候会不自觉地看得更多更远,可孩子不一样,一来他很单纯直接,所以他看问题的角度恰恰就是成人最容易忽略的那一个;二来他富有丰富的想象力,如果成人不能顺着他的思路走,自然也就不能理解他到底在想什么了。

所以,归根结底就是我们站错了位置,或者说是我们总是把自己摆得太高。蹲下来,弯下腰,用孩子的视角去看待一切,从他的思考角度去想问题,没准儿就能走进孩子的世界了。

那么,怎样才算是站在孩子的角度了呢?

- 详细了解一下孩子和孩子们。

孩子当然有自己的想法,我们对孩子的不了解,不知道自己的孩子做了什么,不知道他喜欢什么,不了解他所看、所听、所想的,所以才会错误地判断他的一切。

31

所以，花些时间和精力，走进孩子的世界试试看，看他所看的、听他所听的，了解他的想法，不明白的就问一问。

不仅要了解自己孩子的想法，如果有机会，也要了解当下与孩子同龄的或者年龄相差不多的孩子们的想法、喜好，这样才能更好地把握孩子的思想，这也更有利于我们去理解他和他的小伙伴。

- **别太相信自己的"眼见为实"。**

"我都看见了，就是你干的！""别狡辩了，眼见为实，小孩子不能说谎！"我们总是将自己亲眼看到的景象当成是判定孩子出问题的唯一理由，并由此斩钉截铁地给孩子下各种论断。而如果孩子开了口，我们都会以自己亲眼所见来反驳他，并笃定他就是在说谎。

可是，眼见的可能只是某一时刻的某一画面，我们并不了解前因后果；眼见的也只是表面现象，我们也并不明白孩子内心到底是怎么想的，也不知道他的某些表现是什么原因所导致的，显然这时候做出的任何一种判断都会显得很武断。

越是这个时候，就越不要仅凭"一眼"就判断孩子的表现。多了解事情的来龙去脉，想想"如果我是孩子我将会有什么想法"，站在孩子的角度去体会他这么做的感受，一定要问清楚原因，还要问清楚他准备怎么办，这样才不会误解孩子。

- **认真倾听孩子的每一句话。**

要站在孩子的角度去看问题，还要注意倾听。对待孩子，我们都不那么愿意听他说什么，总是习惯性地自以为是怎样的就是怎样的，忽略了孩子的感受，结果得出错误的结论，孩子不高兴，我们自己也没什么好心情。

所以当孩子有情绪变化时，就不要再笃定地说我们自以为是的内容了，而是要变主动为被动，好好听听孩子的想法。对于孩子的倾诉，不要随便打断，也别带入我们的过多的感受，听他说清楚就好。一定要注意倾听孩子，因为孩子越小越喜欢说，我们也要培养自己的耐心，认真听孩子说，当他发现和爸爸妈妈倾诉不会不受重视时，他自然就愿意向我们多说了。

- 还是要保留成年人的理性。

站在孩子的角度去发现孩子的问题，并不意味着我们抛却自己的世界。成年人终归是要比孩子有理性的，因为成年人见得多了、经历得多了，对很多事都会比较有经验。如果孩子表达了他的感受，我们首先要理解，接下来还要用成年人的理性去分析孩子所遇到的这些事情。

什么是正确的，什么是不能做的，什么是可以理解的，但什么又是绝对不能触碰的底线，我们一面站在孩子的角度，一面也要将成人的看法讲出来，不用强加于孩子，只是告诉他我们的看法。用他能理解的语言，简单解释他所不能理解的现象。理解了孩子，他也就会变得顺从了。

教育启示

我们与孩子并不是敌对的关系，如此亲的血缘亲情可不要因为彼此的不理解而变得淡漠。不要总是要求小小年纪的孩子来理解我们，而是应该反过来，我们要主动去走进他的世界，用成年人的理性去了解、爱护孩子。事实上,孩子的世界对于我们来说也是一个全新的领域,只有深入了解,才能和孩子真正做到心灵相通。

尊重孩子的秘密,给他一定的独立空间

人人都有秘密,我们自己也会有不想为人所知的秘密,甚至就算是最亲的亲人,我们也会有不想与之分享的事。但是一些妈妈会有一种错误的认知,认为隐私、秘密,那都是成年人才有资格具备的东西,小小年纪的孩子,怎么可以有什么隐私、秘密呢?他不应该是"透明"的吗?他在我们面前应该是全然无隐藏的啊!

可凭什么呢?孩子为什么不能拥有自己的秘密?为什么非得让孩子变得那么"透明"?说到底,还是我们一手造成了这样的结果,同时,也不过就是我们自己的好奇心或者一颗所谓的"为他好的心"在作祟罢了。

之所以说是我们自己造成的结果,是因为我们对待孩子的态度。有多少父母是用看待一个独立人的态度去面对孩子的?既不懂倾听又不能理解他,久而久之,孩子自然也就不愿意再与我们交心,由此,一些秘密也就诞生了。

至于说好奇心,人皆有之,我们也不例外。孩子整天在我们眼前转悠,他居然还有我们不知道的事情,这个状态本身就足以引起人的好奇了,再加上孩子所隐藏的事情,就更能勾起

我们想要一探究竟的心。

还有一点，就是那种被忽略的感觉有些让人不舒服罢了，作为父母，我们原本应该是孩子最重视的人、最喜欢的人、最信赖的人，但是他居然对我们也会有隐藏。即便是对小孩子，我们也希望自己成为他心目中最重要的那个人。所以他一旦有所隐瞒，很多时候我们也会无法调节那种心理落差。

综上所述，便是我们不允许孩子有秘密的原因。但孩子也是一个自由独立的人，成人都有秘密，那他有秘密也就不是什么不合理的事了。

每个人都需要有自己的独立空间，孩子也不例外。回忆一下，几个月大的孩子是不是也出现过一个人玩得正开心的时候，如果周围有打扰他就会哭闹不已的情况？其实从那时起，孩子就已经有独处的意愿了。更何况他的成长是快速的，经历也在不断充实，思想也在不断发展，出现不想为人所知的秘密也就在所难免，而且也是再正常不过的事情了。

所以，还是尊重孩子的秘密，给他一定的独立空间吧！

· 不辜负孩子最初的信任。

孩子最初都很愿意和爸爸妈妈聊天的，而且什么都说，毫不避讳。这就是孩子对我们最大的信任，在他的世界里，爸爸妈妈是他最亲近的人，所以他才会放心地无话不谈。

然而，我们却在很多时候并不那么认真对待这份信任，有时候我们对他说出来的秘密毫不在意，甚至当笑话讲给别人听，这其实都是对孩子的不尊重。而孩子也会"长记性"，从此不再将自己的秘密告诉我们。

所以，不辜负孩子最初的信任才能获得孩子的信任，而且这种不辜负还应该是永久的。对孩子的秘密，答应了要帮他保密，就不要随便说出去，不管那事有多小，也不管是对多么亲密的人，都要守口如瓶。你帮着孩子保守了秘密，孩子也会学着你的样子去保守他人的秘密。

· 给孩子最起码的信任。

在有些爸爸妈妈看来，有秘密的孩子都是有问题的，如果没问题为什么要藏着掖着呢？这种想法多么奇特！为什么对孩子如此不信任？猜忌对孩子是一种伤害，甚至会让他认为有秘密是可耻的事情，这伤害了孩子的情感，还会让他对秘密有错误的认知。

其实孩子都是最真实的，有秘密，代表他的思维能力有了成长，代表他开始知道什么是可以公开的，什么是不能告诉别人的。而最初时，孩子告诉我们的秘密，其实也可以被看成是他对"秘密"这种东西的一种试探。

不要瞎猜孩子的秘密，不管他说与不说，都要相信他。特别是不要怀疑他做了什么不好的事，也不要逼着他必须说出来他到底藏了什么，用平常心来看待孩子的秘密是最好的处理。

· 适当满足孩子"独处"的要求。

这里的"独处"，包括孩子个人人身的独处，也包括他的信件等内容的独处。如果孩子关上了门，或者自己去了一个角落，在保证他健康、安全的前提下，不要随便打扰他。如果孩子的日记本、信件等落在了明处，别好奇去翻，提醒孩子一声"收好你的小秘密"，这对他来说会感觉更舒服。

现在是网络时代，孩子们掌握交友聊天工具的速度要快得多。而现在的大部分父母，也都或多或少地接触到了这些内容，特别是有些父母还可能是这方面的高手。那么，这时就要"管住"自己的技术，不要靠侵入孩子的账号去获取他的聊天内容和心情、状态等一系列内容，特别是不要装成马甲小号去偷窥孩子的网络生活。

正确的做法是培养孩子良好的上网习惯，提升他的道德素养，保证他能自觉抵制不良信息。至于他的那些小状态、小心情，就随他去吧，不管是吐槽还是愤怒还是悲伤又或者是暗自欢喜，那都是他的小秘密，给他自由，他也会过得轻松一些。

- 别将心思都花在"无间道"上。

"无间道"，原本是一个佛教用语，大概意思可以理解为异常痛苦，无法解脱。不过现在人们又赋予了它新的意思，就是"人与人之间看上去亲密无间，但其间又暗藏欺瞒敌意"。很多爸爸妈妈与孩子之间的相处，就好像无间道一样，总是明里来暗里去，一面是孩子想方设法地藏，另一面就是爸爸妈妈想方设法地搜。这样的生活哪里还有温情可言？

如果想要了解孩子，就正大光明地多和他沟通。想要知道孩子的秘密，不妨用自己的小秘密和他交换，让他也感觉到自己是受重视的。彼此生活得随意自由一些，这才是正常的家庭生活。

教育启示

有秘密的孩子是拥有正常情感和思想的，没有秘密的孩子反倒应该引起我们的警惕。孩子有秘密代表了他的独立性，并不是他变坏的标志。给孩子一个相对宽松的成长环境，特别是不管他在与不在我们面前，都要尊重他的秘密，多了解他的个性特点，多用直接正向的教育，当他感觉生活是轻松的，他的排斥心理也会小很多。

在生活中对孩子进行适当的"艺术教育"

不知道从什么时候开始，艺术教育成了很多家庭中必不可少的教育。当然不是说艺术教育本身有什么问题，让孩子接触艺术教育从理论上讲是应该的，而且也是必需的。

就现在来说，艺术教育包括两个内容：第一个内容是为了培养艺术家或专业艺术人才而进行的各种理论、实践教育；第二个内容则是更广义一些的艺术教育，是为了普及艺术基本知识和基本原理，培养对优秀艺术作品的赏析能力，以提升审美修养、培养健全的审美心理而进行的教育。

虽然不排除有的孩子的确从小就有艺术天分，接受艺术培养是为了让天分发展得更好，但绝大多数普通家庭中对孩子开展的艺术教育，都是第二种内容。孩子参加美术兴趣班、音乐兴趣班、舞蹈兴趣班，每到周末或者每个星期的固定时间，都会带着应用之物奔赴各种"艺术教育场所"，我们都希望孩子能够通过"艺术教育"收获些什么。

但到底期望孩子能收获什么呢？一些爸爸妈妈对于孩子接受"艺术教育"这件事都抱有这样一种态度："多学点儿东西没坏处，将来要是能考个级、拿个证什么的，对上学就业都有好处。"他们更关心艺术教育所能带来的更现实的利益，却很少考虑让孩子接受艺术教育的真正初衷，更有甚者，认为孩子要学什么，就得学得多么多么出色，成不了画家、音乐家、舞蹈家，都对不起自己给他交的学费。

在父母强烈的功利心之下，孩子在艺术方面的学习又怎么能真的有成效呢？让孩子接受艺术教育是没问题的，但是这个艺术教育一定要"适当"，走马观花、一知半解抑或浅尝辄止的艺术教育熏陶当然是不行，可精益求精、旨在登峰造极的艺术教育追求也会让孩子失去对艺术的美好感觉。

那么，怎样才算适当呢？这个度到底应该如何把握呢？

- 不妨先顺应孩子的喜好。

孩子总会对艺术类的内容感兴趣的，毕竟他的成长过程中会经历绘画敏感期、音乐敏感期，在这些时间里，他会在绘画或者音乐方面有特别的表现。这时，不妨多在生活中增加一些与之相关的内容，满足他敏感期的需求。

同时，还要关注一下孩子格外喜欢什么，在他格外喜欢的内容上，可以多下点儿功夫。鼓励孩子多下功夫，就是允许他在喜欢的内容上多投入精力；而我们自己也要多下点儿功夫，也要了解这方面的内容，知道该帮助孩子怎样去更好地接触艺术。

- **多注重艺术的内涵而不是形式。**

很多人打着艺术教育的旗号，让孩子去参加各种各样的兴趣辅导班，虽然不能说这样的做法是错的，但多少都有些太过于强调形式了。

看到孩子学习结束，爸爸妈妈总是会问孩子"今天学了什么"，知道孩子会画了或者会唱了就会很高兴，但如果孩子说"妈妈，今天我看到了一幅非常好看的画"，或者说"爸爸，今天我听的那首曲子太美了"，很多爸爸妈妈就会觉得孩子这一次去听课浪费了时间。

其实艺术原本就是要靠体会、揣摩然后欣赏的，孩子能发现一幅画的美，能感受一首曲子的动听，这就是他在艺术方面的一个小进步，至于说有没有学会画、学会唱，其实并不是那么重要。不能搞错了让孩子去参加艺术兴趣班的目的，孩子只有先感兴趣，先有了一定的艺术修养，然后才可能在艺术道路上走得更远，绝对不是一上来就直接去学习各种理论，去模仿各种内容，久了就会让这种学习变得机械，只不过是另一种变相的学习罢了，孩子怎么可能会从中体会到艺术的内涵？

- **试试先从潜移默化开始。**

其实艺术教育的进行完全可以很随意，平时生活中不如就多准备一些好看的画、好听的音乐、有内涵的书。有机会的话，也可以有意识地带孩子去多看看展览、多听听音乐会、歌会，多去书店，在艺术类别的区域里多转一转。平时看电视也是一样，如果有讲与艺术有关的内容，不如多停留一会儿，偶尔跟孩子提一两句，激发一下他的兴趣。潜移默化的教育方式最能引发孩子的兴趣，他不会觉得是必须要学的东西，所以会很放松，而这种放松状态下所产生的"喜欢"这种情绪，才是他对艺术发自真心的喜欢。

在这样的"喜欢"之下再去引导他多学习与艺术相关的内容，他自己也更愿意，学习起来也会更轻松，也更容易出成绩。

· 拒绝"功利思想"。

如前所说，很多人认为孩子学习艺术都应该有目的。尤其是一些带有功利思想的人，认为孩子假如通过艺术学习能在某些方面获得社会的承认，那么孩子未来的路也会更宽广一些，而且由此获得的声誉也会给全家人增光。

这样的想法对成年人是有用的，获得社会的承认，权力、财富、尊严、地位可能都会紧随而来。但是对于孩子来说，如果他也受到了这样的引导，那么他可能就会错误地将艺术培养与功利挂钩，带着这样的心情，孩子再学习艺术时就会只注意怎样的学习能让他获利，反倒再也无法触及艺术的精髓了。

教育启示

对孩子进行艺术教育，其最基本的目的就是提升他的内涵，并不是要求孩子一定要达到某个高度。所以说，要在生活中，对孩子进行"适当"的艺术教育，生活才是对孩子进行艺术教育的最佳场所，而适当的艺术教育才能让他体会到艺术的魅力。绝对不要将艺术教育变成变相的强迫式教育，否则孩子可能反倒与艺术无缘。

要给孩子健康的身心，胜过丰厚的物质财产

最好的遗产是什么？是存款？是黄金？还是房产？给孩子留什么？留德不留财。给孩子积什么？积善不积恶。这一点的确值得思考。

东汉有一位清正廉明的名臣名叫杨震，亲戚们曾经劝他，让他大权在握时多为子孙置办一些产业，但杨震却说："使后世称为清白吏子孙，以此遗之，不亦厚乎。"

明代嘉靖时期同样清正廉明的都御史戚景通，72岁时病重卧床不起，一些老部下探望他时，发现他家中简陋清贫，没有田产家业，便关切地问他："您不给妻儿留下产业，他们以后可怎么生活呀？"戚景通没有回答，而是将当时年仅17岁的儿子戚继光叫过来说："我没有给你留下其他的东西，只将忠贞爱国之心留给你！"而后来的历史也证明，戚继光果然继承父亲遗志，成为一代抗倭名将，名垂青史！

清代民族英雄林则徐更是给后世子孙留下了这样一副对联："子孙若如我，留钱做什么？贤而多财，则损其志；子孙不如我，留钱做什么？愚而多财，益增其过。"

可见，有识之士为后代留下的都不是那看得见摸得着的物质资产，因为这些东西不过都是过眼云烟，他们更希望后代身

心健康，能成为从精神上富有的有德之人。这些名人志士的遗愿，难道还不能给我们一些启发吗？

在现代社会，当孩子降生后，作为生身父母，我们无不希望将最好的东西都给他。这种心理就会导致我们不可避免地为孩子准备非常优渥的物质生活，而且还会希望在日后为他准备更好的。当然从单纯爱孩子的角度来看，有比较合适的物质生活还是有必要的，但是从更长远一些的角度来想的话，只有物质财产并不能让孩子有更好的生活，毕竟他的生活并不只由物质构成，精神世界才是他生活的核心。

事实上，孩子最初对物质是没有概念的，他只是在单纯地享受。当习惯之后，他就会对享受有一种理所当然的感觉，认为自己就应该接受这样的物质生活。可是，眼前的物质已经满足不了他了，他就想要更新、更多的物质，如果你一直都只是在物质方面满足他的话，他会越发感觉不到满足，他的脾气会变得越来越暴躁。

显然，丰富的物质资产并不能给孩子带来更长久的快乐。相反，如果你经常带着孩子去锻炼身体，经常带着他去欣赏、感受、体验这个世界，他反倒更有精神。特别是如果能全家总动员，这对于孩子来说是最开心的事情。即便是吃着简单的面包，即便只是去附近的公园转一圈，也会让他觉得这一天过得有意义而幸福。

而且，还有一个更重要的原因，有一个简单的道理似乎被我们遗忘了。想想看，如果孩子没有好的身体，那么再多、再好的物质对他又有什么用？如果没有好的心情，即便是珠宝黄金在他眼里应该也会被归入无用之物的行列吧？

所以，如果想要让孩子有更好的生活，不能只有物质，更重要的是要培养他健康的身心，这才是保证他生活幸福的最根本所在。

· 给孩子最基本的良好有序的物质生活。

孩子最基本的成长对物质生活是有要求的，吃得好、穿得好、住得好，如果有能力，这些还是要为孩子准备好的。"不要给孩子太富裕的生活"，不代表让他从一开始就吃糠咽菜，只是不要太过奢华，不要让他从小就生活在一片奢靡之中就好。

除了提供良好的物质基础，还要让孩子的生活变得有秩序，所谓的秩序就是要让孩子有良好的生活习惯，包括早睡早起、勤奋节俭等一系列要求都要在生活中让孩子意识到。也就是说，即便生活条件不差，但孩子也不能就此躺在良好的环境中为所欲为。

· 为孩子安排积极健康的生活内容。

孩子的生活应该是丰富多彩的，不过在一定的物质基础上，孩子的生活可能会变得只是单纯地消耗物质而已。比如，有的孩子会将时间浪费在玩玩具上，还有的孩子则会不停地大吃特吃，特别是在孩子有能力消费金钱的时候，他可能就会变得大手大脚。

所以，从一开始，我们就该为孩子安排积极健康的生活内容。比如，经常带着孩子锻炼身体，让他养成锻炼身体的好习惯；有时间就带着孩子去四处参观或者旅行，以开阔他的视野，提升他的鉴赏能力；平时在家也要让孩子多参与家务劳动，向他传授更多的生活经验，等等。

- 一定不要忽略孩子的精神需求。

孩子的精神需求是保证孩子身心健康的一个重要条件，孩子对温暖家庭的需求，对慈爱父母的需求，都是他精神需求的重要组成部分。

所以，平时我们也要合理安排自己的时间，完成工作后多腾出时间来陪伴孩子，多组织一些家庭活动，在陪伴孩子的时候，最好全身心投入，不要边陪着孩子手头还忙着工作，否则孩子会觉得自己是不受重视的，这也同样会对他的内心造成伤害。

- 让一切都顺其自然地发展。

我们的确是需要培养孩子具备健康的身心，不能只是想着给他留下丰富的物质资产，但是这并不意味着我们就要将家中的财富藏着掖着。之所以要培养孩子健康的身心，其实也是为了让他能正确看待家中的这些财富。

也就是说，从一开始就顺其自然地发展，不炫耀，但也用不着刻意装穷，我们该将关注的重点放到怎么让孩子养成良好的生活习惯，不浪费、不炫富、不只追求物质等方面上，当孩子有健康的身心时，他在面对生活中的一切也会更加自然，而拥有良好的生活习惯，也将使他不会养成那些奢侈的坏习惯。

教育启示

物质只是所有生活需求中的一种，必不可少但也没必要要求最好。对于孩子来说，具备健康的身心要比继承丰富的物质资产重要得多。可以算一笔账，有健康身心的孩子，也应该会有上进心，这样一来他会自己努力创造更多的财富；而只顾着挥霍物质的孩子，一旦挥霍完了，也就什么都没有了。所以，还是培养孩子的健康身心更重要。

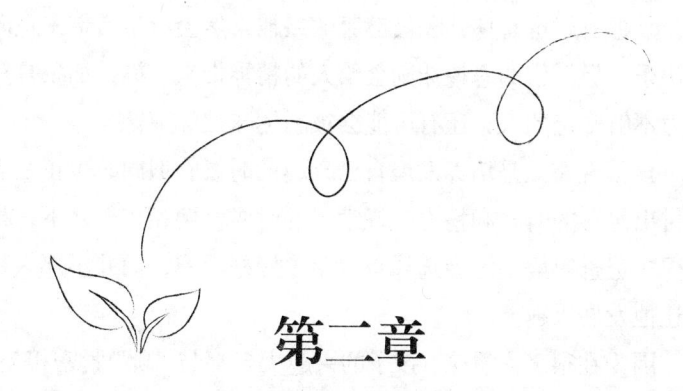

第二章
清楚对孩子更重要的 9 大内容

教育其实是一件非常精细的事情，很多时候需要我们做出正确的选择与是非判断后才能再开始教育。否则，如果一开始就对教育产生了错误的理解，那孩子就会受到错误的引导。所以，要知道什么对孩子更重要，要选择正确的教育方向与方法来让孩子进步成长。

兴趣比成绩重要，尊重孩子健康的兴趣爱好

每个人都有兴趣，兴趣是一个人生活中的调味剂和必需品，有了它，生活才会显得美好，才会显得更五颜六色。当然了，兴趣有好也有坏，积极健康的兴趣自然会给生活带来正向的快乐，但低俗的恶趣味则会给人的精神带来污染，如果是意志力不够坚定的人，还有可能会被恶趣味败坏道德。

孩子现在正是培养发展自己兴趣的时候，但同时也正是需要付出足够的时间和精力好好学习的时候。两相权衡之下，相信很多爸爸妈妈一定会选择督促孩子好好学习，而并不那么赞同让他发展兴趣。

因为在很多人看来，孩子的兴趣大多都与"玩"紧密相关，如果放任孩子去培养兴趣，那他的时间和精力就将都浪费在玩上面了，学习就会被耽误。而孩子的自制力并不好，所以就需要我们好好督促他，让他不要只顾着发展兴趣，而是将他拽回到学习上来。

对于这种做法，我们多半都会说："孩子的任务就是学习，没有爸爸妈妈的督促，他就是不够认真。兴趣什么的，等他出了成绩以后再说，有的是时间。"乍一听似乎也有道理，我们为了能让孩子好好学习，也的确是煞费苦心。

如果孩子能因此取得好成绩，我们自然是觉得付出终于有了回报，可一旦孩子的学习并没有什么起色时，我们就觉得孩

子是在辜负这份期望，会对他很失望，但同时也会更加不遗余力地督促他去学习。而为了能让他更专心学习，我们也会更加限制他在兴趣方面的发展。

但这看似是对孩子好的做法，孩子却绝对不会领情。

为了学习就不让发展兴趣，或者对他自己选择的兴趣还指手画脚，不仅如此，还可能会强加入他并不喜欢的兴趣进来，只为了能提升成绩……孩子对这些其实是最为反感的。没有兴趣只有学习的生活，会让他觉得枯燥无味，他也因此更提不起学习的兴趣。

长此以往，一个恶性循环便形成了，最终的生活状态就是，我们不停地训斥孩子怎么就是不好好学习，同时也会更加限制他兴趣的发展；而孩子则会不停地烦躁为什么自己不能发展兴趣，同时也就更加不愿意学习。

兴趣和学习间有一个很微妙的平衡点，关键就看我们是不是能理性看待，只有做对选择，才不会让孩子因为兴趣与学习的关系而闷闷不乐。

具体而言，在孩子的兴趣培养方面又该怎么做呢？

· **先放任孩子的兴趣发展一段时间。**

当孩子开始进入学习阶段之后，先不要将他的兴趣都一并归结为"与学习无关的玩耍"，最初也要对孩子有足够的信任。完全可以先放任他一段时间，再看看他的兴趣到底是一个怎样的发展情况，看看他的兴趣与学习到底有没有冲突，如果有冲突又将会到一个怎样的地步。

也就是说，在最开始，我们要通过观察来了解与孩子的兴趣有关的所有情况，看看他都有哪些兴趣，这些兴趣的好坏如何，兴趣与学习之间又是怎样一个发展情况，孩子自己是不是可以处理。了解之后才有发言权，所以这个了解是必不可少的。

- 和孩子聊聊与兴趣、学习有关的事情。

观察一段时间之后，不如和孩子聊聊这方面的话题，听他说说自己的兴趣，也和他聊聊学习的情况，问问他如果兴趣与学习发生冲突会怎么办。

要用聊天的口气，别用审讯式的询问，就算是孩子说了兴趣与学习之间可能发生的问题，我们也要冷静地去看待这件事，不能因为他说兴趣影响了学习就开始生气。孩子其实也是知道的，而他既然肯坦诚地告诉我们这个事实，他也是想要向我们寻求一些意见。所以，好好地听，好好地聊，好好地给出建议，不要给孩子增加心理负担。

- 不要强加"兴趣"给孩子。

有的人总觉得孩子的某些兴趣没意义，于是便将自认为有意义的兴趣"介绍"给他，甚至是强加给他。比如，很多孩子在还没上小学时就开始上英语兴趣班，或者其他学习类的兴趣班。其实真要说起来，不一定是孩子自己想要去这样的兴趣班，多半都是我们自己对孩子的未来进行了自我判断，自认为他参加这样的兴趣班会有好处，觉得如果别的孩子都参加了而自己孩子没有参加就是个损失。对于孩子来说，这将是多么痛苦的一件事。

其实每个孩子的发展都是有规律的，早了不一定是好事，晚了也不一定是坏事，顺其自然地让他的兴趣和学习协调发展才更好。所以，如果孩子没有表现出对某些事物感兴趣，那就不要强加给他，可以培养，可以引导，但别直接就决定，尊重必不可少。

- **接纳并帮助孩子发展积极健康的兴趣。**

也许孩子的兴趣并不是我们所欣赏的，但从各方面综合来看，他的兴趣又没有什么问题，这时我们就该换一种眼光去看待孩子的兴趣了。

可以问问孩子为什么这么喜欢这件事，问问他从中都有了哪些收获，如果是我们也可以参与的，倒不如和孩子一起做做同样的事情，站在他的角度去体会他所感受到的兴趣带来的快乐。

不仅如此，我们的参与也许还能帮孩子发现他以前没注意到的某些更有意义的细节，还能帮助孩子将自己的兴趣也发展得更有意义。

- **教孩子处理好兴趣与学习的关系。**

说到底，很多兴趣还是和玩有一定关联的，特别是年龄较小的孩子，自控力还有待提升，所以一旦投入到兴趣中，学习可能就会被忽略了。教孩子学会妥善处理学习与兴趣之间的关系，是保证他两不耽误的最好办法。

可以从教他安排时间开始做起，嘱咐他要有时间观念，而且也要将学习与兴趣的主次观念提前和他讲好。最好是让孩子自己去执行这个安排，我们只要在一旁简单督促就好，不要过分干预他，当孩子养成良好习惯之后，自然也就能更好地处理兴趣与学习的关系了。

教育启示

　　有兴趣，孩子才更愿意去学习，被剥夺了兴趣或者被强迫开展自己不喜欢的兴趣的孩子，终归会对学习、对生活生出厌恶感来，反倒不能好好学习。所以只要是积极健康的兴趣，就应该允许孩子自由发展，协调兴趣与学习并不是一件难事，良好的习惯越早开始培养，我们最终也就能越省心。

成长比输赢重要，让孩子在生活中不断历练成长

　　一般而言，孩子都喜欢赢不喜欢输，可是比输赢更重要的是成长，作为妈妈，要让孩子在生活中不断历练自己，从而获得比输赢更重要的成长。

　　来看这样一则案例：

　　一家三口在英国一家博物馆参观展览，四五岁的孩子跑来跑去，不小心碰碎了一件200多年前的古董花瓶。

　　孩子吓得哇哇大哭，父母也连连道歉。但博物馆方面却没有责怪也没有要求这家人赔偿，而是自己寻找古董修复大师，将已经碎成了65块的花瓶碎片一点一点地又粘合在了一起，使之看上去完好如初。

　　更令人没想到的是，博物馆方面又对那个家庭发出了邀请，请他们再来参观一次博物馆，来看看那个被孩子无意间碰

碎的花瓶。

他们想让孩子知道，花瓶已经修复好了，所以孩子没必要再为此过分自责，家庭也没必要为此对孩子有过多责怪。这样一份宽容，相信也会成为这个孩子铭记一生的美德。

从某个方面来看，孩子也算是"行为不端"，这才导致闯了大祸，也是一种输。但是，不管从哪个角度来看，这个孩子却都从这一段经历中收获了成长。从家庭角度来看，他应该意识到，出门在外要和家人在一起，自己的无组织无纪律行为，就容易导致问题的产生；从个人角度来看，他也能体会到，犯了错是一件令人不舒服的事情，所以平时就该加强自我约束；而从博物馆角度来看，孩子从他们身上学到了宽容，还学到了在一次失败后应该如何处理问题。所以，这一件事，让这个孩子经历了多个层面的成长，这不是令人欣慰的结局吗？

但是在我们的生活里，恐怕没有那么多父母可以有这个博物馆的那种宽容。面对孩子身上可能出现的问题、错误、输赢，我们往往都觉得这是了不得的事情了，也会想得很多。

比如，有人会认为孩子偷懒了，认为他没有发挥出全力，接下来就会苦口婆心地去劝说，提醒他一定要认真对待；有人也会认为孩子就是有缺点，接下来就带着他不停地四处找补习，或者给他加大练习量，以保证他做到熟能生巧；还有人则认为孩子就是没有认真对待，所以会用劈头盖脸的批评来应对。

而我们做这些的目的，无非就是想要让孩子赢。孩子赢了，就意味着我们脸上有了光，人前再提起孩子来，我们会觉得很骄傲。显然，我们用自己的面子操纵了孩子的成长，说来这岂不是很令人厌烦的事吗？但我们却做得毫不在意，而且还理所当然。

孩子原本就是在种种输赢间去成长的，他总是要尝试一些事情，总是会经历失败、成功，而且还会反复经历，这样他才能找到正确的努力方向，才能学到经验，记住教训，这些经历对他都是很有必要的。

可我们却过分夸大了输赢这个结果，完全没有意识到孩子的成长。在我们的影响下，孩子似乎也对输赢有了过分的关注，一旦赢了，他就犹如邀功一般地跑来跟我们炫耀，甚至还会对周围的人炫耀；可一旦输了，他就会变得颇为伤感，自卑、自暴自弃等表现也随之而来。更有的孩子，会因为输而变得不想再去见人、不想再去上学，甚至还表现得仇视赢了他的人，仇视其他人，这就不是我们愿意看到的了。

所以，让孩子在输赢中意识到成长，才是我们最该关心的事情。家长该怎么做呢？

- 先丢掉自己不正常的好胜心。

输赢问题的确是个很让人纠结的问题，特别是孩子的输赢问题。身为父母，我们当然希望他能赢，希望他在各方面都表现得最好。但是这种好胜之心不要太过强烈，尤其是不能总是训斥孩子的不好，否则对他也是一种压力。

输赢对于孩子本就是平常事，与我们其实并没有多大关联，他做得好是他努力的结果，我们只需分享就好；他做得不好也是他自己出了问题，我们可以安慰，可以建议，其他的就不要太看重了。

- **以合理的态度来对待孩子的输赢。**

不论输赢，都是属于孩子自己的所得，但是我们的应对态度却会左右孩子对自己所得的感觉。

所以，当孩子赢了时，我们不能表现出狂喜，也不能盲目地夸奖他"太棒了，比谁都棒"，可以和他分享胜利的喜悦，但也不要总是提及这件事，多夸奖他的努力，而不要总将他取得的成绩挂在嘴边。

而当孩子输了的时候，我们也要避免太过失望或者愤怒，可以安慰，可以鼓励，也可以建议他去改正，同样地，这事说过了也就过去了，不要总是提及。

总之，我们的态度如果不是大起大落，孩子也就不会对输赢这个结果过分关注，而不过分关注，他也就能将更多的精力投入到继续学习上来，也就不会对输赢结果太在意了。

- **做一个合格的"温度调节器"。**

在孩子输赢这个问题上，我们完全可以成为一个"温度调节器"，也就是要在孩子赢了的时候给他降降温，而当他输了的时候就给他升升温。

这其实就是一种引导，当孩子赢了的时候，我们要提醒他不能太过骄傲，不要停留在已经取得的成绩上止步不前，而是要多想想人外有人、天外有天，不要放弃努力。也就是说，当孩子因为赢而变得头脑发热时，我们要及时提醒他不要太过欢喜。而当孩子输了的时候，他内心也会不那么好受，可能也会变得萎靡，有些争强好胜的孩子还会因此而觉得丢脸。这时我们就要帮孩子升升温，提醒他不要太过关注那个输了的结果，那已经是过去式了,引导他要向前看,为学习继续努力,所以就不要纠结已经无法更改的过去了。

· 注重对孩子心态的培养,而不只是教他方法。

输赢面前,孩子若想要有所成长,需得摆正心态,这时我们要教他的不能只是该怎么应对输赢的方法,而是要培养他具备良好的心态。这个心态应该是赢不狂喜、输不萎靡,这就需要我们在平时多培养他要有坚强的意志了。

不要总是教孩子该怎么做,最好多和他聊聊,从心理层面上多引导,鼓励孩子自己去找问题,给他机会自己想办法解决问题,这样才能让他具备良好的心态。

教育启示

输赢乃人生常事,赢不会长久不衰,输也不会翻身无望。对于孩子来说,重点是要掌握以平常心来应对所有的输赢,当他能做到输赢皆不能动摇他的内心时,他才可称得上是有所成长了。而作为父母,我们则更要调整好自己的心态,对孩子有正常合理的期望,让他能正常地发挥自己的能力,争取不会大起大落,也不会为大起大落所影响。

主见比顺从重要,培养孩子有自己的想法

一个人有主见,原本是一件好事,因为有主见就意味着可

以自己决定很多事，不用麻烦别人，也不会为他人意见所左右，可以更快更好地做成事情。可是，我们却总觉得，孩子并不适合自己有主见。因为孩子年纪尚小，缺乏足够的生活阅历，而且处事也相对比较鲁莽，很容易就会出问题。

所以，我们更希望孩子会顺从我们，而且总是对孩子说："听话，听话才是好孩子！"将这种顺从当成孩子是"好孩子"的评判标准。

但是，孩子并不是电脑，不是说我们发出了指令，他就能准确无误地去执行了。更何况，就算是电脑也有程序执行出错的时候，孩子可是自由的人，他当然也会有自己的想法。而对孩子的主见，我们却不那么待见。

比如，有的孩子想要"放学回家先稍微休息一会儿，然后再写作业"，其实按道理来讲，这并没有什么问题，只要孩子能控制好这段时间，只要能保证完成作业，先休息还是后休息都无所谓。可是我们却并不相信孩子可以对自己的主见负责，会偏执地认为这就是他贪玩的表现，然后就会拒绝他的主见，转而加入我们的要求，"不行，先做作业，然后再做别的"。孩子也许会有自己的安排，他也许的确是累了想要休息，但是我们却并没有在意他的想法，只是单方面认为自己才是正确的。

孩子对我们无力反抗，即便反抗多半也会被我们驳回，久而久之，他会发现自己的很多主见都是会被驳回的，那倒还不如没有主见的好。所以说，孩子也是慢慢地变成没主见的。

可是，当孩子真的变得对我们言听计从之后，我们又会发现问题了，那就是他会表现得什么都问，什么都不能自己决定，会对很多事拿不定主意，哪怕那件事很小，他自己也完全不能决定。

这其实是非常危险的，面对这种情形，又该怎么办呢？

· 不要以爱的名义要求孩子。

"我都是为了你好。"这句话在很多妈妈的口中都出现过，虽然本意也的确是为了孩子好，但这就相当于是在用爱来"绑架"孩子，孩子有自己的想法，可是你却用"爱"剥夺了他自我思考的能力和权利，更重要的是，你的本意还可能并不是孩子想要的，最终他只能不情不愿地接受你的安排。

对孩子的爱无保留地付出，是所有人都毫不怀疑的做法。可是，孩子也是一个独立存在的人，他的思想也在发展，也会出现想要自己选择、决定的时候。不管多小的孩子，都有自己的想法。就算是才几个月大的婴儿，只要自己的手能抓取，也会拿到自己喜欢的玩具而丢掉不喜欢的，如果你强迫给他，他会一把抓过来然后迅速丢在一旁。由此可见，其实孩子从一开始就有自己的想法，关键就看你能不能正确引导他。

· 锻炼孩子为自己做决定。

孩子要成长，就需要锻炼自己为自己选择和决定的能力，这个能力不是等他长大后自动具备的，而是应该从小就要积极培养的。可能一开始他的想法的确不那么令人信服，但经过培养锻炼，他也将逐渐学会该如何为自己做决定。

可以先从平时的生活小事开始训练，从穿什么样的衣服到吃什么饭，再到买什么玩具，决定周末去哪里玩、去玩什么。对于这些事，孩子都会有自己的想法，那倒不如就顺着他，问问他的想法，允许他来选择并决定。可能一开始孩子只觉得这是个游戏，他会带着玩的心态去选择，但我们可要认真，而对于他的决定也要一直贯彻下去，久而久之，孩子自然会意识到自己的想法是会被认可的，他也就会认真对待了。

·有理有据有节制地为孩子提出建议。

虽然是要让孩子自己做决定，但他的想法也的确并不是那么成熟，所以我们还是可以给他提一些建议的。只是这些建议一定要有理有据，所谓有理，就是不能强硬地以"我是你爸爸""我是你妈妈"这样的话来强迫孩子接受，一定要说出让孩子信服的理由来；而所谓有据，也就是要将利害关系给孩子讲清楚，以方便孩子从中权衡。

同时，也要适当停下自己想要给出建议的心，孩子总要自己去经历对一件事的认知、判断、选择、决定，不可能什么事都帮他决定好，要给他练习以及养成好习惯的机会。

·理智看待孩子与众不同的想法。

孩子思想活跃，说不定什么时候就会有让人意想不到的想法。对于这些想法，我们不能仅凭成年人的思维去否定，也不要强迫他不要去想。

当然，有时候他也会出现忤逆的想法，而对于这些想法，我们需要好好地判断一下，如果有违伦理原则，就要及时制止，但如果只是鲁莽新奇，就可以给予引导。假如孩子的想法一开始就是错的，也要提醒他问题在哪里，并引导他向正确的方向去思考。

> **教育启示**

有想法的孩子才能成长为有主见的人，孩子不应该成为墙头茅草，不能只随着别人的想法摇摆不定，他应该成为扎根于地的大树，有自己的根系，有自己的努力方向。而要实现这一点，就需要培养孩子有自己的想法，有自己的主见。身为父母，不要总奢望孩子的无条件顺从，培养有自己独到思想的孩子，才算是成功的教育。

良知比对错重要，教孩子从小就有是非判断标准

做一件事什么最重要？有人说是过程，过程会让人体会到努力的快乐；也有人说是结果，看到一件事的最终结果，不管是成功还是失败，都会给人带来一定的冲击。

但事实上这些都不是最重要的，做事的过程无非就是努力与不努力，一件事的结果也不过就是好坏对错，而导致这一切发生的最根本原因却是良知。

究其原因，如果从一开始，我们就带着一种错误的想法去分析问题，然后又带着错误的认知去努力，那么最终一定会出问题，即便取得了成功，也只能算是侥幸。

如果毫无良知，就会去做不该做的事，还有可能为了实现最后想要的结果而不择手段。而更可悲的是，没有良知的人，是不会觉得自己的行为有问题的，而且还可能会变本加厉地继

续在错误的道路上越走越远。如此想来，有没有良知显然要比最终结果的对错重要得多。

因为，如果有良知，人从一开始就不会做不好的事情，最终一件事即便做错了，也还有改正的余地；可如果没有良知，那么从一开始，人就已经在做错事了，最终的结果自然也就不言而喻了，而这时候要是想更改，就需要从最初的良知本性改起。

所以，不要总将目光放在一件事到底有没有好结果上，重要的是要培养孩子从一开始就具备怎样的初衷，也就是看他是不是有良知，他是不是知道什么是该做的什么是不该做的，是不是具备善恶分辨能力。

换句话说就是，我们要欣赏的是孩子的个人品质，而不是他所表现出来的那个行为；要多看孩子做这件事的初衷，而不能仅仅关心他是不是成功。否则，如果我们过分关注行为和结果对错，孩子便会将更多的精力放在行动以及完成上面，他会认为只有表现出努力和最终成功，才能获得爸爸妈妈的欣赏与爱，至于其他的他也就无暇顾及了。

这其实是很危险的。

举个简单的例子，如果孩子只知道"随手扔垃圾妈妈会不高兴"，但却并没有意识到"随手扔垃圾就是没有公德心的表现"，那么他可能会为了让妈妈高兴而不扔垃圾，可是一旦妈妈没在他眼前，他也许会有侥幸心理，认为"反正妈妈看不见，我就算扔了她也不知道，她也应该不会不高兴"，这样的心理一出现，他就很自然地形成了两种不同的"执行原则"，妈妈

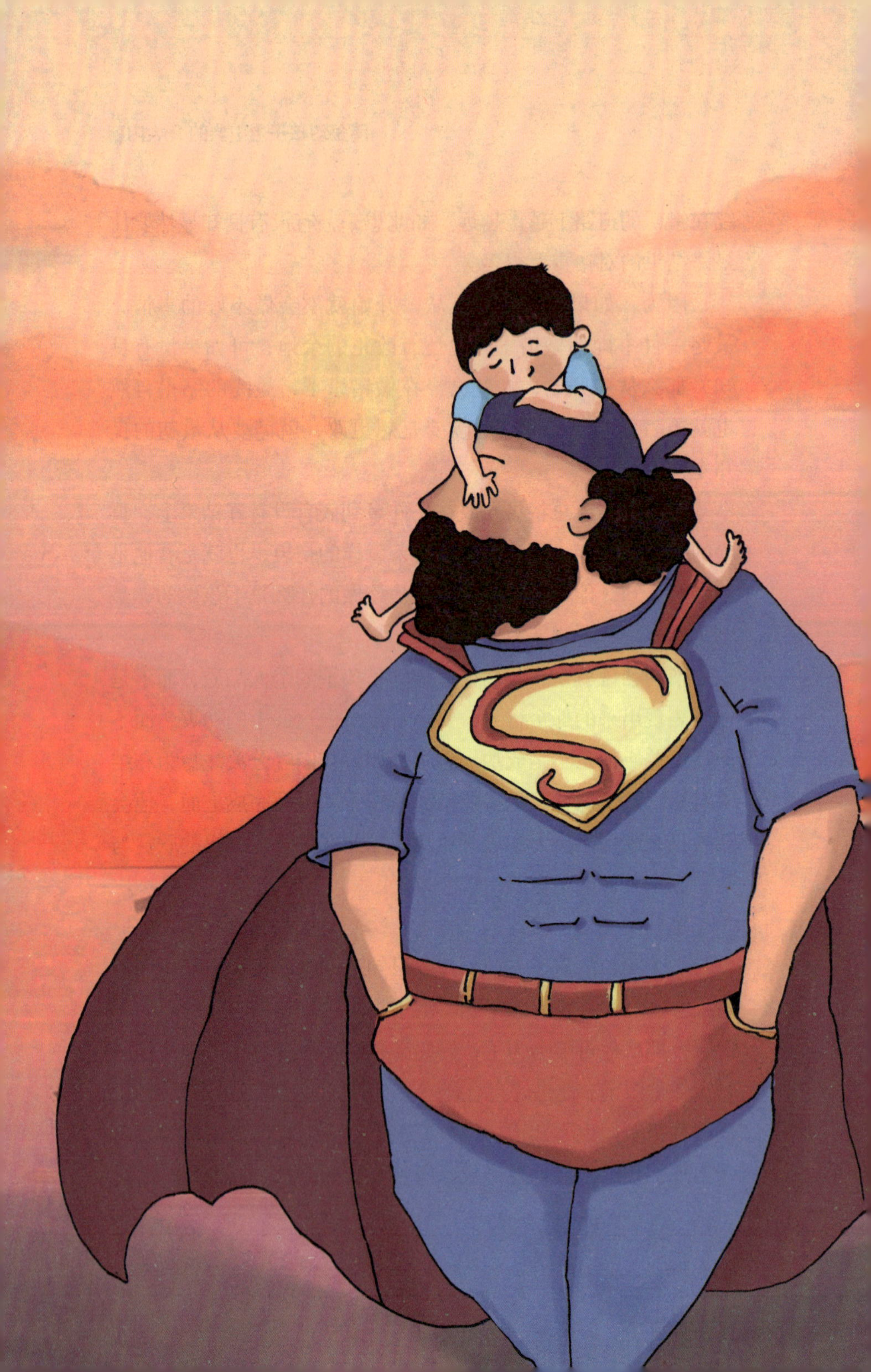

在的时候是一个表现，妈妈不在的时候就会是另一个表现了。

所以在某种程度上，教育就是让孩子"致良知"，即恢复人性的本善，如此，孩子的意念也就是真实无妄的了。这是教育的重要方向。

可见，培养孩子也是有重点的，一定要抓住。

· 多夸奖孩子的内在品质。

"人之初，性本善"，良知的建立从很小就开始了，对于孩子所表现出来的善念、善心、善行，我们自然应该毫不避讳地加以欣赏。

当孩子做了正确的事情，比如，他很友爱地将自己的玩具送给了别的小朋友，那就夸奖他说"你对朋友非常友爱，我也感受到了这份爱，真好"。这种夸奖会让孩子意识到他的行为是怎样一种性质，这也就会促使他更愿意去做更多这样的事。

有时候，孩子的行为从表现来看可能不那么好，比如，他为了给朋友倒水而不小心摔碎了杯子，如果从事情的对错来看，孩子弄坏了东西是做了一件错事，但是他是为了招待朋友，这是很礼貌的行为，所以从本质品质来看，孩子是没有错的。这时，不妨提醒他"招待朋友也要小心自己哦，别毛手毛脚伤了自己，东西轻拿轻放就好"，这样的提醒就是在教他该怎样正确地表现自己的善念。

· 向孩子展示明确的是非原则。

明确的是非原则，就是很绝对的对与错，怎样做是可行的，怎样做是绝对不行的，很多事其实都是有明确的是非标准的。关于是非判断能力的培养，我们的表现是孩子能进行参考的重要基础。所以，这就要求我们不能说一套却做一套。

最简单的一个例子，告诉孩子不撒谎，但自己却不诚实，这就会让孩子误以为是非原则是有两套标准的，再加上他很难把握那个标准，也就会在日后对撒谎这件事感到无所谓。

鉴于此，我们就需要向孩子展示明确的是非标准，而且这个标准不论在外在内都要一致，在向孩子解释的时候，也要明确是非，不能模棱两可，不能含糊其辞。即便是自己做错了，也要敢于承认自己的错，这样孩子才会从我们身上意识到是非分明到底是怎样的。

- **教孩子把握好区分是非的界限。**

其实很多事都是"一念成佛，一念成魔"的，有良知，自然会"一念成佛"；良知欠缺，也只能落得个"一念成魔"。孩子内心也要对是非划定一个清楚分明的界限，这不仅对他自己的为人处世有帮助，而且也会成为他自我保护的依据。

在提升孩子道德认知水平的同时，告诉他生活中可做、不可做的事情；提醒他哪些人的行为是不能学的，哪些人的行为又是他学习的榜样。同时，也要教孩子掌握一定的技巧方法，来识别谎言、欺骗，让他的善心有正确的施展目标。

在生活中有很多实例是可以拿来当成参考教材的，借此来为孩子分析，引导他思考，帮助他形成自己的判断，这要比直接告诉他什么是对什么是错要更有效。还可以拿孩子经历的一些事来分析，让孩子在自己的实际经历中去体会是与非的区别。另外，一些童话、寓言、故事也是不错的分析材料，选择合适的也可以拿来一用。

- 多从正面去引导孩子。

关于是非的问题，孩子不会一下子就能区分开，一旦认识不清，很容易就出问题。这时我们的引导应该是正面的，是要提醒他怎样做是正确的，而不能只是揪着他的错误不停地训斥他，我们越是急躁，越是只训斥他的错处，他也就越无法弄清楚自己该怎么办。

正面引导孩子也不是说大道理，其实就是要让孩子意识到自己的问题，引导他自己发现对错，这比单纯地教训他哪里错了要有用得多。

教育启示

是非判断能力代表的是一个人的良知水准，能明确区分对与错，才意味着这个人有良好的道德品行。孩子的成长过程其实就是磨炼自我的过程，"性相近，习相远"，我们要做的是让他的"习"不会与其原本就有的善渐行渐远。所以，不要简单地只因为孩子做错了就大发雷霆，关注一下孩子内心的品行才是更重要的。

反思比推责重要，教孩子时刻懂得反省自己

这是一件真实的事，是一位妈妈的亲身经历，她这样自述：

1岁半的女儿虽然早已经会走路了,但明显还没有掌握更好的平衡,所以她也就经常出现磕磕碰碰。有时候是撞到物体,有时候则是会撞到人。

有一次,女儿在家里来回快走着玩,一个不小心,脑袋又撞到了饭桌角,许是撞得狠了,女儿觉得很疼,她吭哧着,似哭非哭地跑到我面前,小手指着桌角,嘴里一声:"嗯!"那意思就是在告诉我,那个桌子角又碰到她的头了,在她的意识里,那个桌子角就是让她疼的罪魁祸首,是不好的存在。

我给她揉了揉额头,看着她很认真地说:"撞了头,很疼。但是桌子是没错的,因为桌子好好地站在这里,没有动过,你自己,可以走得更稳一些,也可以绕开桌子走,或者,捂着自己的头从这里过去,不要抱怨桌子。"我连说带比画着,把自己的意思尽量表达完整,还给她做了几次示范。

女儿眨巴着眼睛,1岁半的孩子,我坚信她是能听懂的。因为,在以后的日子里,女儿走来走去的时候,果然绕开了桌子角,而如果不得已需要走近的时候,她会伸出小手捂着脑袋,虽然她的胳膊很短,还够不到脑袋顶,可她还是会伸手捂着。而另一个事实就是,她果然没有再在这个位置碰过头。

在我看来,她应该是明白了我的意思,从她的行为就能感受得到,我觉得很开心。因为我希望女儿能意识到,如果出了问题,找找自己的原因,时刻反省自己,要比指责别人更让自己愉快得多。我毫不怀疑,如果我当时也顺着她的意思去"指责"桌子,那么下次,她一定还会撞上去,而且会更疼,一个恶性循环也会就此形成。

不要怀疑1岁半的孩子怎么可能会听得懂那么复杂的一长段话，其实孩子的理解能力并不像我们想象的那么糟糕。

如果那么小的孩子都能意识到，改变自我要比指责他人更让自己舒服，那对于再大一些的孩子，对于已经有了自我思考和辨别能力的孩子来说，培养他学会自我反省应该也会更容易些。

也的确如前面这位妈妈所说，反省自我要比指责他人更让自己感到舒服，因为反省自我是一个纠正自我、提升自我的过程，一个让自己蜕变完善的过程显然更让人感到愉快。而指责他人就不一样了，指责就意味着对对方身上缺点的关注，只看到了对方的错，只是逞了一时口舌之快，或者只是一时占了所谓的理，可到头来自己的问题还是问题，下次再遇到类似事情，出错的概率也会增大，明显得不偿失。

所以，当孩子再遇到问题时，我们应该教他学会"律己"，以此来避免他驾轻就熟地去"推责"，越早学会自我反省的孩子，成长得也就越快、越优秀。

- 用中立的态度去应对孩子的问题。

不管谁对谁错，我们只能是站在中立的角度，可以听孩子讲述事情的经过，但不要加入偏向的感情色彩，尤其是不要仗着自己对孩子的了解，就直接妄下结论，否则要么是让孩子变得更加"推责"，要么就是导致孩子变得不愿意"律己"。

用中立的态度就意味着我们不能对孩子的问题太指手画脚，就算意识到了谁对谁错，也不要直接就给出结论，毕竟这时候的孩子可是有他自己的判断的，所以只要我们不偏向，就总能引导孩子自己意识到问题。

- 别用指责去应对孩子对他人的指责。

有时候孩子对他人的指责很明显,那么我们怎么办?去指责他吗?去说"你怎么能这样说人家?你自己又能好到哪儿去?一个巴掌拍不响,你也好好反省一下"吗?这样的说法一定会让孩子觉得自己受了委屈。

孩子指责他人,也不是全无道理的,我们听听就好,表现出来的态度应该是"嗯,是,我在听你说话",这会让孩子感受到我们对他的话的关注。我们的平静也能换来孩子对更多信息的描述,这也有助于我们更准确地判断这件事的是非。

- 将孩子的注意力拉到他自己的表现上。

"吾日三省吾身",要求的就是我们要时常记得反省自己。所以试试引导孩子从头思考自己的表现:

"你是怎么做的?"

"你是怎么想的?"

"你的决定是什么?"

……

以此将孩子的注意力拉回自己身上,他也就能更快发现自己的问题。

孩子都是有羞耻心的,意识到自己也有问题之后,他会将时间花在自己的问题上,也就不会再多考虑别人怎么办了。

这里对我们的态度还是有要求的,一定不要随便指责孩子的问题，他自己说出来，自己去思考，自己想办法解决，这才是反省，我们可以提醒，可以引导，可以建议，可以给出意见，但训斥就免了吧！给孩子留个面子，他也会更识趣。

有的父母担心，孩子如果意识不到自己的问题怎么办？没关系，那就继续引导，也可以直接告诉他"我觉得你这样不对呢"，这时他应该也会开始关注自己哪里不对了。

- 教孩子应对"真不是自己错"的时刻。

也会出现这样一种情况，孩子真的没有错，真的就只是对方找了茬。孩子没有错，这种反省还有必要吗？当然有！这时候不要夸大孩子受了委屈这个事实，可以体谅他受委屈的心情，可以告诉他"你没有做错，这很好"，但我们也同样不能随意指责对方，否则孩子可能会觉得自己终于有理了。其实只要让孩子意识到对方的错误就好，告诉他"他那样做是不对的，你以后也要注意"。这就足够孩子学会分辨这一是非了。

教育启示

懂得时刻反省自我的孩子，会在遇到问题时以更快的速度稳定自我情绪，而且能在最短的时间内找到自己的问题，并尽快纠正，以提升自我。反省也是一种美德，不总是指责他人的人，也更容易获得周围人的亲近。不用担心孩子总是反省自己会吃亏，因为自我得到不断提升的孩子，总会因为美德而获得更多人的喜爱与青睐，也会遇到更多的机遇。

成熟比成功重要,给孩子一个成熟的心智

　　如果要问,人的一生中成熟与成功哪个更重要,不同的人自然是有不同的理解。有人觉得成功更重要,人活一世不就是为了要追求成功,要不那么努力地学习和奋斗干什么呢?从小到大,从父母到老师,或多或少不都是带着"期望成功"的心来培养人才的吗?而且,成功也能给人带来巨大的后期效益,成功后就可以做更多的事,就可以有更好的生活保障,遇见更好的人,收获更多意想不到或者意料之中的成功。

　　乍看上去,这的确是个很棒的认知,培养成功人才,也的确是我们需要注意的。可是,这里面似乎也存在一些问题,那就是对成功的定义。

　　怎样才算是成功?就拿孩子来说,人们普遍认为,孩子学习成绩好就是成功,如果再有其他特殊才艺积累也是成功,如果再能成为众人夸耀的焦点当然更是成功。孩子要想取得这些成功,只要自己能付出努力,只要能找对正确的努力方法,就都能获得,这并没有什么难实现的。

　　可很多孩子取得这样的成功之后,却会有一些不那么恰当的举动。比如,有的孩子会变得骄傲,开始目中无人,甚至会讽刺嘲笑暂时不如他的孩子;有的孩子又会觉得自己已经很了不起了,便就此打住,不再付出之前那般的努力,要么偷工减料,要么干脆就罢工休息;更有的孩子认为,自己的成功就是

天定的，自己就是个了不起的人，自己和那些"凡人"有本质上的区别，天才之名非己莫属。而且，有些成功的孩子禁不起失败，一旦失败，他的整个人生都崩塌了。

如果孩子出现了这样一系列想法和表现，其实就意味着他已经暴露了一个最大的缺点：心智不够成熟。

心智成熟的人并不会以眼下的成功为终点，他们关注的不是自己已经取得的成功，而是"如果在某个方面我能更努力或者换一种方法，是不是还能有不一样的结果"，心智成熟的人注重自己的努力，注重自己的内心，即便是失败，他也只会一笑而过，从头再来。

所以，更有理智的人，更有智慧的人，一定会选择"成熟更重要"。尤其是孩子，培养他具备成熟的心智，他会更早懂得更多道理，并能自觉约束自我，也能更主动地去培养自己更多的好习惯。家长们该如何做呢？

· 不要总是以各种方式哄孩子。

既然身为父母，哄孩子就是我们最常做的一件事，特别是在孩子还小的时候，我们会用各种方式来哄着他开心，哄着他不再"找事胡闹"。

有人会用说好话的方式来哄孩子：

"你最乖！"

"你很棒！"

"你是个好孩子！"

"你是爸爸妈妈的好宝宝！"

......

被夸奖谁不愿意呢？孩子自然也会屈服于这样的夸奖之中；有人又会用上"诱惑"，好吃的、好玩的、好看的，只要有用，我们几乎无所不选。

孩子被哄得开心，一切也就都烟消云散。可是他的问题，甚至是错误，却就这样被我们忽略掉了，因为我们将其一律归为"孩子还小，就是胡闹"。靠哄来教育孩子，孩子就会一直认为自己是个小孩子，不管做什么都无所谓，而且生气了只要闹一闹就会有人哄，自己就是全家的中心。

如此一看，是不是很危险？所以也是时候减少一些"哄"的相处方式了，正常一点儿的家庭交流，才是家庭中更应该有的氛围。

· 对孩子采取及时有效的教育。

不哄着该怎么办？当然是要正常地进行教育了，不仅是要正常的，而且还要是及时的。所谓及时教育，就是当孩子出了问题时，我们要当下指出来，让他意识到自己已经出了错。及时教育会让孩子当下就意识到自己的问题，并且在适当的教育中意识到改变和成长。

所以，教育一定要在当下进行，只是要注意方式方法，别太过严厉，也要给孩子留面子。特别是在众人面前，不用对他进行太过严厉的批评，可以将其拉到一旁告诉他，他已经做错了，并要严肃提醒他注意自己的言行。

• 在某些时候不对孩子网开一面。

社会中有很多规则，规则起到了良好的约束作用，可是在有些人眼里，规则对待成年人和孩子却会有双重标准。

比如，排队需要良好的秩序，如果是成年人插队，一定会有很多人指责，可如果是孩子插队，周围就会有人说"跟个小孩子还计较什么，插就插了吧"，或者是"他是个孩子，让着他就是了"。

原本需要所有人一起遵守的规则，却因为孩子而被定出了双重标准，这无疑是让孩子"仗势欺人"的最好借口——他会仗着自己年纪小，从而表现得肆无忌惮，甚至犯了错也毫不在意。

所以，身为妈妈，也不要总是以"孩子还小，犯错无所谓"的态度去对待他的问题，一旦他触犯了规则，也要按照规则规定的惩罚措施来惩罚他。同时，妈妈也要进行反省，要让孩子意识到他即便年龄小也是没有特权的。

• 去除"你还是个孩子"这样的想法。

当发现自己可以做很多事情之后，孩子就会变得"勤快"起来。就拿在家来说，他会学着我们的样子洗衣做饭搞卫生，虽然一开始多半都有玩的心思在里面，但也不失为一种尝试。有时候孩子也会想要帮我们做一些事情，打个下手或者干脆就想要承担一部分工作。可是，我们总会将他主动参与的精神当成是一种"不自量力"。

"你还小呢，做不了"，类似这样的话就成了我们拒绝孩子的理由。当被拒绝的次数多了，孩子自己也就会认同自己"小孩子"的身份，变得不再愿意承担责任，不再愿意多付出，可以说，孩子最终的不成熟，也是我们"宠"出来的。

所以，不要总将孩子看成是孩子，给他机会参与各种事，只要他能做到，就别拒绝他的加入。而且，与其总是担心他能力不足，倒不如多教他一些东西，提升他的能力，让他的能力变足，那么成长的同时，他自然也会变得成熟起来。

教育启示

成长是一个必然，但成熟却不一定是；成功是努力的结果，可成熟不一定是。成熟是一种涉及心理成长的表现，是需要从内而外散发出来的。若是能培养孩子具备成熟的心智，那么他自然会知道该怎样去为成功而努力，也自然知道律己，知道奋斗，知道谦逊，知道种种做人该有的品质道德，这样的孩子岂不是会离成功更近？

幸福比完美重要，让孩子未来能拥有幸福的人生

让孩子幸福是每位做父母的人最重要的心愿。可是，怎样才能幸福呢？有人就会说了："当孩子完美无缺的时候，他不管做什么都没问题了，那就是幸福了。"这样的看法，其实是很错误的。

想想看，我们一面觉得孩子不够完美，便总是督促他向着完美努力，一旦他有偷懒或者犯错的表现，就会批评甚至训斥；另一面，我们却又期望着孩子幸福，还告诉他"现在你吃苦，将来你就会因为不断完善自我而享福"。

我们沿着自以为正确的指导方向指导孩子奋斗，可殊不知，孩子在一次次被要求完美的过程中，已经变得麻木甚至厌烦，等他实现了我们口中所谓的完美时，也许恰恰就是他情绪崩溃并尽情发泄的时刻。

举个例子来看，为了培养孩子的"艺术细胞"，很多人都会让孩子接触音乐，弹琴、拉小提琴、吹萨克斯，为了能让孩子"学有所成"，我们会一直盯着他学习练习，甚至牺牲自己的休息时间陪他参加学习和练习。对于孩子的表现，我们也是百般挑剔，恨不能他一下子就实现飞跃，就能呈现完美。如果孩子偷懒了，或者表现不佳了，我们就会软硬兼施，想要让他意识到我们如此苦心到底是为了谁。

在这样严格的学习与训练之下，孩子可能会越来越接近于完美，但是他幸福吗？有多少孩子曾经想过要砸烂小提琴、钢琴，甚至还有孩子想要剁掉自己的手。追求了完美，孩子的快乐都不见了，即便他最终取得了成功，但那份快乐已经再也寻不回来，这个完美的成功于孩子又有什么意义呢？

其实对孩子来说，幸福很简单，他希望有人陪，希望能自由一点，希望可以玩，希望自己主动发展自己的兴趣，希望全家和睦，希望朋友们都在一起……每一件事都很小，但在我们看来，这每一件小事似乎都能构成威胁到他完美培养的因素。

这是一个很明显的对比，我们是想要看着完美但内心一点都不幸福的孩子呢，还是想要在幸福中能自己主动向完美努力的孩子呢？虽然后者可能会离完美的目标太远，但看到孩子幸福的笑脸这难道不是我们的心愿吗？

所以，相比较起完美，还是多关注一下孩子的幸福吧！

· **全然地接纳自己的孩子。**

我们为什么会那么想要看到孩子表现完美？为什么会对孩子提出那么高的"完美要求"？其实都是因为我们自恃了解孩子，也看到了他身上诸多的缺点罢了。在我们看来，孩子的缺点都是不能容忍的，如果他不改正缺点，我们会觉得他很难管教；如果他没有按照我们所说的去努力，我们也会觉得他不被我们所掌控。

说到底，这不过是我们自己的心魔罢了，不存在没有缺点的孩子，"看看人家的孩子"这样的话，也不过是我们刚好看到了另一个孩子拥有我们的孩子所没有的优点罢了。有缺点的孩子才有成长的空间，如果我们极力想要让他弥补各种缺点，只会让他变得疲于应对。

所以，别用挑瓷器一样的眼光去挑拣孩子的优缺点，不管怎么说他都是我们的孩子，我们更应该关注的是他的全部，是他在当下的生活中会有哪些收获，不要嫌弃他的缺点，全然地接纳他，才能引导他更好地生活。

· **不要用自己的苦去劝孩子。**

"我们过去的生活都很苦，你们现在多幸福，还不好好努力！"

"我过去没有机会，你现在有机会了，就一定要知道奋斗！"

"哎，你真是幸福啊，别身在福中不知福啊！要好好珍惜啊！"

……

有的妈妈总是在用自己过去的苦来绑架孩子现在的幸福，让他认为如果自己不努力就是在亵渎父母当年的苦。这样的绑架对孩子来说太沉重了，每个时代自有每个时代的发展格局和特点，我们的过去与孩子的现在不能同日而语，我们的努力与孩子现在的需求也并不一样。孩子自有他现时代的特点，我们过去的不完美，并不是孩子一定要追求完美的理由。

我们反倒应该更多地说自己过去的努力，让孩子意识到我们也是经过努力才成长的，也是经过努力才收获现在的幸福的。这样一来，潜移默化地感染，也会让孩子更愿意为了自己的幸福去奋斗。

· 鼓励孩子自己主动去努力。

幸福要靠自己追求才能有收获，所以让孩子具备自己努力去追求属于他自己的幸福的能力，这才是我们对他的培养目标。

和孩子一起列出实现幸福要做到的事情，鼓励他从眼前身边小事开始做起，不过不要总是催促孩子，最好能让他多体会努力后获得胜利的瞬间，有了幸福的体验，孩子自然也就会愿意主动努力去追求自己的幸福了。

・给孩子一颗感恩的心。

感恩是一种对待生活的态度，也是一个人获得幸福的重要基础。因为我们每个人面对同一件事情，都有不同的心态，自然会产生不同的感受，而这种感受是不可能互相替代的。一个心态越平和、越懂得感恩的人，越会感到生活的美好和幸福。

有人用橘子比喻人的一生：有一种橘子大而酸，有一种橘子小而甜。得到大橘子的人会抱怨橘子太酸了，而拿到小橘子的人则抱怨橘子太小了。人在抱怨中生活，就会觉得自己很苦，因为"人生不如意事十有八九"，总是没有圆满的幸福。正所谓"一个人心中有多少恩，他就有多少福；一个人心中有多少怨，他就有多少苦"。

如果我们习惯于去关注生活中的缺憾，怎么还会看得到人生中的美好呢？如果我们能够怀着一颗感恩之心去看待生活，生活就会发生改变。若我们拿到了酸橘子，就应该感谢它是大的；如果我们拿到了小橘子，就该感谢它是甜的。如此一来，内心便感到幸福。原来，幸福如此简单，它不在于我们得到了什么，而在于我们是不是拥有一颗感恩之心。

将一颗感恩之心传递给孩子吧，让他懂得对这个世界感恩。感恩是孩子幸福生活的源泉，感恩会让孩子更健康、更阳光，感恩的反面是抱怨，而抱怨却会把孩子推向痛苦的深渊。然而，我们如果对生活，对人、事、物处处都有不满的话，是无法影响孩子去感恩生活境遇的。所以，在教孩子学会感恩之前，我们首先应该学着感恩人生。

一个人如果觉得周围的一切是给他的恩惠，他无疑会非常愉快地回馈，随之而来的就是强烈的幸福感。所以说，感恩的世界一定是幸福的世界。相反，如果一个人总是觉得大家都欠他的，他肯定会带着埋怨心生活，怨气不但使他感觉不到生活的美好，而且周围的人也会因为反感而远离他。对于孩子来说，也是一样的道理。

要从孩子小的时候起培养他的感恩之心，教他懂得"滴水之恩，当涌泉相报"的道理。当他懂得用感恩的心来对待周围的一切人、事、物时，他的人生前程一定会变得更加美好！当然，我们也要给孩子做一个好的榜样。只有这样，我们会和孩子一起生活在感恩的世界里。

不妨从这几个方面入手培养孩子的感恩之心：教孩子懂得感恩祖国的护佑、感恩父母的养育、感恩老师的辛勤教导、感恩同学的帮助、感恩自然万物与生活际遇……一个人的心里怀有多少恩，他就会有多少福，心里有多少怨，他就会有多少苦。希望这样的道理我们自己和孩子都能明白。

教育启示

完美的孩子不一定幸福，幸福的孩子也不一定是完美的。完美是一种外在表现，幸福却是需要由心开始向外发散的。完美虽然难以实现但经过奋斗还是可以无限接近的，但幸福却不然，假如从心底就感受不到幸福，那怎样的努力都将是白费。想让孩子获得幸福的生活，就不要过分苛求他，引导他自主努力，让他能有想要为自己的幸福奋斗的主动性才行。

信用比金钱重要，不要让孩子透支了他的诚信

诚信，简单来说，就是诚实守信。其实，这应该是孩子从小就培养的最基本的品德。可遗憾的是，随着孩子的不断成长，他反而变得越发不讲诚信。有些做父母的可能也对此不以为然："现在这个时代，还讲诚信，多傻啊！不讲诚信才能赚钱，讲诚信的赚不了大钱。"真是这样吗？当然不是，俗话说："小胜靠智，大胜靠德。"不讲诚信，其实就是在耍小聪明，可能暂时能赚点小钱，获得点利益，但是要想成就大事，那就得靠"德"，而诚信恰恰是"德"的重要组成部分。其实，无论是做人，还是做事，还是与人交往，都需要讲"诚信"。

拆解一下"诚信"这个词吧，诚，就是诚实，就是真诚；信，就是信用，就是信守承诺。

信，是儒家的道德规范；诚，诚信，言而有信。对一个人来说，"信"非常重要，是安身立命之本，也是行走于社会的超级"通行证"。

信，本身就是一个智慧的符号，左边是"亻"，后边是"言"，即"人言为信"。《说文解字》中解释："信，诚也，从人言。"也就是说，一个人说出的话，就一定要兑现，要讲诚信，不可以说一些欺骗他人的话。

想想看，类似下面的这些情形在你的孩子身上发生过吗？

说好了要给同学带漫画书,但孩子第二天就忘记了。

本来说好在作业完成后才开始玩,可孩子却毫不在意地打破了约定。

答应了要完成某项任务,结果做了一半就因为没意思或犯懒而不做了。

……

有的孩子在很多时候表现得似乎很任性,任自己的性子随意而为,只要自己开心了,怎样都好。也许一开始别人对此只是颇有微词,或者也曾经抱怨过,但对孩子来说,一次两次还构不成什么影响。可是时间长了,周围人就会意识到孩子是一个没有诚信的人,也就会慢慢地疏远他。

被人疏远对于一个孩子来说是很残酷的,没有朋友的童年和生活很难给孩子带来快乐。即便孩子一时能用糖果、玩具换回朋友们和他一起玩耍,可他如果没有培养诚信品德的心,周围的人还是会因为他的不讲信用离他而去。也就是说,一个人的诚信是金不换的东西,再富有的人如果没有了诚信,他的人生也将是贫穷的。

每个人的诚信其实都是一个生来就已经有一定金额的储蓄账户,每一次与人约定,都存在两种可能性,要么是从自己的诚信账户中支取,要么是往里存入更多的诚信,不同的可能性最终将会引导人们进入两种结局。不断支取诚信却不存的人,会变得越来越不讲诚信,一旦诚信透支,最终只能落得个无人理会的下场;而懂得向诚信账户中不断存入的人,将会变成诚信的富翁，这种富裕也将给这个人带来更多的机遇，带来更多的朋友，他的生活也将完全是另外一种样子。

孩子能成为一个有诚信的人，是所有父母的希望，这话一点儿也不为过。孩子总不能生活在任性之中，他人也不会如家人那样对他百依百顺，诚信是每个人一定要具备的美德，没有别的选择，孩子必须要耐心培养。

- **在家中营造一个诚信的氛围。**

家庭环境是孩子成长的最基础也是最重要土壤，培养孩子具备诚信美德，那么家中就首先要有诚信的氛围。身为父母，我们要对自己说出来的事言出必行，不管是对孩子还是对周围人，都要遵守约定。特别是对孩子，不能因为他年龄小就糊弄他，答应他的事一定要做到。如果真的因为各种原因无法做到，就要尽快和他讲清楚原因，而且还要商量着以后再补偿。

而对待其他人，也要真诚相对，不管是亲人、邻居还是陌生人，也都要表现出诚信来，不仅仅是做给孩子看，也是在用自己的表现去影响他。

- **教孩子正确与人订立约定。**

订立约定是讲诚信的前提，但是不恰当的约定却可能会毁掉诚信的培养，因此我们应该将正确订立约定的方法教给孩子。

首先是要衡量自己的条件后再订立约定，这个条件，包括自己的能力、时间等各方面内容，孩子在和他人订立约定前，要考虑自己是不是有能力完成，自己的时间安排是不是允许，同时还要考虑各种意外情况的出现，这些都考虑清楚之后，再订立约定才能避免毁约。

其次教孩子学会拒绝，有时候孩子可能的确无法允诺他人的约定，可是有的孩子会碍于面子或者朋友情谊而勉强自己，生怕自己如果不答应就没有诚信了。这完全没有必要，每个人都会有自己想做的事情，不想做的事情就要简单明了地拒绝，这才不会给自己招惹麻烦。不过拒绝的时候最好将理由讲清楚，而不是生硬地说"我不干"，而且也不要频繁拒绝朋友，能伸手帮忙的还是要伸手多帮忙才好。

最后就是告诫孩子不要应允错误的约定，所谓错误的约定，诸如约好了去搞破坏，去做坏事，这样的约定即便爽约也没什么。特别是在被强迫的情况下，一定要将内容告诉爸爸妈妈或者老师，以免自己或他人受到伤害。

- **提醒孩子不要因为别人而毁掉自己的诚信。**

有时候孩子的确是遵守了约定，但对方却没有，或者孩子就因为对方不讲诚信而吃过亏。孩子都是有模仿能力的，而且在某些时候，他也会表现得有些记仇，还可能会想着用同样的方法去应对对方。这些都是孩子成长中可能出现的表现，这也正是他成长的特点，所以他的确需要我们的正确引导，才能让自己的善良心性不会受到影响。

当他人不讲诚信时，提醒孩子用不着以牙还牙。因为他人不讲诚信损毁的是他人的品德，可孩子如果依旧讲诚信的话，培养的是自己的美德，可能当时看是孩子略有吃亏，但从长远来看，孩子的诚信账户却是又多了一笔存款，这终归还是好事。也就是要提醒孩子，多做自己，而不要总去挑别人的错，别人怎样是别人的事，至少自己不能犯同样的错，保持自己的原则就好。

- **对孩子的不讲诚信施以一定的惩戒。**

有的孩子之所以变成不讲诚信的"惯犯",其实还是与妈妈的纵容有一定关系,有的妈妈会觉得"小孩子,不守约定也不是什么大事",对于孩子们之间的约定也会觉得"不过都是孩子,又有什么正经事",妈妈的纵容才是让孩子越来越不讲诚信的重要原因。

所以,一旦发现或者得知孩子的不守信用表现,就应该及时对孩子施以一定的惩戒,包括取消和他的约定或者惩罚他不能去玩、不能获得想要的礼物等方法都可以用一用,但是不能打骂训斥,可以严肃地提醒他的错误,惩戒也要以能让他记住教训为准。

教育启示

古人曾说:"车无辕而不行,人无信而不立。"一个人没有信用,是无法在这个社会中立足的。可见,诚信关乎一个人的未来。所以,凡是开口说话,就要讲信用,对自己说出来的话要放在心上,答应他人的事情,一定要信守承诺。所以,要重视对孩子进行诚信品德的培养,而且越早开始越好,从小事开始做起,让孩子的诚信账户不断增值。

多样比单一重要，教孩子不死读书，要多方面学习

人的一生都在学习，而最重要也是最集中的学习阶段就在年少时，要好好学习以充实自我。特别是在孩童时期，孩子没有生活及其他事情的种种压力，而且也正处于快速成长的关键阶段，这时的学习尤为重要。

身为妈妈，对孩子在这个阶段的学习也要格外重视，要在孩子的学习问题上投入更多的时间和精力。

但是，有一个现象却是我们不得不引起注意的，那就是我们所见到的孩子，包括自己的孩子和其他的孩子，一说要进入学习状态，大都会拿好书或者背好书包走进各种各样的课堂，不仅是学校里的课堂，还有诸多课外辅导的课堂。孩子们在一间又一间屋子里去学习上自天文下至地理的知识，去学习前自历史后至科技的内容，了解农工商等各个领域的情况。除了体育课，几乎所有学习都是在或大或小的屋子里完成的。

一些妈妈似乎对这种情况并不在意，认为孩子只有塌下心来安稳地坐在各种课堂上认真学习，他才会学到知识，才可能有好成绩。这种认知有点狭隘了，只靠死读书就能学到知识的论断有点绝对了。有人可能会质疑说，"读书破万卷，下笔如有神""开卷有益"这可不是现代人说的，而且"书是人类进步的阶梯"不也是证明好好读书是有用的吗？

读书没问题，可是古人讲求"读万卷书"的同时，也要"行万里路"，"开卷"也有前提，就是选择好书，"开好卷""开经典卷"……

课堂上的学习固然重要，但课外的学习却也不可或缺。距今已2000多年的、是中国也是世界上最古老的教育学专著《学记》中有这样一段话："时教必有正业，退息必有居学。"这里的"时教"就是在校的学习时间，"退息"就是在家的休息时间，"正业"是指所学的课业，"居学"是指课外练习和游艺活动等。强调的就是学习要课内与课外相结合。

可见，孩子的学习绝对不能只在一间又一间的屋子里完成，屋子里完成的只不过是文字的传输，只不过是精神世界的感受与洗礼，可是大千世界却并不是只看书就能了解的，课外的知识也是孩子学习的一个重要组成部分。

举个例子来说，作为家庭中的一分子，孩子也需要参与到家庭生活中来，包括整理家务、参与家庭讨论等都是他要做的事。其中对家务的整理，也是孩子学习的一个内容，这部分内容对于他日后能不能独立生活起到很重要的作用。可是，这部分内容是不会出现在书本上的，课内也没法讲清楚家务事到底该怎么做，只有在课外来跟着爸爸妈妈学习，孩子才有可能掌握这些最基本的生活技能。

再举个例子，城市里的很多孩子不知道蔬菜、粮食都是怎样来的，其种植、打理、收获等过程，如果只用文字去讲解，孩子获得的只是文字印象，他可以背诵，可以默写，可如果不亲自动手去看看、试试，也就永远不能真正了解，更学不会。

这些显然也是只有在课外才可能让孩子收获的。

更何况，书本上的知识只是知识内容的一小部分，孩子不仅要学会从文字中去学习，也要学会动手操作实践，更重要的是还要培养良好的品德，显然后两者都不是书本就能讲清楚的。

所以，若真想让孩子学有所成，就不能只是死抠书本，学习课堂知识的同时，也要学习课外知识，而且还要进行多方面学习。

・不能松懈书本学习。

让孩子不死读书，但并不是让孩子不读书，理应好好学习课内的知识，孩子应该尽量不被落下。所以该是孩子在课堂上学习的时间，就要提醒他好好听讲，在课堂授课的时间里，就要将老师讲的、书本上写的内容好好理解消化，有不懂的也要及时问，要不就及时和同学进行讨论。

正规学校的课堂学习是学生分内的事，所以孩子不能推脱，也不能逃避，好好完成才是正理。特别是课堂40分钟的时间，一定要高效利用起来，这样才不会因为没有听好课而占用课外的学习时间。

・利用生活中的一切机会进行生活教育。

生活教育是一个几乎不用费劲就能进行的教育，只要我们在生活中多多用心，抓住一切可能的教育机会，就能让孩子更快地学会并掌握生活技能。

比如，自己搞卫生的时候，可以叫上孩子，让他跟着学或者指挥着他也做一做，多来几次他也能掌握基本的要领；在做饭的时候，在保证安全的前提下，也让孩子进厨房搭把手，简单的择菜、备餐具、洗碗，都是生活的学习与磨炼；还有，生活中的诸多小窍门，也可以在遇到的时候提醒孩子一下，或者教给他一些小技巧。

生活就是一个大课堂，我们就是最好的老师，只要孩子愿意接触生活，我们就该接纳他，而不是用"你还小""你不会"这样的说辞来拒绝他的参与。孩子的潜能是无穷的，生活中的开发可谓是简单有效，所以千万不要错过。

• 经常带孩子接触外面的世界。

这里所说的"接触外面的世界"，就是指接触家、学校以外的世界，可以是近处的街道、超市、街心公园、展览馆，也可以是远处的自然风光、历史遗迹或者与他现在生活环境所不同的特色风景。只要有时间、有机会，都可以带着孩子去看一看，去感受一下。

当然，也要根据自己的经济、时间等各方面条件来安排，可前提是最好不要扰乱我们和孩子的生活。新闻报道说有的爸爸妈妈辞去工作带着孩子周游世界，当然这是别人的生活，我们无权干预，但我们不能盲目学习模仿，也要量力而行，要根据自己的生活条件去安排，要深思熟虑之后再去决定，而不要走一步算一步，否则也是一种不负责任的表现。

• 将课内学习与课外学习相结合。

课内学习与课外学习并不是需要明确区分的学习内容，恰恰相反，二者是需要结合在一起的学习内容。比如，课内讲到了文学历史，课外就可以去博物馆或者历史遗迹实地参观了解，这样对课内知识的认识也将更形象深刻。

不过，对于年龄较小的孩子来说，课外学习可能会被他当成是一种玩耍，那就要记得抓住一些机会提醒他去思考，以保证他不会"玩疯了"。

|教育启示|

学习不只是为了应付考试获得一纸成绩，学习是为了让人成长，并能用自己的所学来应对未来的生活与工作。如此来看，只是课内学习就远远不够了，只有再加入课外学习，孩子的学习才会变得包罗万象，他才会免于陷入只懂得读书的尴尬境地。未来社会需要的是复合型人才，孩子的生活也不能只靠几本书来维持，多方面学习才能给他带来一个圆满的人生。

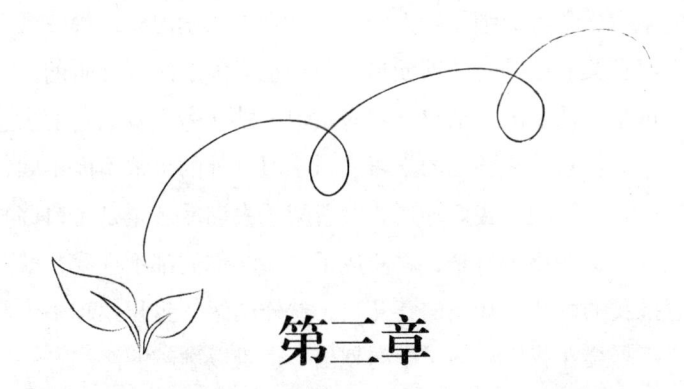

第三章
胜过更多说教的 9 项沟通技巧

关于如何与孩子相处这回事,有相当一部分父母习惯于端着父母的架子用说教的方式来进行教育。但是孩子却并不一定领情,相反可能还会与父母逐渐疏远。事实上,如果能与孩子好好沟通的话,很多喋喋不休的说教也就可以省了,而且教育效果反而会更好。

每天花半小时陪陪孩子，多听听他的"声音"

你的时间表里有"听孩子说话"这一项吗？很多人都不那么重视孩子的声音，当然也不是完全不重视，如果孩子聊的是他的学习、学习成绩、别人的学习、别人的学习成绩等一系列与学习有关的话题时，即便再忙我们也会停下来好好听的。

可是，孩子的生活里不只有学习。站在旁观者的角度去想想看，父母只关注孩子的学习，对学习之外的事情不闻不问，可孩子有了问题，我们却还要摆着架子去训斥甚至是苦口婆心地教育。这在孩子看来，就变成了"平时你们都不理我，就专等着挑我的刺儿，找我的茬儿"，这样的怨气越积累越多，最终岂不是会在我们和孩子中间划出一道难以逾越的鸿沟？

而且，孩子很多问题的出现都不是突然就来的，前期会有很多预兆或者苗头，如果我们一直都能认真听孩子说话，能及时帮他解开一些小的疙瘩，理顺他暂时想不通的内容，那么后面一些大麻烦也许根本就不会发生。

有时候，孩子的声音对我们其实也是一种促进。

我们以为自己在关心孩子，忽略了他的声音的关心，从某种角度来说也不过是瞎操心，而孩子给我们的建议，反倒被当成了耳旁风，也难怪我们和孩子之间彼此越来越不能沟通。

不仅如此，多听听孩子的声音，对孩子也是一种理解和尊重，孩子有了可以倾诉的对象，有了可以发泄的渠道，有了可以分享的人，他的内心也会感到和爸爸妈妈更亲近，这无疑是拉近亲子关系的最好方法。

所以，不妨多抽点儿时间陪陪孩子，多听听他的心声。

• **在思想上明确陪伴孩子的重要性。**

有句话说，"父亲是孩子的天，母亲是孩子的地"，当父母常常陪在孩子身边时，孩子就有脚踩大地、头顶蓝天的安全感。安全感对于孩子的成长实在太重要了！试想，当一个人身处不安全的环境中时，会用什么眼光看待周围的人？还能不能勇敢、自然地去做事？愿不愿意与他人沟通？……而没有父母陪伴长大的孩子，就时刻生活在没有安全感的世界里。所以，孩子内心害怕、多疑、负面、阴暗……他自卑、反叛、孤独、悲伤……孩子从小心理就不健康，就很难体验到幸福感。如此这般，人生谈何快乐！

相反，一个有父母关爱和陪伴的孩子，很少会有不安全感。这样的孩子往往敢说、敢做、敢想、敢尝试，他自信、大胆、敢于创新、敢于面对。这样的孩子会积极面对生活、学习、工作。即使人生有风雨，对他而言也是短暂的，因为他内心的阳光会照耀自己的人生。

所以，从孩子自己身心发展和终身幸福的角度来讲，父母陪伴孩子是绝对重要的事情。而从父母的感受来说，父母只有常常陪伴孩子，才能谈及了解和关爱孩子，而孩子小时候感受父母的爱，是父母年老后感受孩子的爱、接受孩子孝心的前提条件。如果父母希望自己轻松而幸福地度过中老年生活，就一定要在年轻时种下"陪伴孩子"的种子。

- 不要辜负孩子的期待。

每天下班进家门的那一刻，就要将工作上的繁杂劳累以及人际关系的不和谐等一系列负面情绪都抛在脑后，用笑脸来面对等在家中的孩子。如果能放开，就抱一抱他，摸一摸他的头，以表示对他这种期待的理解。

而很多孩子在看见我们后的第一句话可能就是忍不住地说："妈妈，我告诉你哦……"或者"爸爸，我今天……"孩子迫不及待地开口想要把他认为最值得告诉我们的事情讲出来，他期待的是我们能听进去并理解他的话，所以当他开始讲的时候，我们就要迅速调整情绪，争取能进入到他所讲话题的氛围，并能与他有来言去语，这样的回应才是孩子最想要的。

- 高效利用陪伴孩子的半个小时。

孩子在说话的时候，我们不能心不在焉，因为孩子可能在讲笑话，需要我们尽快给出反应；他可能在说自己的大发现，也需要我们能和他分享心情；他还可能是在诉说烦恼，更需要我们能给出理解和建议。

也就是说，既然决定了要陪伴孩子，那就别再把时间浪费在做其他事情上，好好地腾出时间来，将这段时间的主导权交给孩子，允许他安排，跟随他的安排，给出他需要且想要的反应，这样的沟通才是有效的。

- 也要跟孩子交换一下主动性。

陪伴孩子理应是我们主动的事情，所以有时候也不用等着孩子自己过来邀请我们加入聊天的行列，而是转而由我们主动去找他，看看他在做什么，主动问问他的心情、情绪。

当然了,也要看好合适的氛围。比如,有的孩子可能正是需要独处,简单交谈几句我们就要赶紧撤退,不要影响他独处的好情绪;还比如,有的孩子可能正好闹情绪,他也许就不会主动来表达,那这时我们也要善于观察,在他期待着有人来关心他的时候,恰到好处地给予他关心。另外,还有的孩子只是不擅长邀请罢了,那我们就要主动参与进去,别让孩子"想要又不敢来请",缓解他的尴尬情绪也是我们的任务。

- 尊重孩子的种种表达。

不管孩子说了什么,都体现出他对我们的信任,哪怕他说的事再小,我们也该好好听一听,说一说自己的感觉。

有时候孩子可能会因为生气、悲伤而口无遮拦,这时也先别急着去阻止和训斥,而是要了解他产生这些情绪的原因,先解开他的心结,再去纠正他的表达也不迟。

教育启示

妈妈的陪伴是孩子成长过程中必不可缺的,因为陪伴会带给孩子爱的感受,会让他安心,如果缺少了足够的陪伴,孩子会变得缺乏安全感,而且也会变得不信任周围的人。因此不要将自己的时间都给了工作,既然朋友、家人都可以分享我们的时间,孩子就更是要被我们摆在时间分配的首位了。保证这段陪伴,孩子就会与我们越来越亲近。

经常拥抱、抚摸、亲吻孩子，让他感知你对他的爱

孩子小时候，我们总是在问他"喜欢妈妈吗""喜欢爸爸吗"，在得到肯定回答后，自己就会表现得很开心。

孩子是不会说谎的，特别是年龄小的孩子，他对爸爸妈妈的爱是纯净的而且也是完全的。享受孩子的爱是我们觉得幸福的时刻，其实如果反过来能让孩子享受到我们的爱，也同样是他的幸福时刻。而且对于孩子来说，这种幸福感也会显得更加强烈。因为孩子的世界很简单，只要用充满爱意的言行来对待，他的幸福感就会爆棚。

可是对于孩子的这种需求，我们却并不能完全满足。

很多父母对孩子的爱，似乎是与自己的情绪相关联的，如果自己情绪非常好，那孩子想要怎样撒娇都没问题，爸爸妈妈也会很亲昵地和他互动。

而一旦我们的情绪不好，或者眼下正忙，如果孩子这个时候过来想要抱抱、亲亲的话，那可就等于踩了地雷了，我们不仅不会回应孩子的需求，反而可能会训斥他"没有眼力劲儿"，认为他就是胡搅蛮缠，就是不听话。

虽然我们的确是给予爱的主动方，可是孩子却也并不是卑微地乞求爱的可怜人，如果我们只是顺从自己的情绪对孩子时好时坏，势必会误导孩子。最终，他可能会变得习惯性讨好，

当然也可能会变成相反的样子，反而因为这种时好时坏而对爸爸妈妈亲近不起来。

来自妈妈爸爸的爱，是孩子成长的重要源泉，这一点很重要，孩子需要的爱，可绝对不是任由我们愿意给就给的，而是必须要给的。孩子对这份爱的渴望，也是我们所不能忽略的。

一位年轻的妈妈是这样说的：

女儿1岁刚过，我就去上班了，母亲便帮我照看她。听母亲说，她在家里还是很好的，没有因为我的离开而表现得太不愿意。

我还想说，孩子原来没有那么黏缠，也挺好。

可是每天我下班回家之后，小小的肉肉的孩子从我进门开始就会围在我的脚边，有时候会"妈妈、妈妈"的不停地叫，有时候则是羞涩地笑着，虽然一句话没有，却眼神渴望。我去哪儿她去哪儿，但如果我在短时间没有及时回应她的渴望，她会立刻哭起来，直到我抱起她来，亲亲她，叫着"宝宝"，她才会安静下来，并很快变得快乐，甚至会咯咯咯地笑出声来。

那段时间我一直在想，这就是孩子需要的爱吧！抱一抱、亲一亲、温柔地呼唤她，让她感受到一天未见的爱，这就是她最大的满足。而我，完全有能力给她想要的，在她面前，我能做的那么简单，而她却给了满足的笑脸作为回报。

原来孩子远没有我想象的那么"坚强"，她需要爱，每天都要，妈妈所给予她的爱，就如空气一般，不可或缺。

其实每个孩子都是这样的,渴求爱,一旦被满足,就会格外开心。有人会说,这个孩子才一岁多,妈妈这样做当然很自然,孩子慢慢长大了,哪里还需要这样细心地哄呢?

话可不能这么说,就如前面一节所提到的,孩子的期待感,随着年龄的增长,会表现得越来越深沉,不会再像小时候那么直接,可这并不意味着他的这份期待就此消失了。对爱的期待也是如此,年龄小的孩子会很直白地表达他想要什么,而年龄大一些的孩子,内心会非常想要,只是表面上还是期待自己看起来能更成熟一些罢了。

面对这个"别扭"的孩子,我们当然是要主动一些了,用爱的表达来让孩子收获幸福感吧!

· 选择合适的表达爱的方式。

虽然都是要对孩子表达爱,但不同的孩子却需要不同的表达方式,如果选择错误,就有可能反倒让孩子产生不好的感受。

对于年纪小一些的孩子,要很明确地用拥抱、爱抚、亲吻来表达,时不时地也要告诉他"妈妈爱你哟"或者"爸爸很爱你",因为这时的孩子思想简单,复杂的表达他搞不懂,所以越直接明白越好。

对于已经成为学生的孩子,拥抱是不能少的,只不过也不要太频繁,太直接地表达"宝贝,我爱你",他也会渐渐不那么愿意。所以,对待大孩子,就要换一些较为含蓄的表达,可以用日常的冷暖关怀来代替,偶尔穿插一些拥抱或者很庄重的"我爱你"的表达就好。

对于女孩,爱的表达可以温情自然一些,尤其是和妈妈在

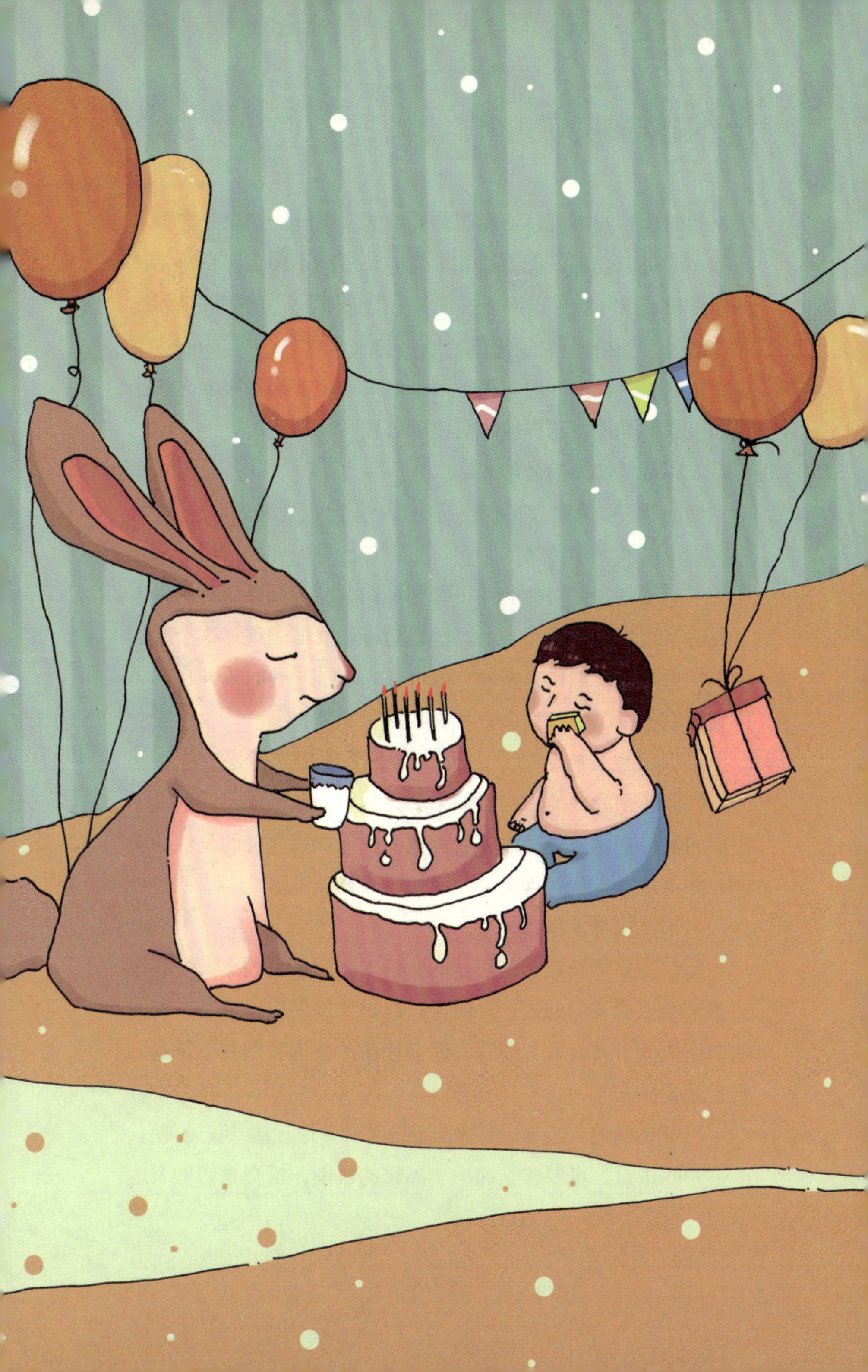

一起的时候，妈妈可以不用掩饰对她的亲昵感。而对于男孩，年龄小的可以表现亲昵，长大了的男孩可能不那么愿意总是被拥抱亲吻，这时候可以换成摸摸头、拍拍肩、互相击掌、碰拳。

另外，性格内向的孩子会比较害羞，所以这种爱的表达不要太过热烈；性格外向的孩子则不然，一定要用直接的方法让他知道我们爱他，这样他才会感到满足。

- 不让情绪影响爱的表达。

如前所说，情绪会左右我们的言行。但在爱的表达这方面，一定不要受到太多情绪的影响。不管自己是怎样的情绪，都要让孩子感觉到我们对他的爱。特别是在自己不高兴的时候，也不要将情绪发泄到孩子身上，迁怒是最愚蠢的表现。这个时候如果觉得情绪依然没有恢复，也可以先让孩子暂时离开自己，待到我们平复了情绪之后，再去和孩子相处。

但事后也要告诉孩子，我们的情绪变化并不是由他引起的，我们还是爱他的。当然如果真的是因为孩子的错误引发了我们的情绪变化，最后也要告诉他，爸爸妈妈生气的是他的错误，并不是不喜欢他这个人，我们还是爱他的。

- 不要应付了事。

爱是需要情真意切的表达的，每次都应该真的充满爱意地让孩子意识到我们的爱。有的爸爸妈妈就好像应付了事一样地随便抱抱孩子或者说"爱"，这会让孩子认为我们并不是真心实意地爱他。

不管是拥抱、亲吻、爱抚，还是面对面地表达"我爱你"，哪怕时间很短，也要建立起一个温馨的氛围，情真意切地表达出来，怀抱要暖而有力，亲吻也要温柔，爱抚则要将情意确实传递过去，这样孩子才会真的感受到爱。

• 即便孩子犯了错，父母也不要丢掉对孩子的爱。

犯错是孩子的家常便饭，有人会这样威胁孩子："你要是再犯错，爸爸（妈妈）就不喜欢你了。"这种说法对孩子其实已经是最大的威胁了，我们对他的爱难道只有不犯错才能继续吗？孩子会因此而觉得我们的爱是需要代价的，如果他觉得自己实在做不到不犯错，就会因此感到恐慌，更有的孩子还可能会负气地表示"我不要爱了"，这应该也不是我们说这番话的初衷吧？

孩子犯错，恰好就是我们用爱来鼓励他的时刻，让他能鼓起勇气去改正，让他能在爱的感染下多做善事，这样的爱的表达也会更有意义。而我们对孩子的不抛弃不放弃，也会让这份爱转换为支持他成长的力量。

教育启示

身为父母，爱孩子是天经地义的事情，对孩子表达爱也是必不可少的行为，不要觉得内敛才能显示出父母的威严，恰恰相反，孩子只有先从我们身上感受到了浓浓的爱，他才能更心甘情愿地接受我们的教育。所以，随着孩子成长，爱的表达也要跟着一起继续下去，孩子越大就会离我们越远，一定不要放弃可以对他说爱的每一个机会。

善于发现孩子做得好的地方，并及时赞许、鼓励他

我们是该更关注孩子做得好的地方，还是该多关注一下他的缺点呢？对于这个选择，即便是同一个人，在不同的阶段也会有不同的选择。

在大多数父母那里，都会有这样一种有趣的发展过程，对年龄小的孩子，或者说，对于两岁以前的孩子，我们眼中总是能看到做得好的地方。

比如，他某天没有模仿我们说话而是发表了自己的一番"看法"，哪怕只有几个字，而且还文法不通，我们也会开心不已，并不断地夸奖他；还比如，他扣翻了装满水的杯子，只为把那个空杯子拿来给我们用，即便他弄得自己身上湿淋淋的，即便他弄了一地水，我们也会感动于这个小小的娃娃居然能想到帮我们做事。在这个时候，不管孩子做了什么，我们都会有积极的感受，总会从他所做的各种事情中找到可以夸赞的点，然后毫不吝啬地夸赞、鼓励，以期他能做得更好。

然而，这种情况却并不会一直持续下去，随着孩子越来越能自我处理各种事情，随着他开始进入幼儿园、小学甚至是初中，我们的关注点也在迅速发生着180度的大反转。到了这个时候，我们更关注的就是孩子做得不好的地方了。

比如，别的小朋友都会念的生字，孩子怎么就学不会，为

此我们还会对他进行课外辅导，但却丝毫没在意孩子明明完成了别的小朋友都没完成的高难度游戏；如果孩子在一次考试中比别的孩子考得差了一点，我们就会百般指责，可却完全忽略了孩子是用工整的字答完的卷子，而且一个错字都没有。

很多时候，孩子是能主动变好还是被动强迫地变好，全在我们的态度。

当我们过分放大孩子的问题时，他也会感到羞愧、自责，有些脸皮薄的孩子还会觉得很丢脸，而此时我们不管再怎么鼓励他努力奋斗，他也都是在一种挫折状态下去努力，这种心情并不好受，而这种情况下他就算有了进步，幅度也会非常小。

但如果我们找到了他错误中的优点，让他意识到自己也不是什么都做不好的，而这时候的夸奖和鼓励，就会让孩子有动力，不管是纠正错误还是继续发扬已有的优点，他都更乐意主动"出击"。

不过，很多人还是会对此有怀疑，觉得"夸奖孩子会让他变得自大，不敲打不成器"，有这样的认知其实还是我们只注意到了自己的感受，只注意自己要有父母的威严。其实孩子还是需要赞许与鼓励的，这是他成长的养料。所以，我们要善于发现孩子做得好的地方，并及时赞许、鼓励他。

· 相信孩子不是坏孩子。

曾经有妈妈抱怨道："孩子太爱捣乱了，我威胁他说，'你再不听话就不是好孩子了'，可他依旧我行我素，依旧捣乱，太头疼了！"

孩子为什么对妈妈这样的威胁都当作听不见？只是因为

他已经意识到自己的行为不算好,但是妈妈的话会让他觉得自己已经是个坏孩子了,所以也就一直那样继续下去了。在他看来,妈妈那话的意思,就是他怎么做都是捣乱的表现,没有做好的时候,所以再多坏一点儿和少坏一点儿都没有太大的区别。

当孩子得不到信任时,他就会真的变成坏孩子。可是孩子真的是个"坏孩子"吗?他也有做得好的地方,只是我们的眼睛一直盯着他的问题,忽略了他的好而已,而这种忽略其实给我们也带来了很多烦恼不是吗?

既然如此,我们还不如换一种眼光,孩子生来是带着善的,多发现他身上的善与美,相信他的美好品质会一直继续下去,并且多夸奖他的良好表现,那些不好的问题没准儿就自然而然地消失了。

· 于细节处给孩子以支持。

孩子毕竟年龄小,他能做得好的其实都是小事,这也就要求我们要从细节处去寻找孩子好的表现。比如,孩子早起认真地吃完了早饭没有剩饭;孩子自己收拾好了书包,没有让我们插手帮忙;他主动帮助我们端来了一杯水;他乖乖地在该上床睡觉时自己爬上了床,没有再来"睡前疯",等等。

这些细小的地方,其实都是孩子在培养自己的良好习惯,所以倒不如好好夸一夸他,支持他从这些小细节开始做起,逐渐做到更多的好。

· 多赞许孩子的努力。

当孩子表现良好时,应该多夸奖他的努力,认同他为了眼下的结果所奋斗的过程,对这个结果就不要过多夸赞了,否则会让他认为只有成功的结果才是最重要的，这反倒会让他因为结果而骄傲起来。

对于努力过程的称赞，要从事实出发，比如可以说"看到你为了解出这道题又是翻书又是自己思考，很棒"，但却不要说"你一定是智商提升了，居然能解出难题，太棒了"。前者肯定了孩子遇到难题时的做法，后者就显然是一种夸捧了。对孩子，还是让他脚踏实地一些的好。

• 不要总是对孩子说"你是最棒的"。

当取得好成绩时，孩子会喜欢第一时间将他的成绩向我们展示出来，同时他也会很期待获得我们的称赞与鼓励。但是，有多少妈妈知道该怎么称赞呢？至少有一部分妈妈每次都会用同样的表扬内容。比如，"不错""真棒""你是好样的""你是最棒的"等。第一次这样说的时候，孩子可能会很开心，但当他发现每次他表现得好了，我们都给他同样的表扬，久而久之他也会对这样的表扬产生"审美疲劳"，也就难以从中获得鼓励了。

有的妈妈为了表扬孩子，已经把"你是最棒的"当成了口头禅、"万能钥匙"，无论什么时候，只要自己高兴了，就会感觉自己的孩子很好，"你是最棒的"就脱口而出了。这也会让孩子感到莫名其妙。

所以，类似上述情形，还是少说"你是最棒的"为好。

每个孩子都有自己表现好的地方，很难说谁是最棒的，因为每个孩子都各有特色，"最"放在谁身上都合适，但也都不合适。可偏有父母在鼓励孩子的时候，就喜欢用这个"最棒"。

比如，孩子有一次考试考了好成绩，妈妈的夸奖可能就是"你是最棒的，下次争取拿第一"。虽然也是鼓励，可这无疑给孩子带来了沉重的包袱，孩子会因为自己是最棒的而感到骄傲，也可能会因为这样的期待超出了他的能力范围而感到恐慌，不管哪种感受，显然都不利于他下次再继续努力。

所以，鼓励孩子也要用对鼓励用语，说"争取下次改掉这次的一个错误"，也要比"最棒了"更有实际意义。从孩子眼下做得好的表现入手，鼓励他比现在要更好一点儿就够了，不要给他定太高的目标，毕竟孩子的成长也需要一步步来。

教育启示

每个孩子都会有良好表现，只要我们的赞许、鼓励到位，他就会表现得越来越好。而且，越是及时、到位的赞许和鼓励，越能让孩子感触深刻，所以不要吝啬我们对孩子的夸奖。要多看到孩子的闪光点，看到他的努力，多信任孩子，善于夸奖他做得好的地方，才能让他慢慢变成我们更希望看到的好孩子。

多跟孩子一起欢笑，不要总是对他"一本正经"

韩国一档电视节目中有这样一个环节设计，妈妈和刚会爬的宝宝，分别处在一个视觉悬崖（用来评估婴儿深度知觉的一种能够产生深度幻觉的平台式装置）的环境中，看看孩子是不是可以战胜内心的恐惧，成功爬过视觉悬崖来到妈妈身边。

第一环节时，第一个孩子爬到视觉悬崖边上时，妈妈没有其他表情，稍显一些一本正经，孩子感到不安，感到进退两难，再看看妈妈的表情，他更感到了不安，随即转头爬了回去。而第二个孩子也是同样的情况。实验宣告失败。

接下来第二个环节，两个孩子爬到视觉悬崖边上时，妈妈一脸鼓励的笑容，还温柔地呼唤着孩子的名字，两个孩子在看到妈妈的笑容时都毫不犹豫地爬了过去，来到了妈妈身边，和妈妈一起笑。实验最终成功了。

对这个实验，两位参与的妈妈深有感触。第一位妈妈说："我知道了妈妈的表情和话语对孩子来说有多重要。"而第二位妈妈则说："看到妈妈的表情，孩子也会笑得很开心，以后我要多努力让孩子更加开心地生活。"

其实这就是心理学上著名的"视崖（视觉悬崖）实验"。这是美国心理学家沃克和吉布森（R.D.Walk & E.J.Gibson）在1961年进行的一项旨在研究婴儿深度知觉的实验，后来被称为发展心理学的经典实验之一。

从这样一个实验来看，父母的笑容，是孩子勇敢的源泉，其实不仅如此，我们如果能和他一起欢笑，他的生活也会变得更加温馨快乐。

说到这里，有人可能会担心，总是和孩子嘻嘻哈哈地在一起，这哪里还有父母的威严呢？但我们摆着威严的脸孩子就会认同这种威严吗？每天总是一本正经的，家庭氛围也会因此而变得冰冷，孩子可能就会巴不得离我们远远的。如此一来，不管是沟通还是教育，我们岂不是都鞭长莫及？毕竟孩子可是连亲近都不愿意了啊！

其实家庭教育应该是一种温馨与教育相结合的方式，孩子更喜欢的是温暖和谐的家庭氛围，太过于一本正经的家庭就好像机械一般冰冷，彼此间的情意也都表现得太淡漠，生长在这样的环境中，孩子没准儿就会缺爱，而缺爱的孩子可是会出现成长问题的。

所以，孩子是我们手心里的宝，别只是在他还不会说、不会走的时候对他温柔呵护，当他已经可以和我们互动了、已经有了自己的思想时，更要和他一起欢笑，这样孩子才会有一个快乐健康的心理，我们自然也能收获更多的快乐。

- 根据实际情况来调整面部表情。

要多一些欢笑，少一些一本正经，并不是让这二者只能绝对地二选一。生活中大多数时候都应该是充满温情的，和孩子在一起可以做很多有意义的事情，这时候欢笑是有必要的。不过，也会有孩子表现不佳的时候，特别是触及一些原则性问题，比如人品道德问题，如果孩子犯了错误，那么我们该严肃的就要严肃起来，以让孩子知道什么时候是可以玩笑欢乐的，什么时候又是必须要讲原则要一本正经的。

不过这个度要由我们把握好，一本正经的时间不要太多，只要在一些必要时刻表现一下就好。而一本正经过后，还是要让孩子感受到家庭氛围依然是充满欢笑、温情的，不要让他因为一次的严肃处理，就变得不敢欢笑了，也要注意调整自己的面部表情。

- **多和孩子一起享受有意义的欢笑。**

既然要一起享受欢笑,那是只要在一起欢笑就行了吗?当然也不是了。和孩子在一起的欢笑,尤其要注意有意义,不能随便和孩子胡乱打闹,更不要彼此没大没小。我们终究还是他的父母,我们之间也终究而且必须要有长幼之分,不能哥们儿、姐妹儿一样地相处。

可以找一些全家人齐上阵的游戏,或者全家人一起进行的锻炼活动,在游戏和运动中去感受快乐,这样的欢笑才是更加有意义的。哪怕是一起看一场电影、一场演出,都能让孩子感受到妈妈爸爸和他是一体的,他的快乐也会表现得更安心踏实。

- **试着用柔和的态度去处理孩子的问题。**

其实有些问题是可以有两种处理方法的,一本正经可以解决,但笑着也没准儿会有良好的解决效果。所以,两相权衡的话,选择柔和的解决态度不管是对孩子还是对这个家庭的氛围创造应该更有好处。

也就是说,将原本准备好的严厉训斥甚至是打骂暂时压下去,用一种较为柔和却认真的态度来和孩子谈谈发生在他身上的事情,引导他自己找到问题根源,再鼓励他自己去找解决办法,同时也要鼓励他自己主动去解决问题。这样一来,孩子既不会因为被训斥而觉得委屈尴尬,而且还能更主动地去面对问题,相信这样的解决办法也会让我们的心情不那么糟糕,真可谓一举多得。

- **用欢笑来培养孩子的良好性格。**

和孩子一起欢笑,还有另外一个作用,那就是可以让孩子的性格也受到良好情绪的感染，从而也向良好的方向发展。

比如，有的孩子天生情感细腻，一点小事也能唤起他的悲观、失落的情绪，如果我们能多和孩子一起欢笑，没准儿就能帮助他放下过多的心理包袱，让他能逐渐敞开心扉，变得不再那么斤斤计较。

还比如，有的孩子总是看什么事都不顺眼，假如我们也能时刻保持欢笑，那么他的性格也会变得柔和一些。

而且在家中受到了良好的熏陶，孩子本身也会成为一个积极乐观的人，这样他的周围也会聚集越来越多的好朋友，这无疑也为他增加了人缘。

教育启示

充满欢笑的家庭会有一种神奇的氛围，孩子身处这样的氛围中，也能变得心情开朗，开朗的心情自然会引导他在做其他事情时有一种好心情，如此一来成功率也会提升许多。做父母不一定非要用一本正经的脸去教育孩子，越是苛刻的教育越容易让孩子紧张，而温情的教育反倒更能引发孩子的共鸣。

如果有时间，晚饭后陪孩子散散步

好的亲子沟通应该是随时随地都可以开启的，不过有一个堪称最佳的沟通时间我们最好不要放过，那就是每天饭后的散步时间。

之所以说这个时间是最佳的，是因为这个时间是人们在一天中最放松的时刻。吃饱喝足，距离睡觉时间还早，特别是在白天长黑夜短的季节里，吃晚饭后的时间，外面的天还没有彻底黑透。而人在此时一般都会很放松，此时消化功能正发挥作用，所以也多半不会安排什么工作。所以，这个时候如果能出门散散步，也是个不错的活动。

不过很多人却并不那么赞同这个饭后散步，特别是不那么赞同孩子饭后散步。比如，有人会这样说："散步就得耽误时间，一出门，孩子就开始疯跑着玩，哪里还能好好说话？而且，有这个时间，如果能多让他看会儿书也是好事啊！"

仔细分析一下这个说法，我们的不赞同不过就是因为，出了门的孩子会让我们感到无法掌控罢了。而且，我们从自己的感觉出发，认为孩子出门就会去玩，而并不能好好散步，那沟通也就更谈不上了。

如果真是这样的情况，倒是不能说是孩子的错了，我们可是要好好考虑考虑，为什么孩子会有这样的表现呢？原因无非就是我们很少和孩子交谈沟通，平时一出门就是让孩子玩，或者说平时压根也不怎么允许孩子自由地玩，结果孩子才会将每一次出门都当成是一种"特赦"般的存在。

所以，我们应该在家里建立起一种亲子沟通氛围，适当放松对孩子的生活约束，以便于更好地开展亲子沟通。

事实上，饭后散步与孩子进行沟通，是一个非常好的交流方式。

这时候我们和孩子都会相对比较放松，而且一路散步也能看人、看风景、看事件，这就省去了面对面坐着沟通的拘谨感，特别是对于孩子来说，这种沟通方式会消除他的紧张感，也许有些话语也会更容易说出口。

那么，具体来说，又该怎么做呢？需要注意些什么呢？

· 根据实际情况合理安排饭后时间。

饭后散步是好事，但也不是雷打不动、每天必须得进行的任务，所以根据实际情况安排就好。比如，饭后没别的事情要做，孩子的作业也已经写完了，他也没有其他安排，那就可以提议出去散散步；如果孩子刚好有事，或者我们自己脱不开身，或者天气状况不允许，那就不必非要出门了；有时候孩子可能只是不愿意去，可以试着劝说，但不要强硬地将他拽出家门，不过对于有些痴迷于电视的孩子，倒是可以试着多劝劝，最好是能让他出去走走，而我们自己也可以养成少看电视的习惯，以减小孩子迷恋电视的机会。

总之，饭后散步并交谈应该是一个自由的活动方式，是在不强迫的前提下进行的活动，如此才会让孩子感到舒服。

· 提前选择合适的散步路线。

带着孩子去散步不是随便走走就好了，合适的散步路线也会带给我们更好的散步感受，更重要的是，那种良好的氛围也将更有利于沟通的展开。

· 有这样几个散步路线是我们可以选择的。

比如，家附近小区内外，一般来说，较新的小区都会有相对不错的景观设置，所以沿着小区走一圈，也是个不错的选择。

或者是邻近小区内也可以转一圈，小区外的道路附近也能来回走一走，因为附近的路线较为熟悉，所以相对来说不用担心复杂的安全问题。

还比如，距离家不太远的街心公园，能够从家走出去，恐怕是孩子最喜欢的事了，一路走到街心公园，绕一圈再回来，这个散步路线会让孩子看到更多悠闲的人们，他也会变得放松下来，这时再开始交谈也会相对容易一些。

不过，像太过热闹的有广场舞的地方，我们最好还是绕开，否则过响的声响以及舞动的人群都会吸引孩子的注意力，交谈也就无法进行下去了。当然，如果纯粹是为了散心，跳广场舞的地方也可以去看看，放松一下。另外那些偏僻的小路我们也一定不要去，不要为了寻求沟通气氛就找一些人少地带，黑天也会显得更加不安全。

• 用轻松的语气和态度与孩子沟通。

饭后散步沟通可不是我们与客户谈判，也不是我们和上下级之间的工作讨论，对待家人，特别是对待孩子，又是在这样一个轻松散步的时刻，我们理应将自己的状态也调整到轻松，说话也要柔和一些，就如唠家常一样来展开沟通最好。

不管是谁先开口，内容都不要那么严肃，对于孩子的描述，我们最好带着轻松的态度去听，去回应。特别要注意的是，不要在大庭广众之下教训孩子，轻松的散步活动不是为了教训孩子而进行的。我们的心情也应该在散步过程中逐渐放松，孩子都会犯错，孩子也肯定会有缺点毛病，我们倒不如放开心胸，接纳孩子的不足，用平静的态度给他提意见和建议，孩子也是有羞耻心与上进心的，越是平静反倒越能引发他的注意和思考。

・引导孩子放下心防。

和孩子饭后一起散步，其实只是亲子沟通的一种方式，是一种相对来说较为轻松的方式。可是，我们也不能将所有的沟通都搬到饭后来进行，这显然也是不切实际的。其实用这样一种较为轻松的方式，是为了能让孩子看到一个与平时他心目中不一样的我们。

饭后散步，不用穿很正式的衣服，随意的休闲装会让我们整个人的感觉变得温柔起来，而不用匆匆忙忙地赶路，也会让我们的步伐变得轻缓，再加上自然柔和的交谈，孩子也许就会发现"啊，爸爸妈妈原来还有这么平易近人的一面"，原本他对我们的威严颇有忌惮可能就会有所缓解。

而借由几次饭后散步沟通之后，我们应该能与孩子之间有更为自然的相处，如此一来，平时的沟通应该也就不成问题了。

教育启示

饭后散步是一个非常不错的沟通时机，如果能从饭后散步开始，逐渐打开孩子的内心，那么我们在亲子沟通方面也算是走对了路子。用休闲的方式沟通，不仅会让孩子放松，其实也能让我们自己放松，不要总觉得与孩子沟通是件难事，在更合适的氛围下，当我们自己放轻松时，自然也会将话题引向轻松，谈论起来也就不会带有浓烈的说教意味了。

跟孩子分享自己的快乐，也要分享孩子的快乐

我们之所以可以和朋友在一起融洽相处，有一个非常重要的原因在其中，那就是我们会和朋友互相分享，不管是快乐还是忧伤，都能在朋友那里找到共鸣，特别是彼此的喜好、个性如果相同，那这种分享就会更加让我们感到舒服，而我们与朋友之间的友情，也会因为分享而变得更加紧密。

同样的道理，亲子沟通中也是需要分享的。分享孩子的快乐，会让我们更了解孩子的世界，了解他的喜好，而孩子也会更愿意和我们一起欢笑；反过来，如果能让孩子分享我们的快乐，这也会让孩子能更了解我们，毕竟成年人的世界对于孩子来说还有点儿远，他对此会感到好奇，如果通过分享能让他了解其中的欢乐，自然能让亲子关系变得更为融洽。

不过提到分享自己的快乐，并不是所有人都能做得到的。更多的爸爸妈妈总是把自己的生活与孩子的生活割裂开，认为自己的生活是成人世界，自己的快乐也只有成年人能懂，而且成年人的世界太复杂，根本不适合与孩子交流，再说了，如果让孩子了解得太多，岂不是会扰乱他的思维吗？孩子本来就满是好奇心，万一他因此而不再好好学习了岂不是麻烦？至于说去分享孩子的快乐，就更会觉得略有些无聊了，在很多爸爸妈妈看来，孩子理应好好学习，理应有紧张而充实的生活，一旦每天嘻嘻哈哈了，那就多半意味着他没有好好学习了，这

是不能被接受的，而孩子的快乐也无非就是好玩，分享也没有多大意义。

用成年人的眼光去看待与孩子的分享，自然会让我们认为成年人与未成年人之间是有代沟的。因为我们用太过理性的思维去分析其中的价值，也总是用是不是能带给自己利益，或者是不是能对孩子学习有帮助的想法来衡量快乐分享这件事。不得不说，这种过于严肃的思考，会让我们对快乐的感觉变弱，也会让这种因快乐分享而起的沟通被无情抛弃。

其实孩子的生活本来就应该是充满快乐的，不管是他自己创造的快乐，还是分享我们的快乐，都会让他的生活变得不那么紧张。

特别是和我们的分享，将会带给孩子一种以前没有过的体验，而且还了解到了爸爸妈妈不为自己所知的一面，这无疑会让他产生一种被信任的感觉。而一旦我们彼此间可以分享快乐时，孩子纯净的思想就会将我们看成是他朋友一样的存在，也许他会乐于将那些不愿意与别人说的内容也说给我们听。而一旦实现这样的结果，那就意味着我们正在慢慢走进孩子的内心，接下来的沟通也会因此而进行得更为顺利，亲子关系自然也就加深了。

· 不要拒绝孩子对我们的快乐的询问。

孩子对于快乐的事情会有一种很特别的敏感性，看到我们流露出愉快的表情，他就会好奇是什么事情能让我们如此开心。很多人应该都有这样的经历，孩子一脸开心地跑过来问："妈妈（爸爸），你为什么这么高兴？"

对于这个问题，好好回答就是了，如果认为孩子对某些成人社会中的复杂事难以理解，那就将重点提炼出来告诉他：

"今天妈妈帮助了别人，做了一件好事。"
"今天爸爸被领导表扬了！"
"妈妈的工作取得了新进展，很开心！"
……

这一类的说法就能让孩子清楚地明白我们愉快的原因。

一定不要有"没你小孩子的事"这样的态度，否则孩子会觉得自己是被排除在外的，会认为自己与爸爸妈妈并不够亲近，这样也太伤他的心了。

·主动告诉孩子"今天我很高兴"。

相比较孩子询问后我们再分享，如果一开始我们就能主动去分享的话，应该会让快乐的感觉更强烈。特别是下班回到家，我们一脸笑意盎然的样子，光是这种情绪感染就会让孩子感到愉快了。之后，再把我们的快乐主动告诉孩子，让他和我们一起高兴，这样整个家庭中都会充满愉快的气氛。

孩子原本都更期待我们每天能笑眯眯地回家，也更希望听到好事情。其实家庭中的气氛是要靠全家人来努力维系的，我们也是创造这气氛的主要担当，不要舍不得拿出来分享。

·接纳孩子与我们的分享。

当然，有时候我们也会有这样的经历：刚一进家门，孩子就欢快地跑过来说"妈妈（爸爸），我今天受表扬了"或者说"今天我取得了很好的成绩"，这就是孩子在和我们分享他的快乐。对此，我们可要给予一个积极的回应。

有人说，自己当时心情可能不好，孩子这么叽叽喳喳的，会显得很烦。但是如果我们当时就一副烦躁的样子将孩子的快乐彻底打掉，他的失望感可能是我们日后不管怎样都弥补不回来的。

换个角度来想想看，原本很烦躁，但回到家后就看到孩子能开心地和我们分享他的快乐，这难道还不足以帮我们赶走烦躁的心情吗？孩子就是个能带来快乐的天使，此时倒不如借着这机会来赶走内心的郁闷与烦躁，和孩子一起分享他的快乐，和他聊一聊，一起笑一笑，没准儿不愉快就从我们身边悄悄溜走了。

- 不要把说教带入到分享之中。

不管怎么说，总是会有爸爸妈妈将和孩子在一起的时光当成是说教时间，认为要抓紧一切时间来教育孩子，即便是分享快乐也不例外。

比如，自己的工作上取得了成绩，在和孩子分享的同时可能就会这样说："你看，我这么辛苦才能获得好成绩，你在学习上也得像我一样刻苦努力，不努力的话你将来都没出路，你也就做不到像我这样了。"

还比如，听到孩子分享自己取得了好成绩的快乐，却反而说："你看你乐的，这可不能骄傲，你一骄傲下次就考不好了，别人也就都超过你了，下次你可就笑不出来了。"

原本很快乐的气氛，可能就会被这突然的一句说教而打断。

快乐的分享是和谐家庭中必不可少的内容，我们理应维护这样的快乐，没必要非在这个时候给孩子来一瓢凉水。可以鼓励，可以提醒他继续努力，但不要用偏激的话去敲打说教，这样才可能让孩子更愿意分享。

教育启示

我们与孩子是一体的，都是这个家庭中重要的组成部分，家庭的快乐是需要我们全家人共同创造并维护的，所以将令自己感到快乐的事拿出来分享是理所当然的事情。不管是与孩子分享还是接纳孩子的分享，都会对亲子关系的建立与培养起到重要的巩固作用。放下自己的架子，让自己的快乐和孩子的快乐一起在家中弥漫，这不是很好的感觉吗？

关心孩子的身体健康与情感需求

很多人不知道该怎么和孩子之间建立良好的亲子关系，总觉得孩子越小与他关系越亲密，越大反倒越疏远。小时候的孩子感觉更听话一些，让他做什么他就做什么，教给他什么他就学什么，可长大了的孩子总是叛逆心理强烈，一说他，他就不愿意听。对于这样的情况，很多人认为自己的教育能力不强，于是便倾向于更加苦口婆心地去教育，可事实却是，我们教育得越频繁，效果越小，甚至无效果、负效果。

其实很多人都产生了一种误解，我们是谁？别忘了我们可是父母，在关心孩子学习成绩好不好、能力强不强之前，首先应该关心的是孩子的身体健康与情感需求。

孩子小时候之所以会那么听话，是因为他能感受到我们对他的爱，是因为那个时候，我们更关注他是不是吃饱了、穿暖了，对于他想要抱抱、亲亲、拉拉手的情感需求，我们都能当下满足，孩子获得了满足，对于我们的要求自然也就会言听计从，更何况，那个时候的教育都是他最需要获得的，所以小时候的孩子，教育起来才更容易。

而面对长大后的孩子，我们除了保证他吃饱穿暖，剩下的就只是关心他学习好不好了，我们更关注他表现出来的样子以及获得的成绩。对于他的能力如何、嘘寒问暖和对情感方面的满足就弱了许多，孩子感受不到最基本的爱，自然也就会感到情感需求缺乏。而此时我们的教育，就无疑是让他觉得冰冷的祸首，也难怪他不愿意接受了。

身为父母，最基本的职责可不要丢掉，而且还应该时刻让孩子感受到，多关心他的身体健康与情感需求，才能让他感受到基本的爱。

试想，如果没有健壮的身体，孩子哪里有精力去做事？怎么可能会提起精神来学习？如果精神需求没有得到满足，孩子会没来由地感到很烦躁，他也就沉不下心去做事。更何况，身为父母，关心孩子的身体健康与情感需求本就天经地义，而且是义不容辞的责任，可不能因为太过关注孩子的学习，而忽略了这最基本的关心。

- 保证每天的营养供给。

成长期的孩子对营养的需求极大，至少要保证他每日有足够的营养摄入，而且蔬菜水果也要搭配齐全。多吃正餐，少吃零食。特别是对年龄小的孩子，我们可能总习惯性给他买一些小零食，有时候作为奖励，有时候作为让他安静的好道具，结果却养成了孩子爱吃零食反而不吃正餐的习惯。

所以从一开始就要少买零食，鼓励孩子在正餐时吃饱吃好。不过在吃饭时也要注意，饭桌教育最好不要有，吃饭就是吃饭，让孩子安心地把美味饭菜吃完就好，有什么话饭后说，饭前和饭中最好都不要插入教育内容，以免孩子因为情绪受到影响而无法再好好吃饭。

- 督促孩子积极锻炼。

保证身体健康除了吃得好也要积极锻炼，为孩子安排适合他的锻炼计划，如果有时间最好能和他一起参与到锻炼中来，起到鼓励和榜样的作用。

尤其是爸爸，在孩子心目中，爸爸都应该是可以和他一起动起来的伙伴，所以我们不要偷懒，督促孩子锻炼身体，爸爸最好能承担这样的责任。

- 了解孩子的情感需求。

满足情感需求是保证孩子心理健康成长的重要基础，从出生开始，孩子就有诸多情感方面的需求，他需要爱，需要被信任，需要被肯定，需要得到陪伴，需要能被理解……孩子虽然是一个独立的个体，但他的这些情感却都需要身为父母的我们来帮他逐渐填满。

特别要注意的是，不能只是在孩子小时候满足他的情感需求，当他长大之后，他对情感的需求会更多，因为长大的他会有更多思想与情感，所以他的需求也会较之小时候更盛。而且，长大后的孩子不会再那么直接地表达他需要的情感，他会将需求用一系列的言行表现出来，这时就需要我们好好揣摩孩子的需求了，最好不要忽略他的任何表现，以免导致他因为情感未满足而在性格方面出现问题。

・**给孩子需要的而不是他想要的。**

纵使孩子需求很多，可是我们却也不能对他有求必应。毕竟，孩子也是个贪婪的小家伙，他会不断地挑战我们的底线，希望自己能获得更多。举个最简单的例子，带孩子去玩具店的时候，他想要的东西无穷无尽，如果有可能，他恨不得将整个店都买下，但那是不可能的，如果我们只顾着满足他的需求，就会养成他骄纵的坏习惯。

所以，我们要分辨什么是他想要的，而什么又是他需要的，因为想要的东西不一定都是需要的，因此不能全盘满足他，只有合理的、有原则性的需求，才能被满足，其他的无理要求，我们一定要果断拒绝。

教育启示

良好的亲子关系总是会体现在一些细小的事情中，比如我们对孩子身体健康的关心，对他情感需求的关注，这些都是能让孩子感受到父母之爱的表现。越是基本的生活，才越能体现出真情,所以我们不能只顾着督促孩子的学习而忽略了他最基本的这些需求,不要将关注点放到太"专业"的学习上去,多注意基本的内容才能保证孩子具备提升自我的基础。

睡前给孩子讲讲故事,让他笑着入睡

关于孩子睡觉这个问题,很多妈妈都会感到头疼。孩子小的时候会有"闹觉"的情况,有的孩子明明困得不行,却还会哭闹一阵,得需要妈妈好好哄一哄;有的孩子会说自己害怕,怕黑,怕一个人睡,都要让妈妈陪着好一会儿;还有的孩子则是精力旺盛说不想睡,我们也不得不威逼利诱强按着他躺下。

好不容易等到孩子上了学,认为他是学生了应该可以自己控制自己的睡眠了,但没预料到的却是,孩子的睡觉问题依旧是个问题。因为这个时候的孩子开始有了自己的小世界,特别是小学高年级到初中这个阶段,孩子有了自己的朋友圈,有了自己的小烦恼、小秘密,再加上现在网络世界较之以前更发达,孩子们接受新鲜事物的速度要更快一些,所以尽管他们每个上学的日子都能见面,可还是会在晚上回家之后用各种新鲜的联络工具彼此联络。聊得兴起,晚上自然也就睡得晚了。

不仅如此,这个时候孩子关注的东西也会比较多,像动漫、漫画、游戏、小说等,都有可能成为他们关注的对象,强大的网络世界和多种多样的电子产品,都能将他们带进自己想要关注的内容中去。结果一投入进去,就可能会是大半个夜晚。晚上不早睡，势必也会导致早上不能早起，甚至是休息日的白天蒙头大睡。

不得不说，相比较小时候闹觉让人感到的疲劳，长大后孩子这种"夜猫子"一样的生活，反倒更让我们感到头疼。

总之，与孩子睡觉有关的问题，真是层出不穷，而且"逐年递增"，让我们都有些招架不住，甚至应接不暇。

那该怎么办？其实有一个非常简单的方法，睡前讲讲故事。可是，给小孩子讲讲故事也就算了，大孩子也要给他讲睡前故事？那岂不是显得很幼稚？他也不会接受吧？先别那样直接否定，先看看下面这些做法。

・**给孩子固定好睡觉的氛围。**

不带强硬地对孩子说"你该睡觉了"，但之后就什么也不管了，还是应该给他创造一个良好的睡觉氛围，以保证他能安稳入睡。

小一点的孩子睡觉都较早，八九点钟就该上床了，此时我们要降低电视声音或者干脆就不再看电视，保持家中的安静，将孩子房中的光线调暗，如果他一时间怕黑，可以给他留一个小夜灯，或者给他一个最喜欢的玩具做陪伴。争取每天都要如此，时间长了，孩子就会熟悉这个固定的环境。

在孩子上床前，也可以给他安排一系列"典礼"，包括洗漱，换好舒服的睡衣，抱抱他，和他轻声地交谈一阵，当然也可以给他讲一段小故事。

有了这每晚固定的氛围，孩子就会慢慢习惯，对睡觉就不再排斥了，甚至可以说他反倒开始期待这个时刻。

• 学会给年龄小的孩子讲睡前故事。

睡前故事对于小孩子来说是很重要的，上小学之前的孩子，他的生活里本身就充满了故事，睡前故事时间，也是他颇为期待的时间。所以，我们也该好好把握这个时间。

在给孩子讲睡前故事时，要选择简单且节奏舒缓的故事，可以自己讲也可以照着书读，这会让孩子的身心也跟着放松下来。当然，如果孩子有想要听的故事，也可以满足他的要求，不过一定是不热闹的故事，如果是激烈的故事，可以劝劝他留着白天再给他讲。

讲的时候身体最好和孩子靠在一起，放低声音，慢一些讲，一只手还可以有意无意地拍一拍或抚摸着他的身体。同时，也要注意孩子的状态，最好多讲一会儿，等他睡熟了再起身离开，尤其不要看孩子闭上眼睛了就起身，否则可能会惊醒他反而导致前面的工作都白费。

给孩子讲故事的人可以轮换着来，不过有的孩子也有自己的喜好，如果他指定谁来讲，那谁就要好好地给他讲，不要借口推脱。

• 给大孩子讲特别的"睡前故事"。

给小孩子讲睡前故事理所应当，那么大孩子也需要吗？当然需要，只不过这时我们给他讲的故事要换一种样子。

睡前可以和孩子聊一些轻松的话题，比如回忆一下今天发生的好事，告诉孩子自己对他的哪个小细节很满意，给他讲讲我们过去曾经经历的小故事，或者说一件孩子没听说过的轻松小事。切记不要给孩子提什么"明天要更加努力"这样的压力性要求，也别说"自己躺下好好反省吧"这样的话，否则孩子都会带着压力上床，入睡也会更困难。

要注意的是，别用活动或者期待来让孩子太兴奋，像"明天就带你去玩"或者"明天可就是关键了，赶紧好好休息"，这样的话题势必会让孩子变得反而不那么容易入睡。还是选择轻松一点的话题和孩子简单说一说比较好。

另外，也别在睡前责备孩子看漫画、看小说或者聊天，此时倒不如和他简单讨论几句，温柔地提醒他今天要睡觉了，明天可以再继续。即我们要对孩子的喜好表现出不那么反感的态度，只要是正常健康的，尊重他就好，越是温柔地对待反而会让他越能顺从我们想让他睡觉的意愿。

·帮孩子养成良好的自行入睡习惯。

说到底，睡觉应该是个人行为，如果说孩子年龄小的时候我们还可以顺从他的需求来用睡前故事陪伴他，可是随着他逐渐成长，按时睡觉就该成为他自己必须要具备的一个良好习惯了。

所以睡前给孩子讲故事的时间间隔要逐渐拉长，小孩子可能一天一讲，稍大一点就可以试试两天一讲、三天一讲，然后逐渐扩展到自由安排时间，直到最后不用我们再多操心，他也能到时间自己上床睡觉。这个过程不一定会很容易，孩子睡觉的问题总是要慢慢调整，因此不能太着急，要相信孩子总有一天会养成良好习惯的。

> 教育启示

　　保证孩子有良好的睡眠质量，也是保障孩子身心发育的一个重要基础。如何能让孩子甜蜜安睡，就需要我们有正确的应对方法。事实上，睡眠质量越好，人的智商通常也会越高，培养孩子良好的睡眠习惯，让他能快速进入睡眠状态显然是有积极意义的。而讲一讲睡前故事，会让孩子放松心情，也就更容易进入睡眠。

在家跟孩子也要讲文明用语

　　人人都希望自己的孩子能成为一个有礼貌的孩子，并且能够在众人面前很熟练地使用文明用语。但是，希望是美好的，现实却并不那么令人满意，很多孩子在人前的表现远没有我们期望的那么美好。

　　就拿"谢谢"这样一句简单的感谢语来说，很多孩子接受了别人的帮助后，会很快再投入到自己的事情里，就仿佛别人的帮助是理所当然的。还有的孩子接受了帮助后，却显得很害羞，即便爸爸妈妈催促他说"谢谢"，也丝毫不会有什么表现，反倒不断地往爸爸妈妈身后躲。

　　有朋友讲过这样一件事：

　　我单位所在的写字楼里有一家教育培训机构，所以乘坐电梯时会遇到很多孩子和家长，有时候会帮着他们按电梯的楼层，有时候也会在他们的要求下按楼层，可是包括家长和孩子在内，他们却从来没有说过一句"谢谢"，也从来没有过其他相关的任何表示，就仿佛帮他们按楼层是天经地义的事情。有的孩子甚至会直接喊"按五层"，却连个"请"字都没有。这样的表现真是让帮忙的人都觉得帮得不那么开心。

相信这样的一个场景很多人都遇到过，不仅是"谢谢"，像"请""对不起""早上好"这样常见的文明用语，在很多孩子身上也难觅其踪。

孩子是不是有礼貌并非他的主动意识表现，父母是孩子的原型，这是最简单的镜像原理。如果父母对家人、他人都没有礼貌习惯，不能给孩子做出使用文明用语的榜样，那孩子自然也就学不会使用文明用语。

有的父母认为礼貌应该是教育孩子"对外"使用的，对自己家人还要"请"来"请"去或者"谢"来"谢"去就显得没有亲情味道了。可是，如果对自己的父母都没有礼貌，都不能正常使用文明用语，那对外人又怎么可能用得出来？孩子从父母身上都没有学到要使用礼貌用语的意识，他日后即便再学习礼貌用语，也只是和学习数数一样，只是认为那是知识的一部分，却完全意识不到那是他个人的一张重要名片。

更重要的是，如果我们在与孩子相处的过程中也颇为有礼貌，这其实也会让孩子感受到来自我们的尊重。可以说，这样的相处模式，既能在潜移默化之下让孩子自然学会礼貌，还能增加彼此间的情感联系，而且还能培养良好的家风，如此一举多得的事何乐而不为？

- 越早开始礼貌教育越好。

我们是不是认为"孩子太小，教他礼貌他也不懂"呢？事实并非如此的，来看一位妈妈的亲身经历。

从女儿能有意识地学习模仿我的动作开始，我就很注意自己的表现。

特别是在有人帮助我之后，我都会说"谢谢"，在家逗着女儿玩的时候，也会教她用作揖的手势来表达"谢谢"。平时带她出去玩，不管是对收银员，还是点菜服务员，还是其他帮助过我的人，我都会提醒她"谢谢阿姨"或者"谢谢叔叔"，她都会很认真地用手势照做。

等她能说话了，她也会口齿不清地表达"谢谢"两个字。

后来我发现，有的时候不管是我还是周围人说出"谢谢"两个字之后，就算那场景与她无关，她也一定会做出作揖的手势，而且也会口齿不清地来上一句"谢谢"。

孩子的模仿能力极强，她的成长也是令我惊奇的，我庆幸很早开始了礼貌教育，原来孩子真的什么都懂。

的确如此，孩子的成长是以我们所意想不到的速度开始并持续发展的，我们最开始给他种下了什么样的种子，日后自然就会结出什么样的果。越早开始教孩子，他的记忆也就越深刻。就像是一张白纸，第一次写在白纸上的东西，都会清晰无比，日后的复写也无法再磨灭第一次的印记。

有的妈妈可能说："孩子还小，以后长大了他接触的东西多了不就自然会了？"并不是这样的，如果一开始就没有养成良好的习惯，日后的培养就会较之以前显得更为困难。所以，别再犹豫，还是抓紧时间培养孩子的礼貌吧。

· 认真且自然地对孩子表达文明用语。

对孩子表达文明用语，有人会觉得不那么习惯，所以很少说；有人又会表现得很敷衍；还有的爸爸妈妈则会觉得高兴了就说，烦躁的时候就彻底忘记了。

文明用语表达应该成为家庭中的一个好习惯，不管表达什么内容，都应该认真。比如，孩子帮助了我们，认真说一句"谢谢你，你帮了大忙"，这对孩子来说就是个做好事的最好肯定，有助于日后他继续好好表现。

除了认真，也要自然，自然表现礼貌，体现的就是整个家庭的礼貌氛围。尤其是不那么习惯表达礼貌的家庭，一开始彼此说的时候可能会显得有些好笑或者尴尬，但我们也要控制好自己的情绪，可以先从夫妻间开始，我们的表现是在给孩子做榜样，然后再感染孩子加入进来，这样比较容易实现全家自然表达礼貌的氛围。

· 不强迫孩子去说礼貌用语。

来看一位妈妈和孩子的一段对话。

妈妈问孩子："别的小朋友帮助了你，你谢谢他了吗？"
孩子回答："没有。"
妈妈责怪道："怎么不说谢谢呢？多没礼貌！"

孩子不高兴地说："我不高兴，不想说！"

"那是你不高兴就不说的事吗？"妈妈更生气了，"你应该养成好习惯，真不是好孩子！"

结果，孩子也生气了。

妈妈是好意，可孩子的表现也没错。年幼的孩子对文明礼貌没有实打实的概念，所以他更容易被自己的心情波动所影响，不高兴就不说的事也常有发生。可是，我们却不能就此责备他不懂礼貌。

此时应该理解孩子的心情，可以慢慢引导，让他意识到礼貌是必须要具备的品质，而绝对不能强迫他去表现礼貌，否则反而会引发他的叛逆心。

· 培养孩子善良的心性。

"我说了谢谢，别人却不理会""我说了对不起，别人却没在意"，孩子一定会遇到这样的情况。对此他会觉得很不能理解，也会感到很难过，因为这和他在家的情况是不一样的。在家时，我们一定都会对他的礼貌表现有所回应，可是在外面就不一定了，所以他会因为没有得到回应而有不一样的感受。

对此，可以这样来劝他："只要自己做到问心无愧就好了，善良表现的是自己的美德，我们不能过分要求别人，但我们却一定可以做好自己。爸爸妈妈看得到你的良好表现，你做得很好，我们为你而感到骄傲！"

这样说是为了保护孩子善良的天性，毕竟对于孩子的未来而言，善良而有爱心的人才会有更为广阔的发展空间。

教育启示

与孩子礼貌相处并不是什么难事，但很多人却习惯摆父母的架子，结果孩子也学会了这彰显个性的表现，但却独独少了礼貌，甚至连对父母的礼貌都没有了。所以，就算是从个人素养方面来考虑，也应该尽早从家开始就培养孩子讲文明、懂礼貌的良好风貌。越亲近的人，也同样需要礼貌对待，孩子也要尽早明白这个道理。

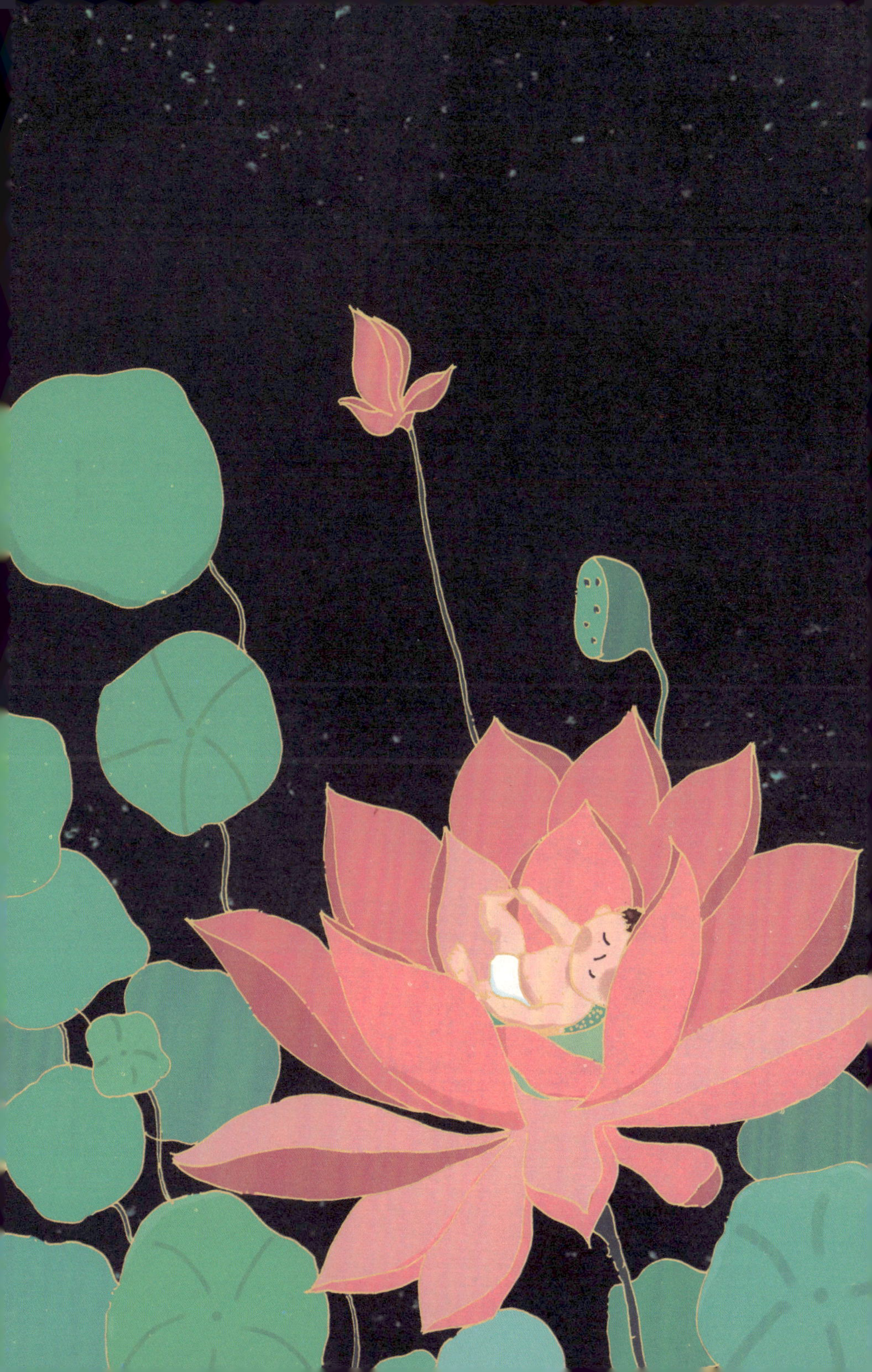

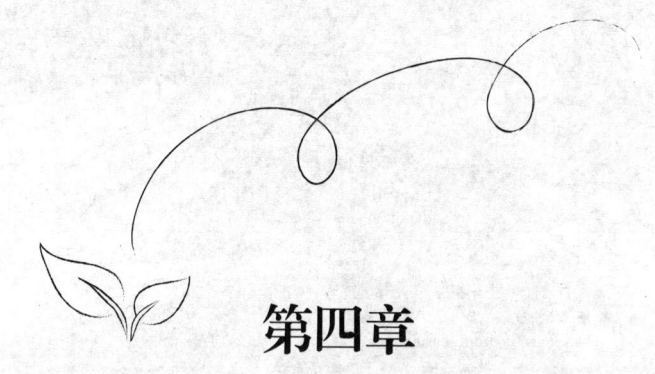

第四章
培养独立自主精神的 9 种方式

> 孩子生来就是一个独立的人,也是希望获得更多自由的人。自从出生之后,他就在十分"拼命"地学习各种知识和能力,以期让自己快快地成长。孩子对独立自主也是有追求的,所以我们也应该顺应他的这种成长需求,给他机会让他成长为一个独立自主的人。

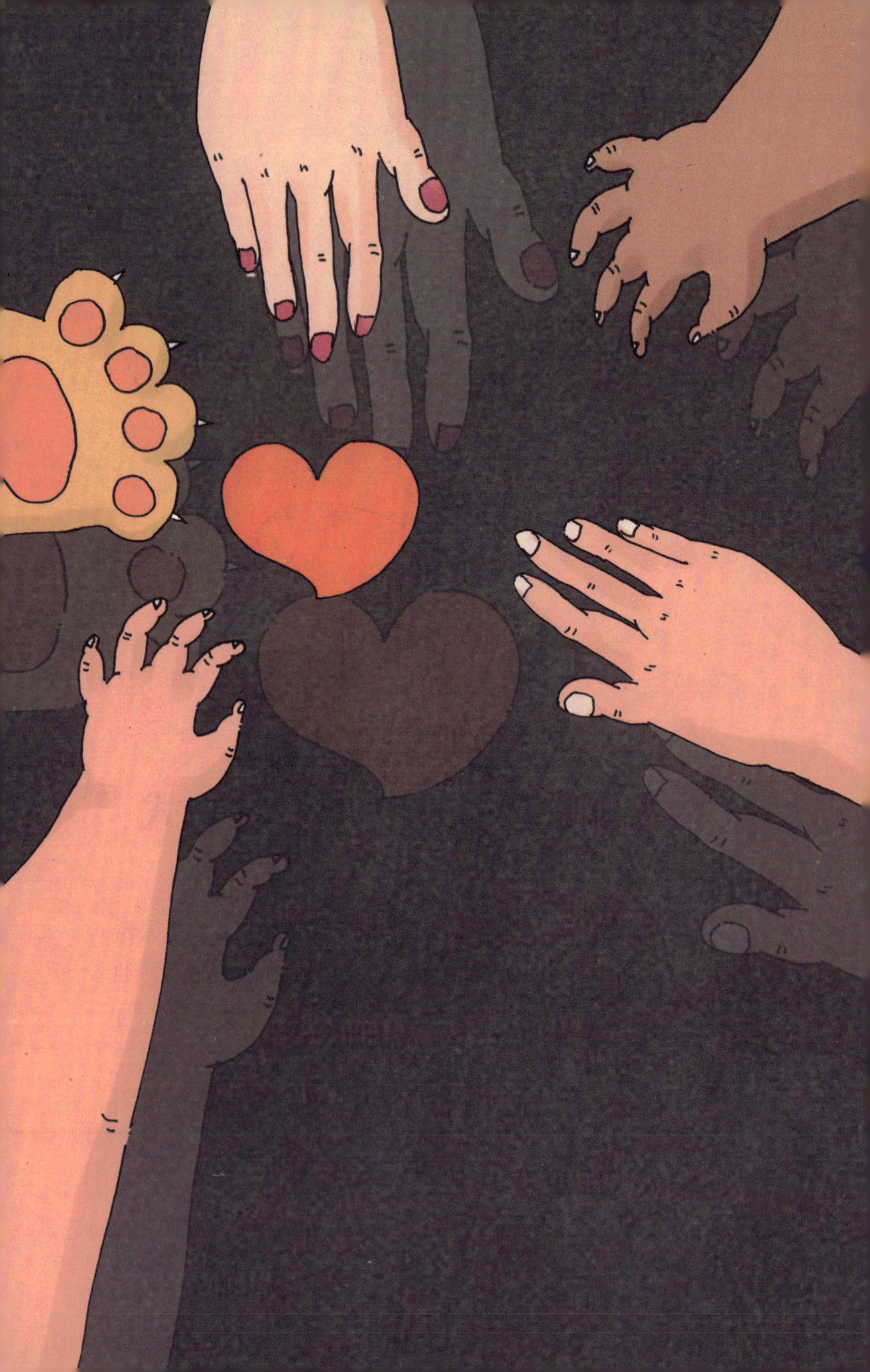

鼓励孩子去做一些力所能及的家务

生活对每个人来说都是一样的，只要掌握了基本的生活技能，独立生活起来都没问题。日常生活中的生活技能有很多，做家务是最基本的一种。

关于做家务这件事，大多父母在孩子还小的时候是不会过多考虑的，认为孩子不需要做家务，或者与其让他做家务"捣乱"，还不如我们自己做更快、更顺手。从孩子的角度来看，做家务这件事至少在一开始时对他是颇有吸引力的。孩子都有一个想要让自己长大的愿望，如果自己能做到爸爸妈妈做到的事情，这对孩子来说就是最了不起的事情了。所以，看着爸爸妈妈做家务，他也会跟着去模仿，先不说做出什么结果，仅是感到"啊，我也能和爸爸妈妈做一样的事情"，这种感觉就足以让孩子在当时感到满足了。

面对孩子的这种满足，我们难道还要剥夺他的快乐吗？的确，我们是父母，是需要对孩子负有照顾他的责任，可是我们没理由照顾他一辈子，他终归是要自己生活的，也会有自己的家庭的，连最基本的家务都不会，连最基本的生活自理都做不到，又怎么可能指望他在其他方面有好的发展？"一屋不扫何以扫天下"，孩子的学习也不仅仅是学习书本知识考取试卷成绩，未来在社会中，他最拿得出手的应该是他的生活技能，能好好照顾自己的生活，他才能腾得出时间和精力去应付学习与工作。

而且从字面意思来看，"家务劳动"就意味着家庭中的劳动，那么家中的每一个人都有劳动的义务，不仅仅是妈妈有，爸爸也要有，当然孩子也不能例外。可是，在很多家庭中，家务劳动却与孩子无缘。不仅是小时候不让他做，就是等他上了小学后也依旧不让他做。

合肥市某小学的潘同学在老师的指导下随机做了一次"小学生为了什么做家务"的调查，一共收回171份有效问卷，其中学生108份，父母63份。

在接受调查的108位学生中，从对待家务劳动的态度来看，53.75%的学生认为应该参加家务劳动，35.20%的学生认为要适当参加，只有10.20%的学生认为无所谓，0.90%的学生认为不必参加。可在实际行动上，却只有1/3的学生经常做家务，61.11%的学生偶尔做，5.56%的学生则从来都没做过。

而63份父母问卷所提供的数字更令人吃惊，这些问卷显示，84.13%的学生在家偶尔做家务劳动，3.17%的学生从不参加，只有12.70%的学生经常在家劳动。

至于说为什么要参加家务劳动，8.30%的学生给出的原因是可以"获得报酬"，5.56%说是被父母强迫的，大约有24.00%的学生选择"关心父母、替父母分忧"，49%选择"锻炼自理能力"。

虽然有47.60%的父母认为孩子参加家务劳动不应该给报酬，可实际上，却有57.14%的父母在孩子参加家务劳动时是给了报酬的。

12.70%的父母认为，参加家务劳动会影响孩子的学习；而大约有70%的学生却认为，家务劳动并不会对学习造成什么影响。

从这样一组数据来看，不得不说在很多家庭中，孩子参与家务劳动这件事似乎并没有被重视起来。对于这样一项原本家庭中所有成员都该尽到的义务，我们却要将孩子排除在外，而正是我们这样的态度，才导致孩子自己对家务劳动也产生了无所谓的态度。

在有一年的京津沪渝四市德育研讨会中，曾有专家也进行过类似的调查，抽样中小学生3188人，其中对家务劳动的看法就各有不同，67%的学生认为家务劳动是有意义的，对其也有兴趣；19%的学生觉得家务劳动有意义，可是自己没兴趣；只有7%的学生认为家务劳动没有意义，对它也没兴趣；还有7%的学生认为"家务劳动傻傻的"。

孩子为什么会觉得"家务劳动傻傻的"？也许就是因为很多父母经常跟孩子说一句话，"只要好好学习，别的都不用你管，什么也不用干"，所以孩子才不能对家务劳动产生正确的认知。但实际上让孩子做点家务劳动，反而十分有助于他的学习。

哈佛大学一项长达20年的研究表明，爱做家务的孩子跟不爱做家务的相比，就业率为15:1，收入比后者高20%，而且婚姻更幸福。

中国教育科学研究院对全国2万个小学生家庭进行的调查也表明,做家务的孩子比不做家务的孩子,成绩优秀的比例高27倍。认为"只要学习好,做不做家务都行"的家庭中,子女成绩优秀的比例仅为3.17%,而认为"孩子应该做些家务"的家庭中,子女成绩优秀的比例为86.92%,两者相差很大。还有很多实例证明,想要孩子成为精英,让他做家务是必不可少的。

著名的《朱子治家格言》开篇第一句就是:"黎明即起,洒扫庭除,要内外整洁。既昏便息,关锁门户,必亲自检点。"这足见古人对"让孩子做家务"这件事的重视程度。

晚清重臣曾国藩曾说过:"看一个家庭是否能够兴旺发达,只要看后代是否能做到三点:一是看是否早起,二是看有没有做家务劳动,三是看是否读圣贤书。"早起做家务,读圣贤书,对一个人的成长、成才非常关键,至关重要,从古至今,都是如此。

想想看,一个人家务懒,学习能勤吗?适度家务劳动非常有必要,一方面是学习生活的劳逸结合,另一方面也会让孩子生起对父母的感恩心,从而更加努力学习,即"习劳知感恩"。

可见,家务劳动并不是什么"傻傻的"活动。相反,这其中蕴藏着很多生活智慧,可以说这是一个人能够正常、平稳、安定、有序地生活下去的保证。而且,孩子在家中也不能总是在学习,家务劳动也会成为很好的让大脑得到休息的方式,还能锻炼和提升他的自理能力、动手能力、手脑协调能力等。而且家务劳动也是在帮他提升生活技能,增加生活阅历,他也会养成爱劳动的好习惯,会强化对家庭的责任感,还会体会到父母操持家庭的辛苦,从而懂得关心、体贴父母,更有孝心。不得不说,做家务的确是一项让孩子受益终生的行为。

可能在我们看来,家务琐碎无趣,但在孩子那里,这却是他体现自我价值的重要表现,而他也会从中找到属于自己的快乐。实际上,会做家务劳动,也是孩子所不可缺少的一项个人能力。

2018年9月10日,全国教育大会在北京召开,大会特别强调,要在学生中弘扬劳动精神,教育引导学生崇尚劳动、尊重劳动,懂得劳动最光荣、劳动最崇高、劳动最伟大、劳动最美丽的道理,长大后能够辛勤劳动、诚实劳动、创造性劳动。

因此,我们也要像重视孩子的学习和其他能力培养一样,重视起对孩子进行家务劳动能力的培养,多鼓励孩子在家里动手,引导他积极地做一些力所能及的家务活,让他体验劳动的乐趣,成为一个劳动小能手。而这,也是放手给孩子走向独立的机会。

- **不干涉孩子对我们做家务的模仿行为。**

年幼的孩子都喜欢学着爸爸妈妈的样子做些什么,妈妈扫地,他也跟着后面学;爸爸炒菜做饭,他也会在一旁眼睛不眨地盯着看;学着爸爸妈妈的样子端盆倒水,或者还想着往洗衣机里丢衣服和晾衣服……这些都是孩子的模仿行为。

也许最初他的确是以玩为目的的,可是不能否认的是这也的确可以算得上是他对家务最感兴趣的时候。如果我们没有抓住这个时刻，只是用训斥或者温柔来拒绝了他，那么这个机会被错过去之后，日后当我们再想让他做家务的时候，他的兴奋劲儿已经过去了，而且也已经有了更多可以吸引他注意力的事物，当然也就不愿意再动了。

所以，当发现孩子对家务开始感兴趣时，在保证他安全的前提下，不要干涉他的模仿。如果他有好奇心，就尽可能地满足他的好奇心，也可以给他一些动手参与的机会。趁着他还感兴趣，赶紧帮助他养成做家务的好习惯。

·不总是对孩子大吐做家务的苦水。

为了鼓励孩子好好学习，有的父母会选择打苦情牌，特别是有些妈妈，会对孩子说："妈妈在家做家务苦点累点没什么，只要你好好学习，有好成绩，妈妈再苦再累也不怕。"这种说法其实很可怕，孩子会认为，做家务就是逼迫他学习的一种方式，到最后他不仅会讨厌学习，也会讨厌做家务。

所以我们也该纠正一下自己的心态，做家务是为了让自己的家更整洁、温馨，不是为了让孩子好好学习才做家务。不要用自己的苦累去逼迫孩子，否则孩子就会背上沉重的精神枷锁。多和孩子讲讲做家务的好处，让他体会到通过做家务家里有哪些变化，自己有哪些收获，越是感到快乐，孩子才会越愿意接受家务。

·给孩子安排合理的家务分工。

让孩子也和我们一样承担家务劳动，根据他的能力合理安排家务分工，告诉他某些家务事就是他的任务，他有责任完成任务。这个安排可以从简单的开始，比如一开始可以只让他擦擦桌子、扫扫地，等到他掌握了更多生活技能之后，再把洗衣服或者其他的任务交给他。

可以在家里搞一个家务责任轮流制，每个家庭成员都要承担一部分家务，过一段时间后家务内容就轮换一下，既能保证孩子学会并掌握更多的家务技能，同时也能让他养成做家务的习惯，也就是培养良好的自理能力。

· 切忌用金钱或物质奖励孩子做家务。

如果说家务劳动也算是孩子的一份任务，那么任务完成了，我们要及时表扬几句，不过不要给什么物质奖励，因为是责任，所以也就是无偿的。

特别是金钱奖励一定不能有，否则孩子会错误地理解家务事。但有的妈妈就认为，孩子洗碗给两元，扫地给两元，洗衣服给五元……这样，一方面可以调动孩子劳动的积极性，让他变勤快，爱劳动；另一方面，也可以从小培养孩子的理财能力，真是一举两得。可结果真是这样吗？

一位妈妈使用了这样的方法，结果10岁的孩子真的勤快了，这位妈妈非常高兴，以为真的找到了治孩子懒惰的"灵丹妙药"。

几天后，这位母亲洗完衣服后对孩子说："妈妈很累了，好孩子，你把这些衣服拿到衣架上晾一下，妈妈给你两块钱。"

可孩子却随口讲了一句话："今天我也很累，这个钱我不赚了。"

这位妈妈顿时就愣住了。

可见，这位母亲找到的"灵丹妙药"的有效期太短，还有副作用。做家务是每一个家庭成员的义务，并不是孩子用来赚钱的工作，这二者间是没有可比性的。这个道理，值得好好思考并实践。

教育启示

做家务是培养孩子独立能力最基本的一项内容，可以说掌握了足够的生活技能，再去掌握其他技能也就相对容易一些了。不要总将关注点放在孩子的学习成绩上，也应该多顾及一些家长里短，鼓励孩子多为家里做点事，简单的家务不仅提升孩子的自理能力，其实也是家庭成员间的一种和谐相处方式，更能提升家庭的凝聚力。

把选择的机会和权利适度还给孩子

在孩子看来，怎样才是独立的表现？是能自己独立完成某些事吗？不全是，因为在孩子心目中有一个最能体现自己获得了独立权的表现，那就是具有选择的机会和权利。

一位妈妈讲过这样一件小事：

带着两岁的孩子去商店里逛,他很喜欢小汽车玩具,但是小汽车的样式太多了,孩子看得尚且应接不暇,我更是没法确定他到底喜欢哪个。

不过,我告诉他:"只能选一个,你自己去选一个最喜欢的吧!"

孩子摸摸这个,抱抱那个,大的小的各种颜色的小汽车都摸了个遍,最后,他还是抱起自己最开始拿起来的红色小汽车,眼巴巴地看着我。

我拿起一个其他样式的小汽车逗着问他:"要哪个?"他很笃定自己的选择,抱着红色小汽车,说着:"这个。"

买了红色小汽车,孩子高兴极了,因为是自己选择的,所以他在以后的日子里对这个小汽车爱不释手,远比直接买给他的那些玩具喜欢得多。

能自我选择,这是一种很快乐的体验,即便是很小的孩子,也能从中有所感受。但是很多孩子在最初成长的一段时间里却没有自我选择的机会,不是所有的妈妈都能像这位妈妈一样,更多的人会认为孩子"还小,选择太幼稚,爸爸妈妈才能考虑得更全面"。

即便孩子已经成了初中生,这种被拒绝选择的事情还是会出现。比如,好不容易盼来的假期,孩子想要选择出去玩一玩,散散心。可是我们多半却会提醒他:"你已经是初中生了,不能再这么放任自己了,有那个时间,别人都在好好学习,你是不是也该好好学习呢?爸爸妈妈都是为了你好,不要太任性了,现在你吃得了苦，将来你才能出人头地啊！"

我们认为为孩子安排的道路才是更符合他的发展的，才是对他好的，尽管不一定是他喜欢的，可他也应该理解我们的苦心。

这种想法是多么的自私！不能选择自己自由的孩子，就如被禁锢的小鸟，整日飞不出去，怎么还会有好心情欢唱飞翔？孩子原本还会用一个又一个自我选择进行一下抗争，可是我们却屡次驳回了他的需求，最终他因为习惯而变得麻木，索性便不再费劲了，遵从了我们的选择，变得听话起来。

可等到了那个地步时，孩子又年长了几岁，面对已经是青少年的孩子，我们却又立刻变了一种腔调："你已长大了，该是自己拿主意的时候了。"不得不说，这又是另一个更为让孩子感到不舒服的意见。

从一开始就没让小鸟自己飞，把它养大之后有一天却突然把它带到外面让它飞，它怎么可能飞得起来？孩子已经习惯了凡事都由我们干预做主，现在我们却以他长大了为理由就要求他自己做主，这种改变太突然，孩子不仅是不知所措，可能还会有一种被抛弃的感觉。

培养孩子独立是一个过程，不是说突然间他就可以自己处理自己的一切事情了。选择权也是如此，从一开始就不要认为我们才能为孩子做最好的选择，恰恰相反，我们的干涉只不过是我们自己的感觉，并不是孩子的，外界的无端干预才是让孩子总也无法独立的主要原因。

所以，还是做个开明妈妈，从一开始就好好呵护孩子的选择权。

- 与孩子有关的事要多问问孩子。

和孩子有关的事,从穿衣、打扮、吃什么,到选学校、报兴趣班、和谁交朋友,大小事情到底都是孩子自己的事,只有他自己知道自己最想要什么样的,所以从一开始我们就让他做那个做选择的人。

从小时候起,只要是涉及孩子自身的事情,最好都问问他,哪怕他很小的时候,也会有一定的喜好。比如,问一两岁的孩子想要哪个玩具,他也会很准确地去选择自己最看得上眼的那一个,即便用多个选择诱惑他,他也多半都会坚持自己最初的选择。所以,别小看孩子,再小的孩子也有自己的想法,哪怕问问他,听听他的选择方向,也能帮助我们确定更符合孩子口味的事物。

- 与其干涉孩子的选择不如教他选择。

"你怎么能选这个呢?"
"你选的不对!"
"我觉得你应该选择那一项!"
……

我们总是在用各种否定或者很坚决的态度来干涉孩子的选择,可我们说的"不对""不行""应该",这些规矩标准都是我们了解的,孩子不一定了解,甚至他还有可能压根儿就不知道。那我们这样的干涉岂不是显得很欺负人吗?而且,下次孩子一定还会选错。

与其这样干涉，倒不如教他该怎么选择，让他意识到要把握住的原则都有哪些，比如最基本的要有道德原则，不能违背做人原则；还比如要对他有益，对他的成长或者做其他事情有一定的帮助，等等。教会了他这些原则，再给他足够的选择机会去锻炼，当孩子从根本上知道选择是怎么一回事时，他的选择多半也就不会有问题了。

这时，我们只要给他一些成年人角度的建议，或者给他一些我们感觉的意见，他也就能进行自我衡量，从而做出正确选择了。

· 善待孩子"红配绿"样式的选择。

穿着打扮上的"红配绿"，有时候会被认为是比较丑的一种搭配，可是孩子在某些时候的选择就是比较"丑"的，但他自己却感觉良好。这种感觉不是一两句话就能改变的，所以我们不妨理智对待。

不要嘲笑他的选择，给他以最起码的尊重，告诉他"不管你的选择是什么，爸爸妈妈都爱你"，这会给他足够的选择信心，同时也要告诉他"你自己的选择，也要坚持下去，这是你的责任"，这样的表达则是要求他要对自己负责。

而当他的选择受到了外界的嘲笑或指责时，我们也要给他安慰，告诉他"不要难过，外人的评价对你来说也是一种成长，这下你就能知道这样的选择是不能获得大家喜欢的了，不过我依然为你能自我选择而骄傲"。

孩子往往都会从众人的感受中去获取认识，所以有时候给他自己体验的机会也是可以的。只不过也要看孩子的性格来定，如果孩子很内向，很害羞，就不要让他再受打击了，此时倒是可以尝试着劝一劝。

• 涉及原则性问题的选择一定要过问。

不管怎么说，孩子还是孩子，有时候他想问题会太简单，可能只是头脑一热就做出了会让他自己也后悔的事情。可是世上没有后悔药可吃，所以最初的选择就一定要慎重。也就是说，虽然是把选择的机会和权利还给了孩子，但也需要一个度，并非所有的大事小事都由孩子做主，否则就可能会有很大风险甚至是危险，而父母还完全放任就是对孩子的不负责任。

对于一些涉及原则性的问题我们一定要过问一下，比如孩子选择和什么样的人出去玩，我们就要了解一下那些人的背景，如果是坏人，我们就该拿出威严来阻止孩子落入坏人的圈套。当然这种劝阻不会很容易，特别是对青春期的孩子来说，这种劝阻无疑就是在点燃炸弹。所以我们的劝阻也要有理有据，但不能过分严厉也不能过分哀求，要给孩子自己思考的时间，让他能重新做出正确的选择。

教育启示

选择权是体现一个人心理、思想独立的最佳表现，孩子正需要获得这样的选择权来让自己成长。我们过多的担心只会阻碍孩子的自我思考，过多的干涉反而会破坏孩子的想法，导致他不能凭借自己的意志去做决定。孩子总要自己学会选择，以更好地处理自己的事情，我们要做的只是给他这个机会，放手还给他这个权利，但必要的度还是要把握得当。

尊重孩子的独立人格，要和他平等地相处

当孩子一降生，从脐带断开那一刻起，他就可以算得上是一个独立于妈妈之外的人了。他开始学习一切，开始吸收所有自己所需的知识，开始建立自己的认知，并逐渐开始思考自己的人生，做自己想做的事，走自己想走的路。其实从孕育开始，孩子就已经注定了要自己走完人生，要成为一个独立的人。

可显然并不是所有人都能明白这一点，特别是妈妈，毕竟十月怀胎的孕育，感受一个生命在自己身体内的成长，这是每一位妈妈才拥有的权利。这种与孩子血脉相连的感受，是其他人所无法体会的。所以妈妈对孩子的感情最为深刻，小时候舍不得他受苦，长大后也不那么情愿放手让他独立自主。

但是如前所说，孩子要成为独立的人是注定的事，如果我们总是将他看成是自己的附属，或者总认为他只有在我们的羽翼之下才能生存，那他的这种独立性就会被逐渐剥夺。

看到孩子对我们言听计从，看到他并不忤逆我们的意愿，而做着我们喜欢他做的事情，也许我们在享受孩子的这份依赖，会觉得孩子与自己果然贴心，是个有孝心的孩子，可却完全没有注意到那潜藏的不和谐正一点一点地显露。

我们不愿意孩子独立，因此也就不尊重他的独立人格，所以在和他相处时，我们一直坚信自己作为父母就是权威，会颐

指气使，也会只从自己的想法出发，不那么在意孩子到底想了什么，他又想怎样做。

在我们眼中，孩子永远都是孩子，似乎从来不愿意相信他已经有了独立自主的想法，更不愿意相信他在没有我们指导下已经可以自己生活和处理自己的事，因此我们还会横加干涉，将自己的想法强加进去。

如此一来，孩子在不知不觉中学会的并不是自己该怎样独立生活，而是"只要听爸爸妈妈的话就能活下去"。他不再有自己的想法，只如机器一般按照爸爸妈妈的指令去行事。当我们不尊重孩子，只想着要"带着他生活"时，他就会习惯成自然，到那时我们不仅要顾及自己的生活，还要连带着帮孩子生活，这岂不是个很可怕的未来？

当然了，有的孩子可能会在中途抗争一下，当他觉得自己被爸爸妈妈干涉得太多时，便想要自己去闯一闯，可是依附在父母身边太久了，不管做什么事他都不能独立完成，这种挫败感会让他的心情变得更糟糕，叛逆之下，他的思想行为岂不是会非常危险？

所以，此时有所感悟还不晚，我们也应该从心里做好这样的准备了：在接下来的日子里，必须要教孩子学会独立，让他在一步步成长的过程中，能够成为独立的人。我们要完成好这个培养他独立的阶段性责任。

- 放弃"不听我的话你就等着吃亏吧"的说教。

"如果你不听我的，吃了亏别来找我！"

"听妈妈的准没错!"

"这么小点儿的人就开始不听话了,反了你了!"

……

我们总是认为自己的话是对的,因为自认为"吃的盐比孩子吃的饭多",自认为自己经历过孩子没经历过的事情,所以孩子得听我们的建议和安排才能保证自己的生活不出问题。可是,我们是不是忽略了什么,孩子成长的环境与我们成长的环境已经不同了,孩子对这个世界的认知会掺入自己的思想,孩子所经历的事情也是他的人生轨迹中所特有的,而这些都与我们的过去没有任何关联。

孩子是独立存在的,对于同一件事情,我们可以思考,他也同样在思考,给他一个均等的思考机会并不是什么难事,万一他自己的思考是正确的,这不是省去了我们的麻烦?而且他自己思考出来的结论,要比其他任何的教育都能更深刻地刻印在他的思想中。

· 不总用"你还小"来打发孩子。

拒绝孩子自己思考,因为"你还小";

不允许他独立做事,因为"你还小";

总是在劝说他放弃他自己的决定,因为"你还小";

……

似乎只要我们不想让孩子做某件事,一句"你还小"就可

培养独立自主精神的 9 种方式

以算是万能拒绝理由，而这个"你还小"也成为孩子不能独立自主做一切事的枷锁。

孩子不可能总是那么小，可如果我们不放手，他的心智就真的会一直那么"小"了。不管多小的孩子，都会有属于他那个年龄段应该学习的事物，也有他必须要做的事情。当孩子有想要去试试的意愿时，其实意味着他对自己的能力有了一定的自信，也许结果不一定是成功的，可有尝试就是一个进步，孩子原本就是在一次次尝试中前进的，成功就代表进步，失败了反思再去尝试，那就更会进一大步。

所以"你还小"这样的话，还是收回来的好，孩子都期望长大，那就别总是按着他不让成长了吧！

· 允许孩子过属于他的"生活"。

这里所说的"生活"，并不是说孩子可以为所欲为，所谓"属于他的生活"，其实就是相对于"我们自己的生活"来说的，也就是一种平等。

我们都过着自己可以决定的生活，吃什么、穿什么、看什么、玩什么，这都是我们自己可以决定的，可在孩子那里这些似乎都是不可行的，不管他要干什么，我们都会监督他，并干涉他。可是，孩子不曾干涉过我们，我们却要以自己的生活经验去干涉他，这已经明显是不平等了。

不用那么担心孩子的生活会一团糟，他其实一直都在看着我们的生活来学习并纠正自己，我们做好了自己，给他摆出一个好榜样，他的生活自然也就不会差。

允许他自己去决定吃什么、穿什么、看什么、玩什么，也许看上去很危险,但我们却不能通过简单的干涉来改变他的决定。倒不如在放手的同时,教会他分辨善恶美丑,用自身行动影响他的价值观,用洁身自好来影响他的自我修养。

自由的同时,也让孩子有所收获,这才是正常的生活方式。

· 保证家中长幼关系下的平等相处。

平等是相对的,不是说孩子可以没大没小地与我们闹在一处,可以对我们的话真的一句都不听,他更不能像和随便什么人争吵那样毫无尊重地理论。平等相处的前提是,长幼关系不能乱,家中该有的长幼礼节绝对不能少,孩子要尊重长辈,我们要爱护孩子,这种关系是必须要有的!

这里所说的平等相处,只是我们要给孩子自由成长的空间,不刻意干涉他做什么,但是生活中应该具备的礼节绝对不能丢,也就是孩子的孝顺之心、尊重之心一定要有,我们也要保持自己长辈的尊严才好。

关于"平等"这个话题的更多详细内容,不妨参考我的另一本书《六岁前,陪伴是最好的教养》中的相关章节,相信会有更大收获。

教育启示

既要允许孩子独立成长,同时也要保证长幼有序的家庭氛围,这是一个需要我们好好思考的问题,因为要做到不干涉,还要保证自己作为长辈的尊严,在很多人看来是很难平衡的。其实我们应该放开的是自己的心和自己的手,多想想孩子是一个独立人,多想想他未来的独立成长,我们就能找到那个平衡点了。

给孩子一定的自由空间,但也要赋予他一定的责任

追寻自由是孩子的内心需求,所有的孩子都希望自己能自由自在地做自己想做的事情。可是,自由并不是一种无所畏惧、什么都不用操心的状态,自由的同时,人也必须要有责任心。也就是说,孩子不能自由得无所事事,不能让他的自由变成对时间毫不珍惜的浪费,有一些自由也是需要他负责任的。

比如,孩子想自由地生活,在自己的房间想要做自己想做的事情,不希望爸爸妈妈随便干扰,这没问题,但是同时他也要负起责任来,他要能及时整理打扫自己的房间,应该对自己的学习启动自我监督,还要保证自己在房间里不做不该做的事。也就是说,孩子想要自由没问题,可同时我们也要将与自由相伴的责任赋予他。

否则,孩子在自己的房间里自由自在地折腾,可他只是在房间里自由自在地看暴力甚至是色情漫画、图片、视频,却丝毫没有管自己的学习,时间被他耗费过去之后,他两手一拍,出了房间就继续玩别的去了,而我们却要帮他打扫房间,还要督促他好好学习,更要杜绝他再看不健康的内容。

想想看,这样的生活可能吗?当然是不可能的,孩子很可

能会以"你不给我自由"为理由来和我们理论，而我们也一定会觉得孩子的自由就是这样放荡不羁，是绝对不可行的。结果，家庭中又会继续上演一出为了"自由"而展开的挑战与被挑战的戏码。

这个场景是多么可怕，而之所以会导致这样的局面，就是因为我们没有重视自由与责任之间的联系。给孩子的自由绝对不能是毫无约束的放任，一定的责任心就是帮助我们约束孩子的最好方法。

可是，我们也要把握好一个度，因为过多的责任又会让孩子感到不自由，所以实现既有自由也要负责的方法，也需要好好学习一下。

- 和孩子一起讨论自由空间与责任。

孩子需要自由，我们需要让孩子负责任，从孩子的角度来看，我们是在给他提要求；而从我们的角度去想，不过是想要让孩子的自由不会变得那么散漫。所以为了平衡我们与孩子之间的心理，就必须要和孩子一起讨论这些问题。

了解孩子想要一个怎样的自由空间，判断他想要的自由是不是合理的，这个过程应该是平静的叙述。我们应该接纳孩子想要自由的想法，认真听听他到底想要哪些自由，而不要一上来就用各种责任压制住他的想法。

对于他提出来的自由要求，可以想想都涉及哪些责任，——给孩子提出来就好，自由和责任同时列出来，在孩子可以接受的责任范围内，我们就给他那个范围的自由，因为是双方一起商量的，所以也就不会出现压制或偏袒的感受。

- 不要质疑和干涉孩子的自由空间。

一旦确定了给孩子自由，也就意味着我们要主动放开手，不能说允许孩子在自己房间里自由做事，我们却总是找机会进去看看他在干什么，那是对孩子的不信任，也就意味着我们并没有给他自由。

既然前面我们已经和他订好了约定，自由与责任之间的关系也已经确定了，那就耐心地等待孩子的表现就好。比如，孩子不在家，就不要以"我是为你好"的想法去闯进他的自由空间，而孩子在外面想要自由做些什么事情的时候，我们也不能总是一会儿一个电话追过去问，只要确定他是安全的，是在做有意义的事情就足够了。我们也要尊重孩子想要的自由，有时间的话倒不如好好地过我们自己的生活。

- 不定期地检查孩子是否负起了责任。

当然了，孩子终究是孩子，获得自由时，他可能会表现得很"忘乎所以"，而对责任可能会有暂时性的忘记。所以我们信任孩子的同时，也不要放弃监督的任务，不过不用频繁监督，可以隔一段时间来问问孩子，"过得怎么样？该做的事有没有好好做？有什么收获？"从这样的问话可以看出来，所谓的监督也并不是如大检查一般去严格审查孩子的所作所为，可以将提醒的话穿插到日常的交流中去，提醒孩子不要忘记他的自由是伴随着责任的，相信孩子在听到这些提醒之后，也能想起来自己的自由并不是什么都不做的懒散生活。

当然了，如果孩子很骄傲地回答"我都好好做了"，倒不如趁此表扬一番。比如，孩子很骄傲地邀请我们去参观他整理得干干净净的卧室，就不要吝啬赞美之词。而看到孩子能做得如此好，或者看到他已经养成了良好的习惯，就可以用适当放宽更多的自由作为奖励，同时也可以增加更多的责任，以培养孩子的能力和责任心。

· 当孩子不负责时善用"自然惩罚"。

肯定会有孩子在最开始会表现得不那么负责的，在给孩子自由之前，我们就应该做好这个心理准备。孩子不负责，倒不如用一用自然惩罚。

比如，孩子在自己房间自由生活，但却没有承担整理打扫的责任，我们不要去帮他承担，也别训斥他，只要把除了他房间之外其他的房间都打扫干净就好，时间久了，孩子自然也会意识到自己的房间与其他房间的区别。特别是当有朋友要来时，孩子更会意识到自己如果再不做些什么就会被朋友嘲笑了。当孩子意识到自己如果不负责，自由也会变得不那么舒服时，他自己就会主动去承担责任了。

不过，这种自然惩罚也要针对更合适的事情，如果孩子自由地去做坏事，我们可就要及时制止了，可不要等待自然惩罚，否则代价就太大了。也就是说，那些不会违背道德原则的事情，可以让孩子承担自然惩罚，让他意识到自由只有与责任并行才是真正的自由就好。

教育启示

自由不是我们给孩子吃糖果，他不能只是享受到甜就算了，自由中也包含着一定的责任，只有完成了责任，他才能体会到自由的真谛。我们所谓的"放手"，不是让孩子什么都不干，而是要培养他的责任心，自由与责任是相互作用的，自由中的责任不会让自由变得散漫膨胀，而责任之下的自由也才是真正放飞心灵却又提升素养的自由。

有意识地创设一些困境，与孩子一起去克服

害怕这种情绪是天生的，孩子会害怕很多事，怕黑、怕孤独、怕怪物，当然他也怕遇到困境。其实知道害怕是一件好事，因为有畏惧心，所以就会想要去努力克服，就想方设法去处理问题。从某种角度来说，有害怕的情绪，反倒能让孩子变得勇敢起来。

特别是遇到困境的时候，不管是做事遇到难题不知道该怎么解决，还是遭遇了种种失败感觉自己不能再继续前进，孩子都会产生害怕的情绪，会害怕自己完不成任务，害怕自己因为失败而受人嘲笑，或者害怕其他自己想象出来的不良后果。有的孩子虽然害怕，但却并不会因此而变得萎靡不振，可是绝大多数孩子也许是因为被保护得太好，所以特别是自己独自面对困境时，就会因为害怕而变得缩手缩脚，还开始胡思乱想，最终导致接下来什么事都做不成。

其实要真说起来，害怕并不是懦弱的表现，害怕意味着对眼前的"危险"有认知，而懦弱则意味着不敢接受事实。害怕

是对自己的一种保护，正因为害怕，所以才要磨炼自我。

可是孩子在困境面前的害怕却是不定性的，他感觉到自己产生了这种情绪，但是最初时他并不确定自己到底该怎么办。

如果我们给了他错误的暗示，比如说他"这你也害怕，真是胆小鬼"，或者说"这样你都能输，真是没救了"，这无疑就是在把他向懦弱上推，他会因为困境的存在而变得害怕，进而又变得懦弱。

而如果我们告诉他"这没什么大不了的，肯定有办法战胜它"，或者说"这也是人人都会经历的事，但不是不能战胜的"，那么孩子一定会变得有信心，害怕的情绪最终就能化为他奋斗的动力了。

不过，孩子不可能总是在经历困境，我们也不可能把那么多应该提前告诉孩子的提醒留到那么久之后才说，为了能让孩子在下一次困境到来之时可以应对得游刃有余，或者至少要能基本应对，我们也应该提前教孩子学会应对害怕的情绪，并掌握应对困境的技能。

一个比较好的方法就是，我们可以提前创设一些困境，然后再和孩子一起去克服，让他体会经过自己的努力战胜困境的喜悦，同时通过这样的"演练"，也能让他熟悉遇到困境后行动的流程，以保证他日后自己在困境面前的独立应对。

· 不过多评价孩子在困境面前的表现。

之所以要培养孩子应对困境的能力，是因为我们多半都见过孩子在困境面前的表现，或委屈、或愤怒，有的哭泣、有的发脾气，还有的畏畏缩缩什么都不敢干，也有的躲躲藏藏谁也不想见。

如果真要评价起来，孩子在困境面前的表现都是不尽如人意的。可是，对于正在建立自我独立性的孩子来说，我们对他这些表现的过多评价，对他也是一种伤害。不管是批评他懦弱，还是训斥他没出息，就算是安慰他不要哭，都会让孩子对困境的负面情绪被放大。

所以，当发现孩子无法好好面对困境时，我们就要暂时先关闭"评价功能"，此时要意识到孩子不能正确地应对困境，可以先观察一阵子，如果发现孩子自己依然无法走出困境带来的阴影，或者根本无法继续向前，到那时我们就该想办法来教孩子学习应对困境了。

・根据孩子的特点去创设困境。

不同的孩子在困境面前会有不同的表现，性格外向的孩子，可能当时觉得很难过，但他的情绪调整得很快，只不过不知道该怎么应对罢了；性格内向的孩子则相反，他纠结的是自己的情绪和他人的看法，大脑光想这些就被占满了，自然也就无暇再顾及该怎么处理问题了；男孩对困境的看法会与女孩的看法有所不同，包括表现也会存在差异……所以，在创设困境时，根据孩子自身的特点来对他进行更有针对性的训练比较好。

对于性格外向的孩子，重点可以放在该如何多动脑筋上，这样的孩子大大咧咧的，往往都会因为不能更细致地思考而无法解决困境；对于性格内向的孩子，创设的困境重点就要放在教他克服自身不良情绪上，然后再教他方法，只要他能解开内心的结，后面的方法也就不成问题了；男孩着重在对遭遇困境后的问题的细节方面，女孩则是要多培养她勇敢面对的勇气。

具体到困境的内容，可以是生活上的，比如假装丢了钥匙进不去家门，可以和孩子一起想想能怎么办；也可以是学习上的，比如给孩子故意找一些一下子解不出的难题，引导他思考该如何应对这种一眼看上去就不好对付的困境。

· 为孩子展现一个更合理的克服困境的过程。

虽然说是要和孩子一起克服创设出来的困境，可我们也不能说是手把手地教孩子每一步都怎么做。所谓的一起克服，更好的说法应该是我们和孩子的通力合作，也即是我们在这个过程中要有自己的思考，同时也要引导孩子思考，我们想到一些方法，自己也要将这些方法付诸行动，孩子也要一起想办法，他也要付出行动。

这种应对困境的"演练"，是我们一起进行的，不仅表现出方法来，也要让孩子从我们身上有所收获，他应该学会控制情绪，学会多角度思考，学会运用简单实用的方法，而这些都是通过我们的表现来实现的。

所以，虽然说是要一起，我们也不能只起到一个参谋的作用，毕竟对于年纪小的孩子来说，就算告诉他再多，如果没有示范，他也一样不知道该怎么办。

另外，在和孩子一起克服困境的过程中，我们也要把握好自己的角色。

· 抓住孩子真正遭遇困境的机会。

给孩子创设的困境终归是有一些假设的成分在里面，有时候这些困境也会因为我们的不忍心而变得不那么困难。

但是，在这个过程中，孩子的生活和学习依旧在继续，所以他不可避免地会真的碰到困境。这时候，我们就要抓住这个很好的实战演习的机会，可以和孩子一起面对这些困难，引导他想想之前在那些经历过的"困境"中他是怎么做的，让他在实战中得到锻炼。

可以给他一些简单的帮助，还是要多鼓励，但不要帮助得太多。比如，可以引导他想想之前遇到的类似的困难是怎么做的，如果情形类似，允许他参照之前的做法也是可行的，只是我们一定不要提醒得过多，毕竟这些都是孩子自己的经历，所以让他自己做战胜困境的主导者才能更好地培养他的独立性。

教育启示

困境是生活中的"必需品"，有了困境，生活才显得完满，因为困境会让人成长，经历过磨难战胜了困境，人才可能会迎来顺境。孩子对困境的应对是不成熟的，如果单独将他丢在困境面前，他会显得紧张、害怕而不知所措，所以我们越早开始通过创设困境来对他进行锻炼，他也就能越早从我们身上学会积极应对困境的态度与方法。

尽早教孩子掌握骑自行车、游泳等基本技能

说起骑自行车、游泳这样的事，很多人会将它们归类为"运动"，让孩子学习也只是为了能让他锻炼身体罢了。

尤其是现在很多家庭都有了汽车，不管去哪儿都坐车，孩子上下学也多半都是车接车送，骑自行车便不再成为主要的出行方式。

而对于很多人来说，对游泳更关注的是它所起到的对身体的锻炼作用，比如可以减肥，可以提升肺活量，可以塑造身材，等等。

所以，不管是骑自行车还是游泳，都不过是一种休闲消遣类的运动，甚至是可做可不做的，只要孩子不喜欢，那不学也没什么问题。

但是，与打篮球、滑轮滑这样的运动不一样的是，骑自行车、游泳这样的"运动"要更重要一些，很多时候它们甚至会成为救急甚至救命的手段。比如，赶着要办什么事，偏巧汽车等其他出行工具都不方便，自行车就是此时最佳的救急工具；至于说游泳，如果不小心落水，那游泳就更是保命的唯一技能了。

所以人的一生中，有些事不用学习也没什么，但有一些事却是一个人一生中应该或者说必须要掌握的基本技能，越早学会越好。

也许有人会反驳说，现在社会发展迅速，生活也变得越来

越便利，再说孩子的安全问题也是人们格外重视的问题，哪里就会那么倒霉让我们的孩子遭遇不好的事情呢？话可不能这样说，世事难料，谁能预料到下一秒会发生什么？俗话说"艺多不压身"，更何况是学到的可救急、保命的技能。再说了，骑自行车、游泳这样的技能也的确可以起到锻炼身体的作用，学会了怎么看都是不吃亏的。

• 合理劝说孩子学骑车、游泳等基本技能。

只有感兴趣的事，孩子才会愿意主动去做，所以这里所说的"合理劝说"，就是要求我们能调动起孩子对骑自行车、游泳等基本技能的学习兴趣。

如果孩子一开始就对骑自行车、游泳感兴趣，那再好不过，可以顺势问他要不要去学，假如他愿意，那一切也就顺理成章了。

可如果孩子一开始对此并不感兴趣，我们也别逼着他必须去学，先带他看看其他孩子、其他人骑自行车时的顺畅感与快乐感，带他去游泳池看看那些在水里劈波斩浪的人又有怎样的表现，引发孩子对这些技能的好奇心，之后再让他学习会容易许多。

注意不要提醒孩子"学会这些才安全"这样的话，否则他会认为自己的生活是不安全的，这反倒给他带来了心理压力。一定要让他觉得学习这样的技能是愉快的，他才会更愿意学习。

• 一定要将安全意识教给孩子。

即便是可用于救急、保命的基本技能，却也不是万能的，骑自行车要注意交通安全，而游泳则更要注意人身安全，所以一方面是要学习救急、保命的基本技能，另一方面却要注意在使用这些技能时同样也要注意安全。

就拿骑自行车来说，如果是孩子骑的儿童型自行车，最好不要上马路，即便是在非机动车道也不行。骑车也要注意速度，不能太快，尤其是在人多、障碍物多的地方，更不能横冲直撞。同时，骑车也要避开危险地带，水坑、狭窄的路段、陡坡或者高台等地都是不能骑行的。

所以，最好给孩子找比较专业的老师，让他们来给孩子一些更为科学合理的教育，当然我们自己平时也要记得多提醒孩子注意安全，让他在头脑中形成深刻记忆。

· 鼓励孩子积极锻炼而不是借此毫无顾忌地玩乐。

一旦孩子学会了骑自行车或者游泳，当他掌握这些技能越来越熟练时，他可能会开始炫耀，会和同伴们比赛甚至彼此逞能。我们该多鼓励孩子以锻炼为目的，将自己的这些技能磨炼得更熟练，最好不要只是单纯地借此玩乐。特别是有些孩子自恃技能好，就做一些危险的事情，比如骑车不扶车把，游泳非要深潜，这些行为都非常危险，孩子如果只顾着好玩，就会让这些救急、保命的技能反而变成最大的危险因素。

平时我们也可以参与到孩子的这些活动中来，在这个过程中提醒他多锻炼自己，而不要炫耀技能，同学习其他知识一样，基本功越扎实，等到以后再用这些技能时才会越顺手。

· 引导孩子发现并学习更多的基本生活技能。

虽然说了这么多与骑自行车、游泳有关的内容，但实际上，生活中还有许多基本技能，比如手洗衣物、做菜煮饭、简单工具的使用等。可以说，在每个年龄段，孩子都可以学习一些相应的技能。倒不如说，孩子会的越多，他未来的生活才越有保障，特别是对于他的独立生活，这些技能都能保证他生活得游刃有余。

可以鼓励孩子多发现生活中的技能，然后我们再根据他的年龄、能力等综合条件，适当教他更多的技能，或者寻找更合适的老师来教他，总之我们的目的是将孩子培养成一个可以完全自己应对未来人生的生活达人。

教育启示

生活是慷慨的，它给了我们很多可以学习技能的机会，让我们通过掌握技能来避免更多的危险。对于孩子来说，没有人能成为他一辈子的保护者，更何况他最终要独立面对生活中的一切，所以学习必要的生活基本技能是他迈向独立的重要一步，而且也是非常关键的一步。所以只要有机会，就要多教孩子学习这样的技能，他会得越多，他的生活才会越有保障。

对孩子的事不"包办代替"，不做"奴仆型父母"

孩子还是婴儿时，我们总要花费许多的时间和精力来照顾他。但当孩子渐渐长大，我们就应该从帮孩子做事改为教孩子做事，这样孩子才能渐渐学会许多技能，并逐渐拥有独立生活的能力。

现在很多家庭都是独生子女，父母对孩子过于溺爱，什么都不舍得让他做，自己甘当孩子的"奴仆"，处处为孩子代劳，对他的事情简直可以说是"包办代替"，而且还听其"指挥"，演绎了典型的"孩子呼，应勿缓；孩子命，行勿懒"！

不但如此，有的家庭甚至爷爷奶奶、外公外婆四人也成了孩子的奴仆，而在这种"仆人"颇多的环境中长大的孩子极易自私自大、任性妄为、吃饭挑食、不求上进。

可见，这些由"奴仆型父母"精心服侍出的"小皇帝""小公主"无论在心理上还是生理上都不够"尊贵"。由于长期受到父母"无微不至"的照顾，孩子往往没有承担责任的能力，而且依赖性很强。

不但如此，"奴仆型父母"培养出的孩子往往不懂得生活中有"不可以""不应该"等概念，他们会觉得只要自己愿意，一切事情都可以去做，而且父母应该毫无理由地满足自己的心愿。同时，他们也非常自私，内心感觉不到父母、家人以及其他人的愿望和需要，仅仅关注自己的感受。

有个男孩升入了寄宿制初中。但因为之前在家被父母"伺候"惯了，生活自理能力就差得很。入学还没几天，脏衣服就攒了一堆，看到其他同学洗衣服，他也学着把衣服泡在水里，然后倒上洗衣粉。但是，他不知道怎样洗，于是将衣服泡了很久之后，就用水冲一下了事了。可是，他发现衣服并没有洗干净，甚至有些洗衣粉还没有涮干净，衣服看上去反而更脏了。

周末放假回到家，男孩就开始抱怨妈妈不能及时为他洗衣服，妈妈这时候却下了狠心，硬是让孩子自己洗。可是男孩却要求妈妈为他买洗衣机，把洗衣机送到学校宿舍，遭到妈妈拒绝后，他竟然大闹起来，说："你们生了我，又让我到那去上学，竟然连洗衣服这样的问题都不帮我解决。难道要我天天穿脏衣服上学吗？"

这时，妈妈才后悔以前照顾他太多了，而妈妈提出要教他洗衣服时，他却闹情绪不肯学，说这是妈妈应该做的，不是自己分内的事。

出现这样的状况，是迟早的事。但凡做父母的对孩子有一定的教育敏感度，都不会在孩子十几岁时，还如此"无微不至"地照顾他。遗憾的是，尽管很多父母都明白这个道理，可就是做不到，忍不住去包办代替，结果生生地把一棵参天大树的种子培养成了温室幼苗！

类似这样的例子其实有很多，我们经常能看到一些媒体报道，说一些大学生开学后不久就给家里快递一个大包裹，里面装的都是脏衣服，让妈妈洗干净后再给他快递回去……

今天的孩子得到父母的千般重视，并被寄予了莫大的希望。如果父母在日常生活中把自己置于孩子的"奴仆"地位，处处为孩子代劳，那孩子还能真正成长吗？为他付出再多，寄予期望再高又能如何呢？即使他的成绩很高，知识很丰富，但一个连自己都照顾不好的人，何谈为他人付出和奉献呢？恐怕连最起码的家庭责任，他都担负不起。

父母怜爱孩子，孩子依恋父母，这本是一种天性。但是孩子若对父母过于依赖，父母事无巨细地照顾和保护孩子，反而会让孩子失去了独立生活的机会，这样等于限制了孩子能力的发展，久而久之他便会变得平庸甚至无能。

照顾孩子，不等于做他的奴仆。虽说爱家庭、爱孩子的父母需要有些奉献精神，但却一定要区分奉献精神和给孩子做奴仆的区别。毫无原则地为孩子做奴仆不是奉献精神，而是溺爱。而且，家庭成员间的关系是孩子见到的第一个人际关系模式，如果父母给孩子做出失去自尊和原则的反面榜样，孩子所见到的第一个人际关系模式就没有平等可言，那么他长大后也很难形成真正的自尊心、平等意识以及独立性。

设想一下，当我们变老的时候，体力和精力都逐渐衰退以后，如果孩子还没有学会独自面对生活，遇到困难还是只会向父母哭诉，而父母此时已经无力再处处为他代劳，这将是怎样的一种悲哀？对于因教育方式不当，而没有教好孩子的父母，法国教育家、思想家卢梭曾这样形容他们的处境："他将因为自己的错误而流许多辛酸的眼泪，而且永远不能从哭泣中得到安慰。"希望这些话能够引起父母的深思。

可父母到底该为孩子做些什么？哪些事可以做，哪些事不能代劳呢？

• 孩子力所能及的事，要让他自己做。

凡是孩子能力范围之内的事情，父母就不要为他代劳，而是让他自己做。如自己上闹钟，自己起床穿衣吃饭，收拾自己的房间，做适当的家务，洗自己的衣服，等等。

千万不要认为孩子还小，做起来很辛苦。其实，在年幼孩

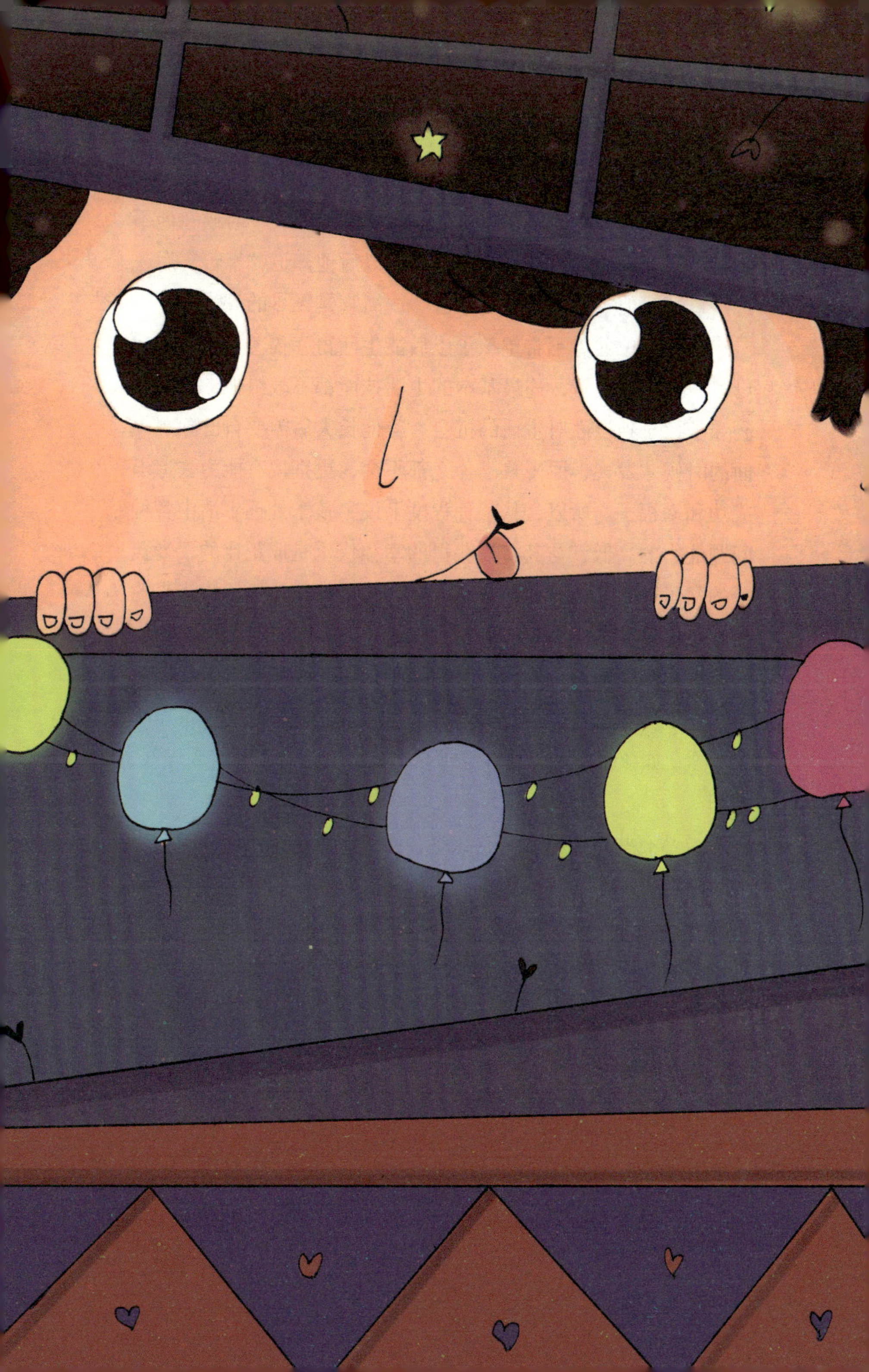

子的头脑中是没有"辛苦"这个概念的。但如果小时候在他不知道"辛苦"的时候没有学会这些,以后他知道"辛苦"后,这些事情对他来说岂止是"辛苦",简直是无尽的"痛苦"。

没有哪位父母不希望孩子以后能生活得幸福美好,但是父母若一直为他代劳,连最基本的生活技能都不教给他,就等于剥夺了孩子独自面对生活的机会。等他长大后需要自己独当一面的时候才发现,原来自己什么都不会,更别说有能力去追求成功和幸福了。所以,从某种程度上说,孩子处理生活中各种问题能力的高低,与其将来获得的幸福快乐是成正比的,爱孩子的父母一定要舍得让他自己做事,因为这是让孩子为未来的美好打下基础。

- 对孩子有难度的事,要教给他做。

有的父母也许会说,有些事孩子做起来还很吃力,甚至不太安全。如孩子学做饭,不但要与水火打交道,还要使用煤气、菜刀。

虽然有些事情看起来有点难,但孩子到了一定的年龄后,通过学习就能掌握其中的技巧。如果父母加以指导和嘱咐,告诉他一些需要注意的安全事项,孩子还是可以完成的。但在学习的过程中,需要父母时常在旁边指导和监督,以防发生危险。

可能有的父母会感慨,费心费力地教他做,还不如自己做事简便省力呢!但教育孩子本来就需要很大的耐心,现在省心,以后会费十倍甚至百倍的心,而且还不一定能把孩子教好。所以,父母不要怕麻烦,教孩子一定要有耐心。

- 在孩子遇到困难时，要鼓励他做。

不管是成人还是孩子，生活中难免会遇到各种各样的问题。在孩子遇到困难时，父母不要想大显身手地说："这可难不倒我，交给我好了！"而是应该鼓励孩子从不同的角度思考解决问题的方案，并告诉他："我相信，你一定能够做到！"

在父母的鼓励下，孩子就有了信心，并积极努力地寻求解决之道，很多时候也许他自己就能把问题解决掉了。而奴仆型的父母这时也许会迫不及待地帮孩子解决问题，这样孩子下次遇到问题的时候根本就不会动脑思考解决方案，而是会直接去找父母，让父母帮他想办法。如果父母不能解决问题，孩子甚至会埋怨父母无能。

事实上，每个孩子最初来到这个世界时，在能力上是没有太大差别的，他们同样都能学会走路说话。而之所以以后的能力会有很大差别，则是因为其后天的成长环境和受教过程不同。所以，父母应该鼓励孩子相信自己的能力，让他拥有独立面对困难的勇气。

- 给孩子机会，让他为父母代劳。

当孩子拥有了一定的能力，可以帮助他人时，父母就可以请他为自己代劳，同时也应该鼓励他帮助别人。

"奴仆型父母"也许会想，不需要帮孩子做事，已经很满足了，为什么还要让孩子给自己做事呢？要知道，每一个人生来就有孝养父母的责任，虽说孩子在小的时候没有能力孝养父母，但孩子的孝道品行却需要从小培养。

如果从孩子年幼起父母就经常请他为自己做事，等他长大后就会觉得侍候父母、体贴父母是天经地义的事，做起来也很自然。

但若父母一直为孩子代劳，却从不让孩子为自己做事，等父母年老后，他就会觉得父母很麻烦：不但不能帮助自己，还要处处麻烦自己。"子不孝，父之过"，"奴仆型父母"虽然辛劳，却难以培养出贤孝的子女，当然这样的子女也难有担当精神，也难以遇到提携他的贵人，更难以在未来的社会立足与生存。到那时，将悔之晚矣。

教育启示

从孩子出生起，其语言、行动、思考等各种能力都是在不断的学习和使用中获得的，处处为孩子代劳，等于剥夺孩子在生活中培养、锻炼各种能力的机会。从孩子的长远发展来看，给予孩子过多的爱护并不是他的福气，孩子迟早要离开父母独立生活。所以，从小培养孩子的独立意识和能力，才是对他真正的爱护。那就请父母收起自己那双"奴仆式"的手吧！

适当给孩子一些钱，教他试着学习理财

在德国，父母在孩子小时候会为他讲述理财的童话故事，用童话来讲述对待金钱的态度以及理财的道理，为孩子打开理财之门。

培养独立自主精神的 9 种方式

在美国，父母们则从孩子 3 岁起就对他进行金钱教育，让他学会赚钱、花钱、与人分享钱财，让孩子意识到不管出身穷富，都应该有工作欲望和社会责任感。

在英国，孩子们同样是从幼儿期就开始接受理财教育，在不同的阶段还有不同的要求。比如，5~7 岁的孩子要懂得钱的来源及用途；7~11 岁的孩子要学习管理自己的钱，认识储蓄的作用；11~14 岁的学生则要懂得影响消费和储蓄的因素，并努力学习提升个人理财能力；14~16 岁的学生就要学习使用包括预算、储蓄在内的金融工具了。在英国人看来，能省的钱却不省是很愚蠢的行为。

而在日本，有一句教育名言："除了阳光和空气是大自然赐予的，其他一切都要通过劳动获得。"日本人鼓励孩子要自力更生，不能随便向人借钱，主张让孩子自己管理自己的零用钱，并鼓励孩子利用课余时间打工挣钱。等孩子长大一些后，父母会要求孩子准备一本账本，以记录每个月零用钱的收支情况。在孩子的整个教育过程中，以借钱和让钱增值为主要内容的理财教育必不可少，让孩子从小就生活在一种具有强烈理财意识的环境氛围中，从而逐渐形成善于理财的品质与能力。

在法国，父母们从孩子三四岁时起就开始进行"家庭理财课程"的教育，教他们学习区分不同面额的纸币，明白金钱与购买之间的关系，让他们建立理财的意识。大约在孩子 10 岁左右时，父母们会给孩子设立个人的独立银行账户，让他从小就学会明智、科学地理财，而不是机械盲目地理财。

……

以上这些，都是外国父母在孩子理财方面的教育，接下来再来看看中国的父母们在金钱教育方面的表现吧！

很多孩子小时候是不能接触钱的，因为我们怕他弄丢了，怕他不小心都花掉。可是当孩子成长之后，我们却又突然给了他零用钱，不仅如此每年他还会收到很多压岁钱。之前一直不知道钱的孩子，突然有了这么多钱，有的不知所措，有的开始胡花乱花。

虽然不排除会有孩子接受理财教育，可是毕竟还是少数，大部分孩子的常态是：爸爸妈妈给钱，我就毫不犹豫地花掉，买各种吃的、用的、好玩的，手里没了钱，再去找爸爸妈妈或者其他亲戚要，总能要到的。

结果，很多孩子养成了花钱大手大脚的习惯，而且还出现了嫌贫爱富的表现，甚至有还是小学生的孩子就表现出了拜金主义的苗头。

所以，我们最好也要关注一下对孩子的理财教育或财商培养。孩子虽然还小，可是开展理财教育却刻不容缓。不能说等孩子长大了，他自然也就会花钱了，如果我们不系统科学地进行提前教育，孩子对金钱依然会没有概念，一旦养成毫不吝惜钱财的坏习惯，那么不管是我们的钱财还是他自己赚得的钱财，都会如流水一般很快就被他挥霍掉。如果这个坏习惯养起来，孩子一旦得不到自己想要的钱，发脾气、闹一闹可能还是轻的，他可能会不惜用欺骗的手段，甚至发展成去偷、去抢，这可就成了有违人伦道德、触犯法律的严重问题了。

而越早开始规划孩子的"理财人生",教他好好处理金钱这个"烫手山芋",他才能越早建立起正确的金钱观,自然也就能在未来好好地处理与金钱有关的一应事宜了。所以,与其等待观望,不如行动起来。

·给孩子来一个"进阶式"金钱教育。

不同年龄段的孩子对某些问题的理解能力会逐步上升,所以我们也应该尊重这个提升过程,在金钱教育方面也可以给孩子来一个进阶式的教育。

最初可以先从教孩子认识钱币开始,待他熟悉之后,再告诉他钱币都能干什么,出门买东西的时候也让他看看钱币的使用都是怎样的。待孩子再长大一些,就可以在我们的陪伴下,让他亲自体验一两次购买的经历,让他感受一下钱币与货品之间的交换过程。之后,等他有了可以独自消费的能力,再给他介绍钱财的合理使用方法。当他可以自如地控制自己手中金钱时,可以将一些理财工具、理财产品介绍给他。

进阶式的教育始终能让孩子对金钱保持一种新鲜感,而各个教育阶段,也能帮孩子逐渐认识到金钱的真正面貌。

·教孩子尊重金钱。

如果使用得当,金钱是一个家庭中必不可少的"日用品",但是金钱却并不是大风刮来的,更不是随随便便就能得来的,是需要我们付出劳动才能换来的。这个道理我们懂,但孩子不懂,他对待金钱的态度,很可能会和他对待其他玩具一样,如果可以用金钱交换来他喜欢的东西,他也会毫不犹豫。

有的父母不愿意将这个道理告诉孩子,原因是不想让孩子有负担，也不想让孩子因为金钱问题而受苦。这是个错误的想法，钱财来之不易，理当心怀感激地去使用，并懂得珍惜，这样的道理一定要尽早告诉孩子。

带孩子看看挣钱的过程，不一定是看我们自己的挣钱过程，卖菜的大叔、打扫卫生的阿姨、卖煎饼果子的大婶、公交车上的售票员阿姨、送快递和外卖的"小哥"……这些人的辛勤劳作，都是最直接的挣钱过程，我们不仅要让孩子感恩他们的辛苦，也要让他从中意识到，挣钱不是一个轻松的过程。特别是如果我们自己就从事着很辛苦的工作，比如出租车司机，那就找一天，带上孩子让他感受一下这份工作的艰辛。

孩子只有了解了挣钱的不容易，才会尊重金钱，日后再对他说要爱惜钱财时，他才能从内心深处产生这样的主动意识。

· 规范我们自己的金钱观。

都说孩子是父母的镜子，孩子在金钱方面的不够理智，往往都是父母的"榜样作用"在发挥效果。若想要让孩子具备正确的金钱观，显然身为父母的我们应该先规范自己的金钱观。

作为一个有自我控制能力的成年人，我们花钱要有节制，不在心血来潮时消费，特别是不在网上疯狂购物。要对自己手中的钱财有一个合理的分配，不盲目购置奢侈品。特别是一些习惯性的"月光族"，这种习惯可不要让孩子感受到。像什么"孩子帮着爸爸妈妈省钱"这样的桥段，只不过是小说里写的，现实生活中可不会那么幸运，我们怎么表现，孩子就会怎么跟着学，所以还是先做好自己，再去教育孩子才更有效果。

培养独立自主精神的9种方式

- **依照家庭习惯与现状来教孩子理财。**

现在社会上有很多教育孩子理财的经验,国内外的都有。不过,我们不能只为了让孩子学习理财就去接触一些高大上的理论经验,因为每个家庭都有自己的习惯与现状,有一些理财内容即便学了也许在家里也用不上。

比如,一个很清贫的家庭,本身可供孩子支配的零用钱就不多,那么我们就不妨将教育的重点放到教孩子合理使用零花钱上,教他怎么将手中不多的钱用在更有意义的地方,教他该怎么节省使用钱财;如果是一个普通收入的家庭,孩子偶尔会收到较大数额的压岁钱,那除了一些基本的钱财使用原则之外,就可以在合适的时间教他学习使用储蓄工具;假如是一个富裕家庭,钱财的周转完全无压力,那就不妨教孩子学习一些投资理财内容。

理财并不是一个固定统一的硬性教育内容,根据自家实际情况来教孩子学习理财,更符合他的生活实际,这样他才能学到点子上。否则,如果家庭经济状况不好,还要让孩子学习投资理财这样的高端内容,一来他不能理解,父母本身也没法成为他的榜样;二来,他也没有足够的钱财去进行锻炼。当然,尽管不能进行实质性的训练,但却可以引导孩子通过网络或相关书籍对这项内容有一个大概了解,就当是丰富他的理财常识了。

教育启示

金钱本身具有一定的灵性,合理使用会让这种灵性得以显现，而且也能让自己的生活得到这种灵性的帮助。就像俗话说的"你不理财，财不理你"，其实也该这样说，"尊重了钱财的灵性，钱财才会予以我们关注"。对于孩子来说，理财并不是长大后自然就会的事情，趁着他渴求知识的阶段，将正确的金钱观念传递给他，让他也能成为理智用财的达人。

与孩子生活有关的困难或家中大事，要倾听孩子的想法

有一个孩子在自己的日记中写了这样一段话，"控诉"自己被排斥在家庭之外的不满：

我偷听了爸爸妈妈的谈话，爸爸要调动工作了，好像全家都要搬到另一个城市去。但爸爸却没直接告诉我，他和妈妈两人都神神秘秘的，我问他们怎么了，他们也不说，反倒是训我说"小孩子别管那么多，好好学习就行"。

为什么不告诉我呢？如果他们说的是真的，我的朋友们怎么办？我要在那边上初中了吗？一想起这些，我就觉得好紧张。爸爸妈妈什么都不跟我说，我有种被排斥的感觉。

不过类似这样的事好像在很多家庭中都很常见。"家家有本难念的经"，谁家没那么几件事呢？谁家都有可能出现让人头疼的问题，有些问题可以轻松应对，可有些问题就变成了家

中的困难。

当然了，有些问题也许不应该称其为问题，而一些重大事件，比如搬家、换城市居住、调动工作、家中成员变化等，这些大事件也是每个家庭所要面临的种种抉择。

不管是困难还是重大事件，原则上来说都应该是全家人一起面对、承担的，当然，这个"全家人"也包括孩子。可是，有多少父母会主动告诉孩子家里发生了什么？有多少父母即便敏感的孩子已经察觉到并过来询问了，他们还依然面作轻松装什么都没发生？有多少父母哪怕是训斥孩子一顿也不肯让他知道家里发生了什么？

我们一定会说："孩子还小，告诉他没什么用，他除了哭，要不就是添乱，什么忙都帮不上。更何况，这样的生活重担还远不是他能承受的，现在他只要好好学习就够了。"

可孩子也是这样认为的吗？当然不是了。他一定会感受到家中的气氛，特别是爸爸妈妈或愁眉苦脸或烦躁不堪的样子，有时候会因为他的不听话而来一番没头没脑的训斥，有时候即便他没做什么，也可能会被拎过去，再被苦口婆心地教育一顿。如果再出现爸爸妈妈彻夜不眠的生活状态，或者家里吃饭也没什么好吃的味道，孩子更是能意识到家里出问题了。

面对这样的家庭环境，孩子也会受到其感染，他的生活也会变得战战兢兢，也可能会出现睡眠饮食问题，还可能会因为家中压抑的气氛而影响到自己的情绪导致学习的不稳定。而看到孩子这些表现，本来就很困难或因事件折腾得劳累的我们，一定会感到更加烦躁。

有些重大事件，比如像前面那个孩子家中所遇到的，父母要调动工作搬去另外一个城市，如果我们没有提前告诉孩子，突然而来的变动还会引发他的不满，并会因为即将离开熟悉的环境和人而感到难过甚至发脾气。

不管是哪一类的事件，我们不告诉孩子的本意不过是想要保护他的情绪，可最终结果反倒变成了孩子因为我们没有提前说明而闹了情绪。

其实这些事，主动告诉孩子就好了。从大方面来说，孩子是这个家庭中的一员，家里发生了什么，即将可能出现怎样的变故，每位家庭成员都有知情权，孩子自然也有权利知晓。不要低估了孩子对某些事情的承受能力，让他知道事实一方面是我们再处理起事情来会更方便，不会再因为要躲避、隐瞒着孩子而放不开手脚；另一方面，孩子在某些时候也能提出一些很有用的建议，全家人齐心协力应对困难这不是很好吗？

因此，不管是生活中遇到了什么样的困难，还是家里即将要发生怎样的重大事件，斟酌一下该怎样表达，将事实告诉孩子比较好。

·用简单易懂的话将详情告知孩子。

很多事用一两句话都可以简单描述，特别是和孩子说的话，没必要那么复杂，简单将一件事整理一下，前因后果一描述，能让孩子听懂就够了。而且，只要孩子不多问，就不要进行过多的解释，否则解释得越多，孩子反倒越不能好好理解。

另外，也要选择一个合适的时机把发生的事情告诉孩子，在事情刚发生时，不用第一时间让孩子知道，我们可以先自己想想办法，或者先按照自己定下的计划、节奏去执行，当我们觉得事态发展不那么颠簸不稳时，就可以和孩子讲一讲了。说的时候也不要给孩子来个突然惊吓，最好保持平稳的态度，将发生的事情冷静地告诉孩子就好。

- 允许孩子发表自己的看法。

随着成长，孩子的思想发展也是飞速的，对一件事也会有自己的看法和意见。如果孩子想要就我们所告诉他的那件事发表什么意见，一定要让他说出来。有些父母觉得告诉孩子发生了什么事就算了，没必要听孩子再说什么，自己都忙得焦头烂额，哪里还有空儿听孩子的幼稚想法。

其实不然，我们不能只想着"告诉孩子也没用"，倒不如想想看"孩子有什么看法？没准儿会有什么好提示"。孩子想要表达的话，就让他表达好了，哪怕他说的不对，但这也意味着他对发生在家里的这件事上了心，这其实也是培养他有家庭责任感的一个绝好机会。

对于孩子说出来的内容，别当耳旁风，如果觉得有道理，带入问题想想看，虽然他说的是童言稚语，但他的一句点拨可能就会让我们灵光一现，问题也就迎刃而解了。

而对于家中发生的大事件，孩子自然也是有发表自己看法的权利的，听听他的感受也没什么不对，特别是孩子会因为一些变动而产生不良情绪，允许他发表看法其实也是允许他发泄一下坏情绪。

- 不要将怨气都发泄到孩子身上。

前面提到了情绪，不管是遇到了困难还是什么其他事情，我

妈妈有智慧，孩子才优秀

们总会因为压力而产生不良的情绪，特别是困难当头，不知道该怎么办的现状就会引发我们的不良情绪。这个时候，一定不要将怨气发泄到孩子身上，因为这个困难不是他带来的，出现了什么大事也不是他导致的，孩子不能成为我们发泄的对象。

如果感觉烦躁，就让自己休息一下，暂时干点别的轻松一点的事以放松精神，当然也可以和孩子诉说一下自己的烦恼，听听孩子的劝慰之语，虽然幼稚但也应该会让自己得到一定的慰藉。

- 与孩子一起为解决问题而努力。

困难面前最好的表现应该是全家人齐上阵，齐心协力想办法解决问题，战胜困难。所以，不要把孩子排斥在家庭之外，如果有需要他做的事情，让他也为家庭尽一份力，他一定会愿意认真完成的。因为看到爸爸妈妈为了家庭这么努力，他也会受到感染，他的努力应该会比任何一个家庭成员都更坚定。

教育启示

家中出现了困难、重大事件，告诉孩子是天经地义的事情，不告诉孩子反倒是一种对孩子另类的隐性伤害。因为孩子会觉得自己被排斥了，而且他也会认为自己是不需要操心的，这无疑就导致孩子变得冷漠起来。而与孩子多商量，和孩子一起努力，孩子体会到了被尊重的感觉，他也会更认真对待家庭，更愿意为家庭出力，他的家庭责任感也就自然培养出来了。

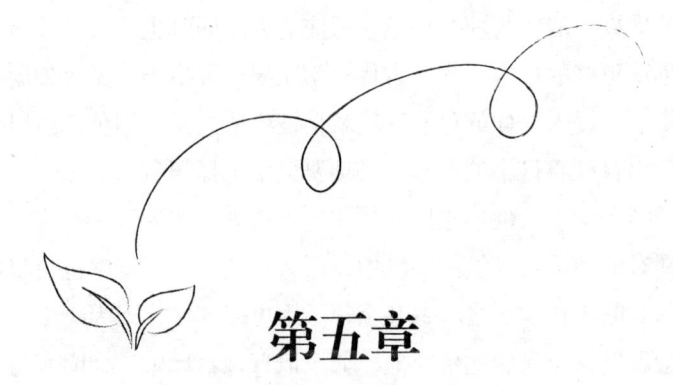

第五章
教孩子轻松爱上学习的 11 种方法

> 学习是一个人一生都要去做的事,特别是孩子,未成年时期是学习的最佳时期,这一阶段学习的内容可以算得上是一个人未来的基础,所以特别重要。不过不是所有孩子都喜欢学习的,所以需要父母多用一些智慧,想办法来教孩子轻松喜欢上学习、学会学习。

给孩子营造一个舒适的学习环境，尽量不在家搞娱乐活动

环境造就人，一个人身处怎样的环境，他就将受到那个环境的熏染，变成与那个环境相适应的人，同时也变成继续维护并创造更好的环境的人。古代哲学家墨子曾指出，做人如同布匹染色，浸入怎样的色彩环境就会被染成怎样的颜色，所以要想染出自己心目中的色彩，必须要慎重选择颜色。

孩子学习这件事也同样适用这个道理，如果孩子一直在一个拥有浓烈学习气氛的环境中，那么他在不知不觉中也会将更多的时间用在学习之上，甚至都不用再多催促，因为家中的那种学习气氛会强烈地感染他，如果他只顾着玩乐，会明显与家中的气氛不相符，他也会知道自己所制造出来的不和谐持续不了太久，所以很快也就会投入到学习中去了。

相反，如果孩子处在一个并没有学习气氛的家庭环境中，比如家中总是搞一些娱乐活动，那么他多半也不会在学习方面投入过多的注意力。当然也不排除有孩子能在这种烦乱的环境下还能保持"灵台一丝清明"，可那需要非常强的意志力才行，明显并不是所有孩子都有这样的意志力。

其实很多人也能意识到要给孩子创造一个良好的学习环境，才能让他更好地学习。但是，我们对家中学习环境的圈定，却只限于孩子自己的房间而已，也就是在他自己的房间里，为

他布置了充满学习氛围的空间,可一旦他出了屋子,那就是另外一个环境了。

相信很多妈妈都对孩子说过这样一类话:"回你自己的房间,关上门好好学习,别管外面怎么了。你要专心才能学进去,才可能有好成绩。"说完这话之后,妈妈就该干什么干什么,哪怕是唱歌打牌也毫不在意。殊不知,孩子的学习环境哪里会是那么小的一个空间范围?就算让他关上自己房间的门,就能保证他与外界的嘈杂隔离了吗?当然不是了!

为孩子创造一个良好的学习环境,其实是指整个家庭的环境,不仅是孩子自己的房间里要有合适的学习环境,家庭中的其他环境也要在他学习的时候尽量保持一种学习的状态。

首先来看看对孩子房间的布置。多数家庭中,孩子的学习、睡觉等活动都在他自己的房间里完成。所以如果孩子的房间兼有学习的功能,那么我们最好给他布置一个合适的学习空间。

在书桌、书柜这一空间里,最好不要有玩具、图书、电脑等各种可以转移他注意力的东西存在,这些东西都要归类放在更合适的位置。孩子的房间布置也不要太过华丽,特别是他学习的区域,只要干净、整洁、朴素就够了。

还要为孩子准备好足够的学习用具,文具、工具书、练习本等都要提前准备好,以保证孩子不会因为要用的时候找不到东西而中断学习。

准备好这些东西之后,其实就相当于准备好了让孩子学习的硬件,但是最重要的并不是这些,而是接下来的"软件"准备。

当孩子进入学习状态时,我们就要收敛自己的行为,特别是不要选择在这时候大声地闲聊、开大声看电视，至于唱歌、打牌这样的活动就更要避免了。给孩子一个最基本的安静的有助于集中注意力的环境，这是让他能专心学习的最基本保障。

那么是不是孩子不学习的时候就可以尽情娱乐了呢？其实也并不建议这样做。当孩子不学习的时候，我们也完全可以有一些更合理的娱乐休闲项目，哪怕是一起看看书，或者听听音乐，看看有意义的影视片，出门去锻炼，找个合适的地方去游玩一趟，这些都是可行的。唯独那些简单的娱乐项目，最好不要过多地举办并参与进去，特别是有些人很喜欢热闹，不仅自己玩，还会拉上朋友、邻居等一起玩，这样的环境会让孩子也跟着变得浮躁起来。

孩子原本就喜欢玩耍，当他发现大家都在玩、都在享受的时候，只有他自己一个人要闷着头去看书学习，这对于他的内心会产生异样的冲击，自控力不强的孩子可能会选择顺从自己也想要去玩的心。

显然和孩子的学业相比，我们的娱乐少几次不算什么，凡事都以处于学习关键期的孩子的学习为主不是我们的共识吗？所以收起不合时宜的娱乐活动并不算是委屈自己，孩子的进步与之比起来重要得多。

当然也不是说家中一点"娱乐项目"都不能有，这里所说的"娱乐"，不是那种吵闹的、多人参与的活动项目，而是指放松身心的活动。如前所说，有很多更有意义的"娱乐项目"可供选择。孩子在学习时，我们也可以学一学自己之前一直没机会学的外语，学一学自己很感兴趣的电脑图片处理软件，或者学学绘画、书法、编织……这些都是很安静的学习内容，既不会影响孩子，还能提升我们自己的兴趣以及个人的气质素养。

如此一来，当全家都有这种学习气氛时，孩子也将受到感染，不是说他不再想着玩了，而是他将能自己主动地压下想要玩耍的心，在全家上下一片浓郁的学习气氛中，他内心的学习主动性会占据主导地位。就仿佛是一种比较，看到爸爸妈妈都安静地做着自己的事，他当然也能在书本前坐得久一点。

教育启示

学习环境就好像是一种看不见的约束，当孩子身处其中时，自然就会进入一种学习状态，所以我们理应为他创造一个更适合学习的环境。在家中杜绝那种热闹且不那么能登大雅之堂的娱乐活动，多一些安静的与学习有关的内容，孩子在其中会渐渐受到熏陶，逐渐产生想要学习的心思，并最终提升自己的学习主动性。

与孩子一起读书学习，但要少看娱乐读物

如前所说，我们要为孩子创造一个适合他学习的环境，那么在他学习的同时，我们能干什么？不用犹豫，当然也是进行学习了。与孩子一起读书学习，本身就是在对孩子进行学习上的引导，我们的认真、执着、坚持都将成为孩子学习的榜样，

同时他也会努力让自己具备这样的好品质。

说起读书学习,有些爸爸妈妈理解的就是也好好地找个地方坐下,只要手里也拿着几本书读一读,保持安静,让孩子看到我们也在读书,目的就实现了。其实并不是这样的,如果我们手里拿着的是一本休闲杂志或者是一张报纸,孩子看见后他原本紧张的学习心态立刻就放松下来了,因为休闲杂志本身就是为了让人放松而存在的,而我们这种明显放松的状态,自然也会影响到孩子对学习的注意力。回到自己的书桌旁,孩子想得更多的可能就会是"妈妈看的那本杂志上都有什么好玩的内容啊",或者是"爸爸看的报纸好像很有意思呀"。

结果他原本很集中的注意力一下子就被分散了,虽然我们也在"看书读报",但显然不知不觉中我们却破坏了孩子的学习,这多么得不偿失。

既然要和孩子一起读书学习,那么我们也应该拿一本像模像样的书,一本与学习有关的书,不是小说,不是杂志,不是报纸,不是娱乐周刊,和孩子一起投入到学习中来,才是最能激发孩子学习动力的表现。

- 给孩子一个合理的解释。

"爸爸妈妈,你们不是都上班了吗?干什么还要学习呢?"看到我们陪着他一起读书学习,孩子一定会问这样的问题,不过我们绝对不要说"我还不是为了你,还不是为了监督你",否则孩子从内心就会产生畏惧情绪了,会处处防备我们,他也就不可能认真学进去了。

可以给他一个更为合理的解释,比如说:

"妈妈也想充充电啊,现在学习的人大有人在,妈妈可不想被落下。"

"爸爸对这个感兴趣好久了,一直没有机会学习,现在有机会了,爸爸可是也想要好好学习一下出成绩的哦!"

"看到你那么认真地学习,我好像也回到了学生时代,也想要再体验一下学习的美好时光。"

……

类似这样的解释会激发孩子的好奇心,他其实也很想看看爸爸妈妈的学习到底能持续到一个怎样的地步,而且有了爸爸妈妈的陪伴,他也会觉得学习不再是一件孤独的事情,他会更有学习的热情。

· 选择自己想要学习的书来看。

每个人都会有感兴趣的一些东西,不管是想要提高外语水平,还是想要学一门新的技术,又或者是纯粹为了培养自己的兴趣,提升自己的气质,在这些方面的学习都是可行的。所以也准备一些这样的学习内容,当孩子开始学习时,我们也同时开始学习。

关上电视,把手机调成静音,专心投入到学习中去,既然是自己感兴趣的学习,那就好好去做,也让孩子看到我们认真的态度。其实孩子学习也是需要气氛的,当看到爸爸妈妈都能如此认真地看书学习时,他那种想要再多学一会儿、再认真一点的劲头自然也会涌上来。

当然了,我们一定要认真学,要真的投入进去,不能应付了事。我们可不是为了应付而陪着孩子的，否则虚假的读书陪伴只会让孩子感到受到了监视，他学得不自在，我们也无疑是在浪费时间。

・试着再从头学习一下孩子的课程。

如果实在找不到想要学习的内容，也不是说没得可学了，拿起孩子暂时用不到的课本，把他的课程再好好学一下，这也是个不错的学习过程。

这个过程非常有好处，很多爸爸妈妈每遇到孩子的学习问题时，总会说"我现在也忘记过去的知识了，没法辅导他"，既然都这样说了，那我们何不拿起他的课本？重新再学习一下也不是什么难事。

而且，和孩子学习同样的内容，也会对孩子起到一个促进作用。孩子可是完全不想让爸爸妈妈的学习超过他自己的，他比较享受自己什么都懂的状态，所以他会因此而将自己的知识学得更认真，也更愿意深入研究。

当然，为了配合他的这种状态，我们不妨在不影响他学习的情况下，问他一些问题，引发他的思考，也能加深他对自己学习内容的知识巩固。

・保证我们与孩子的学习不产生冲突。

不管怎么说，孩子的学习都是最重要的，我们的学习只是为了引发他的主动性和积极性而做的事情。这也就意味着，我们自己的学习不能影响到孩子，比如不要占用孩子的书桌，不要占用他正在用的文具，不要用各种问题和提醒来打扰孩子，等等。

特别是在我们学习孩子的课程时,不要过多评价孩子的课本或者他做的笔记,好好看他的书本内容就好,有需要计算、写出来的内容,就好好写出来,别多说不必要的话。如果孩子正在学习某一科,我们就不要非得也学习那一科了,保证他的学习才是最主要的。

・不要总用自己的学习来催促孩子的学习。

有的爸爸妈妈会有这样的感觉,既然我都开始学习了,那就有了教育孩子的理由,所以一旦看到孩子有不那么认真的状态,就忍不住说道:"你看我都在学习,你怎么还那么不认真呢?我陪着你容易吗?也干不了别的事,你还不好好认真学?"

这样的表现就是对孩子学习的一种绑架,孩子内心会想:我又没有逼着你陪我,这种情绪显然会影响到他的主动学习。所以我们学自己的就好,不用多管孩子到底干了什么,我们的表现已经是对他的一种最好的教育了。可能一开始他会没感觉,但时间久了,他也会觉得自己不好好学习总想着玩的样子不那么合适。

尤其是当我们通过认真的学习而有了一定成绩时,这对他更是一个很大的触动,他应该也会想要自己出成绩,到时候即便我们不再催促,他也会主动投入到学习中来了。

教育启示

在孩子的认知中,他自己才是学习的主角,爸爸妈妈已经工作了,已经不需要学习了,可以自由自在地生活了。但当我们也认真学习时，对他将会是一个不小的冲击，如果他能想到，爸爸妈妈这么忙还依然在学习，那他也要加油了，这样我们陪着他读书学习的目的就达到了。当然，我们每一位做父母的，也的确需要不断再学习、再提升，这点毋庸置疑。

不要强迫孩子学他不感兴趣的东西

学习要靠兴趣，兴趣会让孩子对学习产生想要了解的欲望，产生想要继续深入探讨的心理，然后他才会主动努力。这是一个很简单的道理，其实不管做什么事都需要兴趣，有兴趣才会有动力。

孩子明显也知道这一点，所以他对感兴趣的事都会尽心尽力，也会自觉主动，而对不感兴趣的事则多半都会能避则避，永远不理会才好。可是，有的事情如果不感兴趣，不去学、不去接触也没什么不对，而有些事情则不然，不感兴趣也必须要做好，比如学习。

有一位朋友曾经跟我聊过这么一件事：

我所在的办公室旁边，有一家辅导机构，专门教市面上比较流行的某品牌英语课程，总会有大大小小的孩子来上课。不过，孩子们似乎总也不能安静地听课，老师时常会表现得有些暴躁，训斥孩子们的不安分。而每次下课，孩子们都好像是出笼的鸟，似乎很开心这一次的课终于结束了。

在我看来，孩子们哪里是在认真学习，根本就是不得不将这段时间熬完。甚至有一次，电梯里还听到一个孩子说，能不能不来了，不想学。可他的这句话换来的只是妈妈几声严厉的"劝导"或者说是训斥，说是现在学有好处，别的孩子都学，他不学就跟不上了。

从朋友的讲述中可以发现，有的孩子显然对这个课程并不那么感兴趣。

事实也的确如此，提到学习，不是所有的孩子都能开心接受的，大部分孩子都不愿意坐下来安心看书做题做练习。孩子觉得很多学习内容枯燥无味，觉得作业太多，觉得学习很苦，所以总是能逃就逃。连正常学校里的学习都想逃，更何况是这些课外学习。

但不能否认的是，大量的学习的确是孩子成长需要的，而且现在也是他学习的最佳时机，即便他再不情愿，也要将学习进行到底。所以，父母大都会选择逼迫孩子学。有的人会将孩子关在家里，告诉他如果完不成学习任务就不让吃饭；有的人会放弃其他事情守在孩子身边，就为监督他能老实坐在书桌前看书……父母用了各种手段，就为让孩子能安心学习。

但逼迫学习不感兴趣的东西，孩子很可能只会对那个东西越来越厌恶，最终就会变成一个恶性循环,孩子越发不喜欢学习。

当然，"逼着孩子学习不感兴趣的东西"，也还有另外一种解释，孩子的兴趣多种多样，但我们却偏要让他学不感兴趣的内容，这无疑也让他对那种东西更厌烦。

所以，要想让孩子好好学习，若想让他能在兴趣的引导下学有所成，我们的重点应该放在"不逼迫"和"感兴趣"这样的两个方面。

具体来说，可以试试下面的方法：

- 引导孩子对不感兴趣的学习感兴趣。

孩子会因为各种原因而对学习产生抵触情绪，可是学习与其他东西不同，不是说不感兴趣就可以随便放弃的。但显然，用逼迫这种手段并不可行，孩子绝对不会领情，反而还会越来越厌恶学习。所以，换逼迫为引导势在必行，没有兴趣可以培养兴趣，这就要看我们的智慧了。

首先是要减轻孩子的压力，不要总是苦口婆心地劝导，尤其是不要说什么"现在不好好学习，将来会如何如何"的话，孩子要关注的是现在，总是把将来那么遥远的事情拴在他身上，他也会觉得未来会很累。要理解孩子对一些枯燥学习的郁闷感，认同他的感受，支持他战胜困难，这样孩子的心理压力也许会小很多。

接下来就是要安排好孩子的时间，尽量不要让学习占用他的玩耍时间，保证他有时间去做自己喜欢的事情。

如果孩子有抱怨，不要训斥他不能吃苦，理解他的情绪，允许他发泄，也用不着过多评价，只是简单地鼓励就够了。等孩子自己恢复平静，自然也就不会再抱怨连连了。

最后，多和孩子沟通交流，不要刻意询问学习的事情，顺其自然地提及一些学习话题，说过去就过去了，引导孩子多关心学习的积极面，时间长了他也就能习惯成自然。

- **用不着让孩子随大流学习。**

有的妈妈会有这样的一种想法：比如说，别人去学下棋，自己的孩子也必须要去学，她才会感觉自己的孩子没有被落下。这是一种随大流的心理，但孩子却并不一定喜欢这些大流，于是妈妈就会这样说："别人都学，你不学，你肯定就不如人了。大家既然都学，那就肯定是好东西，所以你必须去学。"

这是一个很别扭的逻辑，大流不一定是正确的，大流也不一定适合孩子，别的孩子学习，和我们的孩子没有多大的关系，每个孩子都有自己的特质，所以这种心理还是尽早放弃的好。

- **尊重孩子原本的兴趣。**

是不是有人会想，既然孩子在学习上的兴趣是可以培养的，那其他兴趣也应该可以培养起来，就算他对某些东西不感兴趣，那我们只要好好培养就可以了。话可不能这样讲，学习，尤其是学校里的学习内容，是孩子的责任，可其他方面的兴趣，就真的只是兴趣而已。

对于孩子自身的兴趣，我们该好好尊重，他喜欢什么就顺从其意愿发展，倒不如说，难得看孩子对某些事情感兴趣，只要是积极健康的，顺其自然也不是什么难事。

有时候，我们自己可能对某些事情感兴趣，可以先试着问问孩子，或者试着引导一下，如果发现孩子实在不感兴趣，也没必要强求，不能说我们自己觉得好的东西，孩子也必须感觉好，他有自己的想法，有自己的喜好，尊重他自身的兴趣发展最重要。

・适当放开对孩子学习上的严管。

孩子的学习的确是个问题,但却并不是我们严厉管教就能有效的,有时候放开手反倒可能起到好的效果。

所以在孩子学习这个问题上,我们也该适当放松一些,逼迫换不来好成绩,少给孩子一些压力,至少我们不要总让孩子感到学习是一件可怕的事情,将其看成是与吃饭睡觉一样平常的事就好。孩子只有在学习上感受到了轻松和有收获,才会更愿意去学。

教育启示

逼迫孩子学习可能是最无效的管教方式之一了,逼迫他学自己不喜欢的内容,也是不太靠谱的教育。兴趣才是最好的老师,感兴趣的事物不用多催促,孩子自然会投入足够的精力与时间。所以,我们该将教育的重点放在培养孩子学习的兴趣上来,同时还要尊重他的兴趣,给他一个自由的学习环境,这样更能看到他在学习上出好成绩。

不要因为孩子成绩不好而去责骂他,认为他没出息

几乎所有的父母都非常看重孩子的学习成绩,成绩好了还好说,一旦成绩不好,很多父母都会责骂孩子,认为他没出息。

但是，成绩差的孩子就真的没出息吗？

著名数学家苏步青小时候家境贫困，9岁时才开始接受小学教育。热闹的县城对于苏步青这个农村孩子来说，哪里都新鲜，结果他整天只想着淘气玩耍，把学习抛在了脑后，一连三个学期，他的成绩都是倒数第一。

后来，学校里一位名叫陈玉峰的老师私下里鼓励苏步青说："我看你一点都不笨，只要肯努力，成绩也能上去。"

不仅如此，老师还用父母的辛苦来劝导苏步青，给他讲牛顿的励志故事，苏步青惭愧不已，从此以后发奋学习。

如果老师也因为苏步青的成绩差就骂他没出息，相信日后我们一定不会见到那位著名的数学家了。

长久以来，学习成绩都被看成一个孩子是不是好孩子的唯一标准，哪怕这个孩子再多么热心助人，哪怕他在其他方面再有多么优秀的表现，只要学习成绩不够好，都会很遗憾地被判定为不是好孩子。在众多人眼中，孩子如果学习成绩不好，那么其他方面的努力都会被视而不见，可如果成绩好的话，其他方面的努力自然也就是锦上添花了。

孩子学习的好坏，原本就不是靠成绩来衡量的，成绩只是一个表象，孩子所学到的知识、能力、道德等各方面的综合素质，在几张卷子、几个数字上是无法得到体现的。

有人可能会说："卷子本身就是对某一阶段知识的考核，如果孩子成绩不好,不就代表着他这一阶段没有好好学习吗？"可事实并非如此，有很多种原因都可能导致孩子的成绩不好，粗心、一时对知识理解不透彻、有其他心事等都可能让他的成绩出现波动，所以仅凭这些数字，不能肯定孩子学习得不好。

因为孩子成绩不好而骂他就是一件很奇怪的事情，孩子去学校学习或者接受其他的学习，目的是要学会知识、提升能力、提升综合素质的，学习是以提升自我为目标的，成绩不能完全反映这几项内容。因为有的孩子的确对各种知识了如指掌，可一到考试却没有取得太好的成绩，这也许只能说明孩子心理素质不好或缺乏应试技巧，并不能代表他的学习不好。

所以，成绩只是个外在符号，我们也要对这个符号看淡一些，要看到孩子更多的方面，对孩子也要进行综合评价，多看到他其他好的方面。

更重要的是，每个孩子都有自己美好的未来，现在的分数不能决定孩子未来是不是有出息。而且，不要总说孩子"没出息"，多鼓励孩子是很有必要的。

- 不拿自己过去的成绩说事。

有些父母总喜欢拿自己过去的成绩来教育孩子。

如果自己成绩好，就会讽刺孩子说："你真是不如我，过去我像你这么大的时候，可是门门都考高分，回回都班里前三名，你怎么就没随我呢，真是太让人失望了！"

如果自己成绩不好，又会苦口婆心地这样教育孩子："当年我成绩就不好，结果我只能干这不怎么样的工作，也挣不到钱，生活也不那么好，你还想走我这老路吗？真是太没出息了啊！"

我们的过去属于我们，并不是孩子可参考或可警示的样本，用自己的过去教育孩子，会让孩子要么产生"我不如爸爸

（妈妈）"的自卑，要么产生"我还不就是跟你学的"这样的自暴自弃。

所以，要教育孩子就只用他的现在，我们过去的或辉煌或黯淡的成绩，可不是适合教育他的陪衬。倒不如多说一说过去遇到困难我们是怎么克服的，讲讲过去没有征服困难的遗憾，不要过多地说教，只是平实地讲述，让孩子自己去判断自己该怎么做比较好。

- 把重点放到找问题上来。

孩子成绩不好，这已经是既定的事实了，所以与其不断地抱怨他怎么考了这样一个成绩，不如将重点放到找问题上来。找找他考出这个成绩的原因，看看还有哪些地方他没有做好，和他一起想想他还能做什么以弥补没做好的地方。

也就是说，不要总抓着那个成绩不放，孩子自己多半也会对那不好的成绩感到难为情，他也不愿意总看见或者总提起。所以，把重点放到他出问题的地方，放在他还没弄明白的地方，和他一起寻找解决的办法，引导他自己去攻克难关，当他战胜了这些难关之后，下次考试也就没有问题了。

- 看看孩子做得好的地方。

学习成绩只代表孩子前一阶段的学习效果，并不能统领他的整个人生，只不过是几次考试没考好而已，更不能代表孩子这个人是有问题的。孩子总是会有优势劣势的，也许学习恰好就是他的劣势，但并不代表他别的地方没有优势。

其实完全可以用孩子的优势来引导他战胜劣势，让他意识到，如果自己能在其他方面有好的表现，那只要认真努力，在学习上也应该会获得不错的回报。也就是要用孩子其他良好的表现来给他足够的信心，让他知道自己并不是做不到，他也许就会自己主动去努力了。

- 鼓励孩子尽力而为。

能拿到满分的人毕竟不多，孩子们彼此之间总会存在成绩差异，所以不要用别人的成绩来要求孩子，而是更多地鼓励他尽力而为，没必要要求他一定要像其他人那样考到满分，只要他努力了，哪怕是刚及格，这也是他努力的结果。

这样的鼓励也会让孩子放松下来，不会总纠结自己为什么考不到那么好的分数，这种放松的心情反而会让孩子能更轻松地应对学习，没准儿就能灵光一闪，学到更多内容，而在考试时也能驾轻就熟地取得更好的成绩。

教育启示

担心孩子的学习成绩并没有错，只不过我们不能错误地将成绩当成是孩子的全部。孩子的未来靠的是他的综合素质，学习成绩只是其中的一小部分，而且并不是最重要的部分，理论知识只有在实践中才能得到体现，所以其他能力也要均衡发展。鼓励孩子查缺补漏，鼓励他多方面共同发展，不再过分重视成绩，这样孩子才可能鼓起勇气继续努力。

及时发现孩子的点滴进步，懂得赏识他

　　学习是一件比较辛苦的事，要想取得好成绩，就需要刻苦努力付出。这是对上了小学的孩子而言的，因为在此之前，大部分孩子的学习，无论是学到什么程度，只要是学，大都会受到妈妈的表扬。那时候，妈妈一般都会比较赏识自己的孩子。

　　可是，当孩子真正成为小学生之后，妈妈对孩子的要求立马就升级了，不仅对他少了很多表扬，有的妈妈眼中似乎只能看得见孩子各种做得"不好"的地方，然后会不断提醒他该怎么改进，有时候甚至会恨铁不成钢地训斥几句，以期他能做得更好。

　　乍看上去是为了孩子好，为了能让他有好成绩，提醒他要努力是没问题的，在他出问题的时候用各种方法提醒他注意也是没问题的。可是，如果妈妈的眼中只看见孩子做得不好的地方，对于他表现得好的地方却选择视而不见，或者说对于这些地方，感觉"学习是孩子的天职，学好是应该的，学不好就应该被训斥"，这就有欠妥当了。

　　如果孩子对学习已经付出努力，也体验到了辛苦，那做妈妈的就应该适当地、及时地鼓励他，而不是因为一丁点的错误或不如你的意就要大肆训斥。否则，孩子会觉得自己的努力妈妈看不见，或者感觉对他的要求太高，既然如此，那他努力还有什么价值？时间久了，他也会对学习这件事感到厌烦，再加上不断有更

多的困难出现，想要放弃学习的念头也会随之冒出来。

有人可能会说，既然学习是孩子的任务，那学好不是应该的吗？又何必多夸奖、鼓励，这样不是会让他变得飘飘然吗？

其实不然，回忆一下孩子很小时候，不管是学习走路、说话，还是学习吃饭、穿衣，对于他取得的任何一个小进步，我们都会予以赏识、鼓励，这会让孩子受到鼓舞，从而更快学会更多的技能。

对于已经成长为学生的孩子来说，也同样需要赏识、鼓励，这样他在学习方面才会感受到自己努力的价值。

· 放低自己内心的标准线。

有的妈妈之所以不愿意赏识孩子，有两个原因：其一是认为孩子学习是天经地义的事，用不着赏识；其二则是因为她们多半都认为孩子目前的水平还够不上给他赏识的程度。很多妈妈心中对孩子的期望是没有知识漏洞、考试有好成绩、遇到难题能自己努力解决、不畏惧困难且常胜不败……显然这样的期望值太高了，别说是孩子，就算是爸爸妈妈们自己恐怕都难以做到。

要赏识孩子很简单，先降低我们内心划定的那条标准线的高度。至少我们应该都很了解孩子的水准在哪里，所以对他的期望只要比这个稍微高一点就好，这样当孩子努力一下实现了这个期望时，我们自然也就会对孩子的看法有所改变。当孩子实现既定的目标之后，再将目标向上提升一点就好。总之，不要一开始就给孩子定较高的标准，否则他不管怎么努力都难以实现，我们自然也就只会觉得他不是那么努力了。

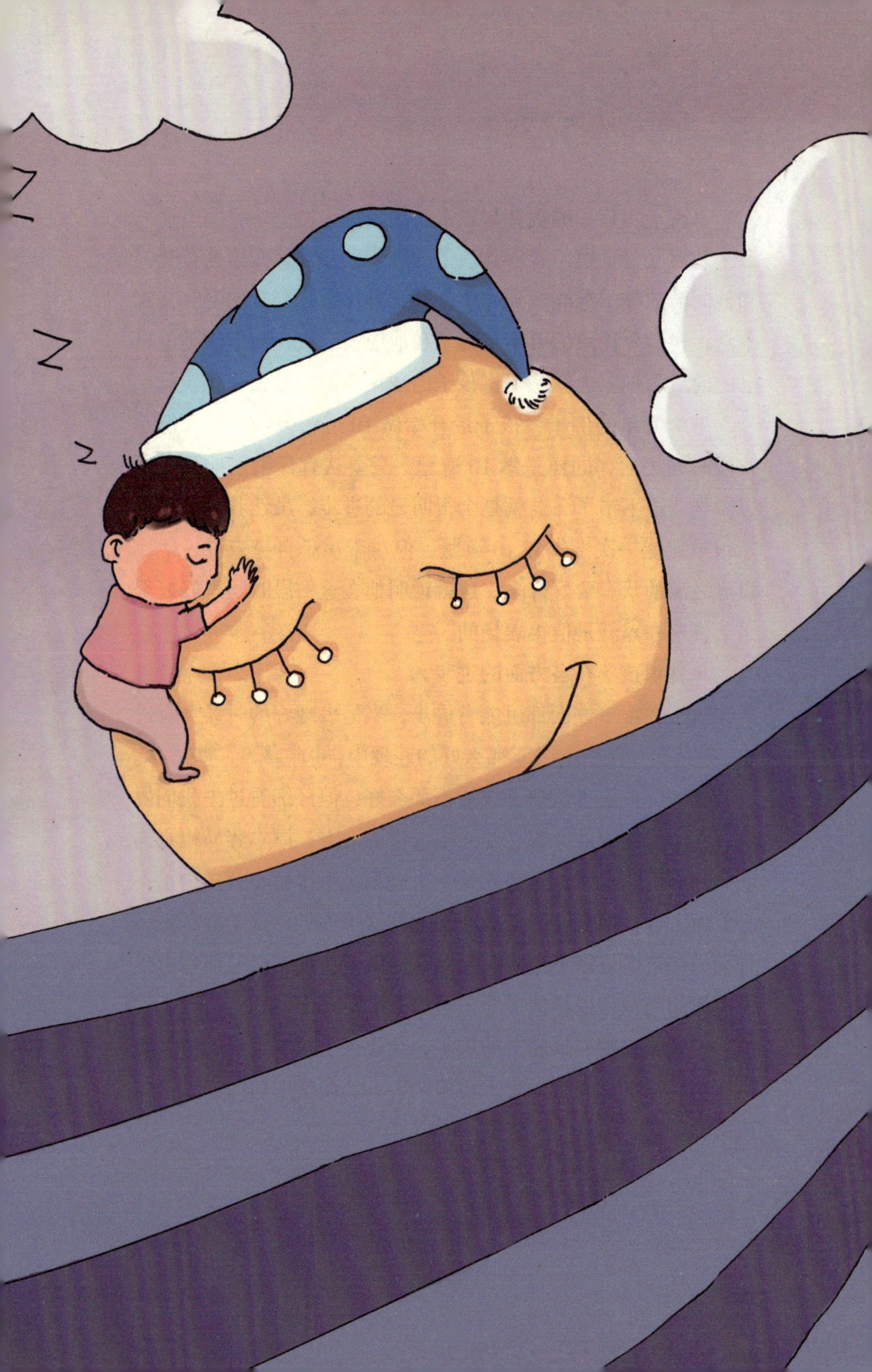

- 善于用孩子的现在与过去作比较。

总有父母觉得，看不到孩子的进步，又该怎么给他夸奖？和他同龄的孩子都能做到的事，这又有什么好夸奖的呢？其实不然，我们要比较的可不是孩子和他周围的人，而应该是他自己的前后表现，也就是要将孩子的现在与他的过去相比较。

举个简单的例子，孩子最开始做10道题会错一半，但是一段时间之后，同样是做10道题，只要认真仔细，他几乎可以做到一道不错了。这就是个很明显的进步，虽然其他孩子可能很早就能一次性做对10道题，但对于孩子自身来说，他比自己之前的状态要好许多，这就说明他在这一段时间里好好努力了，这一点就是值得表扬的。

- 赏识孩子在各方面的进步。

孩子在很多方面都可能有进步，当他表现好的时候会有进步，但其实一些看上去不那么好的表现中，也隐藏着一些进步。

比如，一次考试孩子成绩不那么好，但仔细看过去我们发现，孩子出错的地方都是他弄不太懂的地方，原本容易粗心的毛病却有所改正。这其实就是一个进步，不再粗心就减少了不必要的丢分，如果能好好地夸奖他的这个进步，孩子会产生一种动力，这样也许不用我们费劲，他就能主动去研究那些自己没搞懂的问题，以尽快弄明白争取下次不再出问题。

特别是这种"反相"的进步，会让孩子原本沮丧的情绪有所缓解，这将有利于他走出情绪阴影，从而集中精力去做自己该做的事情。

- 给予孩子有分寸的赏识。

其实我们有一个认知是没有问题的，那就是学习是孩子的本分，这也就意味着我们不管是赏识还是夸奖，都应该有分寸，不能因为孩子有了点滴的进步，就将他夸上了天，否则他也会错误地估计自己的能力，甚至可能放弃继续努力。

所以，赏识也要点到为止，多夸奖努力而不要太多提及他取得的小进步，适当地给他提一些小建议，帮他更好地改进自己。

教育启示

孩子的学习过程不会一帆风顺，虽然困难、问题重重，但我们却不能只看到这些，还要看到他每天都可能会发生的进步，赏识他的进步、夸奖他的努力，会给孩子一种学习的动力。孩子的每一步成长，都会有点滴的进步，小进步汇聚起来就会是大进步，来自我们的赏识是孩子最想要的礼物，所以何不满足他的这个需求呢？

不因为孩子的成绩好而"献媚"
——用物质或金钱奖励他

"献媚"，是一个贬义词，意思是为了讨好他人而做出某种姿态或举动。为人当有原则，献媚并不是一个值得提倡的行为。但是，就算再怎么不被提倡，一些妈妈却还是会做出这样

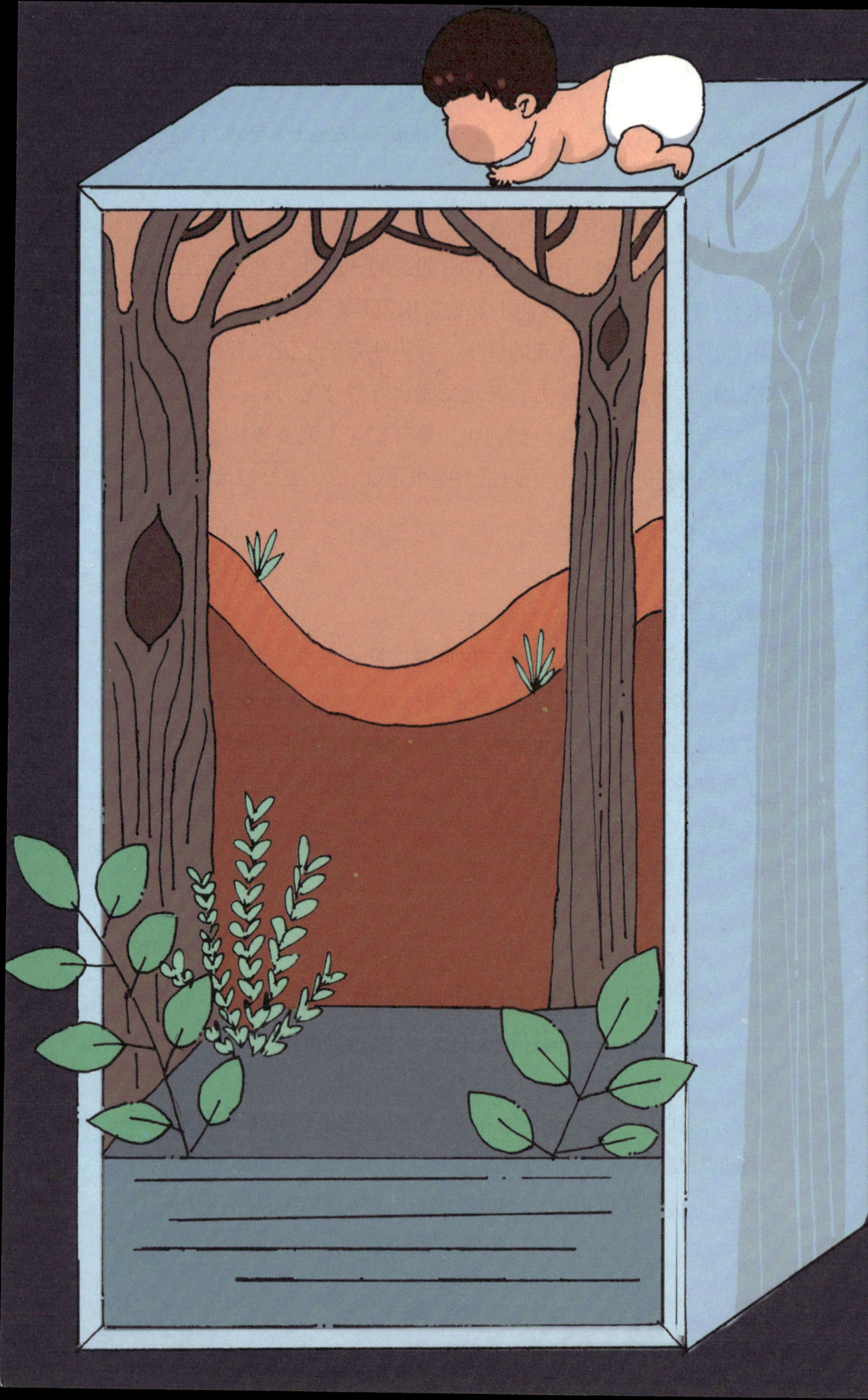

的行为，而对象居然还是自己的孩子。

当孩子取得好成绩时，有一些妈妈不知道该怎么表达自己的激动心情，简单的几句"你真棒"似乎并不能完全表达自己的感情，于是自认为的"更高级别"的奖励随之而来。有的妈妈用大量的物质奖励，不管是玩具还是其他什么东西，只要孩子开口想要，他就能心想事成；而有的妈妈则更加干脆，数额大小不等的各种红包，随着孩子取得的成绩多少来分发，成绩一般好就给一般的红包奖励，如果成绩非常好，那就给更厚一些的红包。

也许在妈妈看来，那些物质、金钱，就是自己当下情感的一种最直接的表达，这样孩子就能理解妈妈对他取得好成绩到底是有多么欣喜了。

可是你不知道的是，孩子会对这样的奖励上瘾。一旦获得了物质或金钱奖励，尝到了这种奖励的甜头，孩子会希望得到更多。这其实只是人的一种正常反应罢了，想要更多的欲望会渐渐越来越强烈。不仅如此，孩子还会希望获得的奖励越来越高级，一开始普通的玩具就能让他高兴半天，到了后来，如果不拿出他满意的东西，他甚至会放弃再好好学习，并以此为要挟，甚至还说到做到，直到他的愿望被满足为止。

如果事情发展到了这个地步，我们难道就没发现其中的怪异吗？学习本来是孩子应该做的事，现在却变成了被他玩弄于手中的交换工具，想要好好学就好好学，一旦自己不满意了就放弃。本来神圣的学业被他如此毫不尊重地对待，最终孩子反倒变成了一个利欲熏心的人。

不仅如此，孩子这种自我感觉可以自由操控学习的状态也持续不了多久，当欲望在他心里不断膨胀时，他可以投放在学习上的精力自然也就不够了，他的学习成绩可能就在不知不觉中开始慢慢下滑。当他再也拿不出可以交换好东西的成绩时，他会变得暴躁不已，但是他绝对不会想着自己去努力，反而可能会撒泼耍赖来希望我们降低标准以满足他对玩具或金钱的贪求。

更有的孩子会用自己获得的物质和金钱去炫耀，和同伴们攀比。如果自己比同伴强，会觉得更加愉悦；如果不如同伴，或者看到自己没有获得像同伴那样的奖励，就会产生嫉妒心，还会对自己的爸爸妈妈抱怨，因为他的心思早就不在学习上了。

这难道不是一个荒唐的局面吗？当孩子的学习沾染上了利益气息时，学习的目的已然不够纯净，又怎么可能保证学习会取得好成绩？

所以，即便是从防患于未然的角度来考虑，也应该杜绝这种用物质、金钱作奖励的做法。不要只想着用这些来哄着孩子高兴，他即便高兴也只是因为获得了好东西，并不是因为他取得了好成绩。我们的献媚只能导致他学习目的的歪曲，这是最不能忍的结局，还是赶紧从这样的错误奖励中尽早抽身的好，越快越好，否则真的会后患无穷。

·不给孩子做物质或金钱奖励的许诺。

有的孩子不好好学习，考试总是得不到好成绩，妈妈就会用"如果你做完了就奖励你"或者"考好了有奖"这样的话来激励孩子。孩子听到之后，多半都会提起精神来好好做，而做好之后却并不关心自己的努力，也不关心自己经过这一番努力获得了什么，反倒是眼巴巴地来要自己的奖励，得到了奖励竟然要比自己取得好成绩还要开心。

显然，孩子这样是将学习与奖励当成了交换的筹码，他不关心自己学得怎么样，只注意能得到什么奖励，而且还更期待下次获得什么其他的奖励，这已经完全违背了他学习的初衷。

当妈妈明白物质或金钱奖励的弊端后，就要避免对孩子说"如果你能做到……我就给你买……"。孩子良好习惯的形成是在妈妈以身作则的基础上，通过孩子不断地自我约束而达到的，之后，孩子都能感受良好习惯所带来的益处。当孩子感受到这样益处后，就是最好的自我奖励。而孩子好好学习是他应该做到的，何况，孩子知识量的扩大和学习能力的提升本身就足够让他感受到快乐。

一般情况下，没有妈妈的提醒，孩子是不会把学习与物质或金钱奖励联系在一起。当然，孩子的同学和朋友也许会不断地接受物质或金钱奖励，当孩子主动提出的时候，妈妈首先要问："你为什么会有这个想法？"如果孩子说明原因，就要让孩子明白以下几点：一，如果生活上和学习上有什么物质需求，妈妈一定会视情况满足他，这与他是否做到了分内的事情没有任何关联；二，学习好是学生的本分，学习能力的提升、老师父母的肯定、同学的赞许就是做到本分后的自然回报，是无条件可言的；三，不要羡慕其他同学获得的物质奖励，父母不同，教育方法也不同，感受成长的快乐才是最重要的。

•重视精神奖励，并及时给予孩子这种奖励。

孩子除了物质需求之外，还有多方面的精神需求，如被人尊重、被人爱、被社会认可、被人理解等。因此，在选择激励方式的时候，不妨多给孩子一些精神方面的奖励，精神激励其实才是最能深入他内心的鼓舞。

想想看，当孩子蹒跚学步的时候，妈妈不会对孩子说："孩子，如果你现在能跑起来，我就给你100元钱。"这个时候，相信妈妈都会无条件地为孩子"加油"，当孩子做到时，妈妈会毫不吝啬地说："嗯，你真棒！"孩子一定能感受到妈妈的鼓励。

所以，对孩子的鼓励可以从物质奖励转化成精神奖励。精神激励的方法有语言和行为两种。除了对孩子及时、有针对性地说"不错，做得很好"之外，可以给孩子一个满意的微笑，一个赏识的眼神，一个亲切的拥抱，一次有力的握手，或者拍拍孩子的肩，摸摸孩子的头。此时，孩子感受到的奖励一定不比物质奖励微弱，甚至更强烈。

精神奖励带给孩子的是精神上的愉悦，这要比简单的物质或金钱奖励更能给他留下深刻的印象。孩子不仅获得了奖励带来的愉悦感，同时也从中有所收获，这是物质或金钱奖励所不能比拟的。

对于孩子成长的动机，要引导孩子树立崇高的理想：做有修养、有能力、勤奋好学、令人尊敬的人。这样，孩子会更积极向上地生活和学习，这比为得到一两件物质或金钱奖励而"劳作"要有意义得多。

· 把"物质奖励"和"礼尚往来"区分开。

当我们不提倡物质奖励的同时，不是完全杜绝家庭成员间的礼尚往来。"礼尚往来"对一个孩子的成长是非常重要的。因为，"礼物"本身无论贵贱是对一个人的祝福，人人都需要祝福，也会在祝福中感受幸福、感受恩德。因此，当孩子过生日的时候，当逢年过节的时候，当孩子将要远行的时候，当孩子走入另一个人生阶段的时候，我们一定要送上自己的一份祝福。而我们表达祝福的重要媒介就是礼物，礼物不在贵贱，重在一份心意。

当一个孩子从小在礼尚往来的家庭中长大，他一定会把这个重要的礼节应用在自己的生活中。此时，周围的人也会因为孩子的祝福而感到幸福。

教育启示

为了让孩子好好学习而讨好孩子，这是一个很荒唐的举动，学习源自天性，是原本不用教育就该自主自发地去做的一件事，而且学有所成也是应该的，否则人将懵懂无知，进而也会一事无成，更无法立足于世。如此天经地义的事，就不要用奖励来换取了，保证孩子能自主学习，引导他意识到学习是自己应该做的事，才是我们更要操心的事。

教孩子读好书，好读书，会读书

　　读书，是学习的代称，一说到读书，几乎所有人都能想到学习，因为翻看一本本健康有益的书，其中的知识内容就会扑入眼帘，进入大脑，只要有意，就能植根于心底，成为为己所用的知识，有的还能演变为外在能力的基础。

　　读书，再具体一些来说的话，是一种行为，而且应该是每个人都应该具备的行为。读书使人明理、使人博学，书中带来的一切，都能让人更好地生活、工作、与人相处，书中的智慧会让人逐渐褪去幼稚，并让人逐渐悟到更多的道理。

　　从古至今，人们的学习方法可能会千变万化，也可能会有更多新的学习方法诞生，特别是在现如今的科技时代，电子产品越来越智能化，在学习方面的确会给我们带来更多的便利。但是，读书却依然是不能被丢弃的一种学习方法，倒不如说，电子产品即便再智能，其中储存的内容也是从书中复制过去的，它也需要从大量被传输到其中的原始书籍资料中去寻找我们所需的资料。智能的电子产品，不过是换一种方式去读书罢了。

　　说到读书，有的人会觉得很头疼，厚厚的一本，翻开看全是黑白文字，时间久了就容易产生疲劳感；有的人又觉得读书有些浪费时间，一个字一个字看下去，那么厚的书什么时候才看得完；还有的人认为，读书太麻烦，想知道什么，上网一查就好，要不就问问别人，总比翻书来得要更容易；也有人觉得，这个年代谁还读书,那么多高科技等着我们去体验,几本书哪里能跟得上时代,而且还有更多的应酬、娱乐在等待着自己,读书就显得太跟不上快乐的节奏了;更有人觉得,即便要读书,也得用更高科技的电子产品,里面数不尽的网络小说,能让人看个够……

　　成年人尚且有这样那样的想法,更何况是原本就爱玩的孩子呢?现在的很多孩子,并不愿意读书,因为在他们的认知里,读书就是和学习画等号的存在,读书就与学习考试有关,而且读书又会耽误他们玩耍的时间,所以这是一个让他们感到非常不愉快的行为。更何况,爸爸妈妈也不让他读漫画、小说那样的书,所以读书就是个更加无趣的行为了。

　　结果,从成年人到孩子,都将读书视为无所谓或者无多大意义的行为,纷纷抛弃了书本。根据联合国教科文组织的统计数据,北欧国家的民众每年读书24本左右,美国人年均阅读量是7本,韩国人11本,日本、法国国民8.4本,新加坡人、泰国人是5本,而我国国民的阅读量,2012年是人均4.39本,2013年是4.77本,2014年则是4.56本。

　　也许有人说,中国人多,一平均自然人均就少。可是,我国可是出版大国,出版的图书不管是种类还是数量都是世界第一,仅就2012年来看,我国出版的图书就达414005种,79.25亿册,这个数量可是位居世界第一的。

　　拥有世界第一的图书出版量,却拥有如此低的人均读书值,这不能不引起我们的思考。现如今,难道读书真的就过时了吗?事实当然不是这样的!书中的知识不管怎样变化,都将是长久的，书中的道理不管如何变换说法，也都是能启迪人生的。不同种类的书，会让人获得不同的知识，也会给人带来不同的精神感受。书中的内容，可以答疑解惑，可以舒缓心情，可以改善情绪，可以启发思考。读书时，看似身形未动，但心却已在世界各处遨游，思想却已经在时空间穿越许久。可以说，读书给人带来的体验，是其他任何行为都不能给予的。

对于孩子来说，读书是他汲取知识最快也是最直接的途径，书籍可以成为他最亲密的朋友，书中的内容还能缓解他难以解决的情绪，读书可以放松他的精神，更能给他的休闲时光带来与疯跑玩耍不一样的快乐。

所以，别总是想着给孩子报更多的兴趣班，带他参加更多的课外辅导，将时间合理安排一下，给读书留下足够的时间，让孩子徜徉书海，坚持下去，无论是孩子还是我们都会有意想不到的收获。

· **读好书。**

读书当读好书，好书中有正确的语法和表达方式，有优美的言辞与内容，有准确的知识和文化传承，有健康的原则和做人道理。不管哪一种，都能让孩子从中受益，我们为孩子选择的书籍，一定要是好书。

可以为不同年龄的孩子选择不同的书，低龄的孩子，可以选一些以图为主，标有拼音的书，其内容应该包括童话、寓言、小幽默、诗歌、科学故事、伟人故事、历史故事等；小学二三年级以后，随着年龄的增长，可以逐渐增加带有更多文字的书籍，特别是到了高年级的孩子，就可以给他加入天文、地理、历史、文学等的百科类全书，还可以加入儿童报告文学、科幻小说、探险故事等更符合孩子活跃思维的书籍；到了初中，孩子就可以根据自己的喜好广泛涉猎小说、诗歌、中外名著、科普类书籍、青春期教育等一系列更有意义的书籍了。

在为孩子选择书籍的时候，我们最好严格把关，选择正规出版社的正规书籍，不过要买哪一本可以由孩子来选择，我们只负责判断。也可以给孩子订一些他喜欢的刊物，定期接收刊物，也会让孩子对阅读新书产生期待。

·好读书。

要养成读书的习惯，这对于孩子来说很重要，除了口头提醒之外，最好的引导就是我们向他展示自己所具备的读书好习惯，让孩子在一个良好的读书环境中受到熏陶，从而养成良好的读书习惯。

家中要有足够数量的藏书，而且不能只是小说、休闲杂志这样的书刊，一定要有一些意义深刻的书，比如中外名著、科学知识、心灵感悟等类别的书籍，才应该是我们藏书的首选。每天最好都安排一些读书时间，把以前一直没时间看的书籍，翻出来看一看，每天用不着花费很多时间，哪怕只有半个小时，也是非常有效果的，日久天长形成好习惯，孩子自然也会感受到这种读书的氛围，他也会更愿意自己主动去找书来看了。

·会读书。

读书不是翻着书一行行看下去就算了，否则就只是在"读字"。读书也是有技巧的，会读书的人才能从书中得到自己想要的知识。

要提醒孩子爱护书籍，保持书籍整洁，这样才有看下去的欲望。接下来要教孩子以正确的姿势读书，不能仰躺着、歪靠着，我们要有良好的读书姿势，好好地坐在椅子上，或者把书放在桌子上，认真地读就好。

但也不要频繁纠正，以免让孩子感觉读书真麻烦，竟然有这么多"规定动作"，还是不读了吧，反正只要玩儿的时候，妈妈就不管我了。

所以，还是要纠正观念：即使看书时吃点东西也无妨，他舒服就可以（当然在保证身体健康的前提下）。相反，在玩儿的时候给他立点规矩，比如，坐正了，挺直了，不能歪着躺着看电视（前提是父母也要说到做到），要让孩子感觉看书学习就比较自由一些，玩儿反而规矩多多，与其这么受约束，还不如自由轻松地去看看书。

真正到翻开书读的时候，可以教孩子学习做读书笔记，不管是记录在书籍侧边，还是写到一个专门的笔记本上，读书笔记都能帮助孩子更快理解书中内容，也能让他的感悟有表达的渠道。如果遇到好的句子，还可以摘抄下来，这对他日后的写作可是大有帮助。

· 做示范。

孩子不爱学习、不爱读书，这是我遇到的最多的咨询问题。怎么办？其实很简单，我对这个问题发过一个微博：在孩子面前，最好是戒网，尤其是少玩手机，最好连电视也关了，你会发现，你的心变净了，再捧起本好书，你的心会变得丰盈了，孩子也变得爱学习了，也不用催促了。坚持一段时间下来，你会发现，你不仅没有失去什么，反而获得了很多，自己、孩子、爱人、家庭都受益了。

读书其实就是这么简单的事，就看我们成人是否有决心了！

做父母的，不要说自己工作忙没时间读书，放下手机捧起书，每天十分钟，一年时间，你的进步将不可估量；不要说自己年纪大了，记不住东西了，现在的学习不是记忆，而是让自己有感悟、有思考、有反省，从而做出改变；不要总是苛责孩子，想想自己的工作和生活又打理得如何呢？一句话：改变孩子，先改变自己！这是真理。

教育启示

读书不是一件难事，也不是一件浪费时间的事，正确地引导孩子读书、读好书，是在帮他积累更多的知识，帮他养成良好的习惯。而且多读好书会让孩子整个人的气质从内而外都得到意想不到的提升，可以打开他的知识面，拓展他的思维，显然这是个对孩子只有益而没有害的好习惯。再就是父母要做给孩子看，孩子内在的读书、学习动力才会更容易被激发出来。

孩子的书桌也要干净整洁，不乱摆放与学习无关的东西

书桌是孩子学习的最主要场所，可以说孩子的学习活动主要都是在书桌上完成的。可是，同样都是在书桌上学习，不同

的孩子却会有不同的结果：有的孩子可以学得很认真，而有的孩子却总是静不下心来；有的孩子能坐在书桌前把自己该做的事情做完，而有的孩子一会儿都坐不住；有的孩子只注意自己眼前的书本，而有的孩子除了书本其他什么都关注。

　　为什么会有这样明显的差异呢？其实原因都藏在书桌上。那些能认真学习的孩子，书桌上一定都是干净整洁的，上面除了有学习用的书本文具，有喝水的水杯之外，再没有其他可以让他转移注意力的东西。而那些总是不能集中注意力的孩子的书桌，则经常是一片混乱，除了有学习要用的东西，玩具、图书、吃的、喝的等东西一应俱全，甚至还可能会出现爸爸妈妈的东西。

　　孩子的注意力本来就处在一个有待进一步集中的程度，眼前太多杂乱的东西自然会将他的注意力一下子分散。很多时候，孩子都是知道自己要好好学习完成作业的，可是书桌上太多其他东西会一样一样地把他的注意力从书本上拉开，直到他再也没有心思去注意书本上都写了什么。

　　虽然注意力是要靠孩子自身的意志来控制的，可很明显，孩子的自我控制能力也有待提升，至少在目前这个阶段，他还做不到凭借自己的能力就将注意力从其他事物上拉回到书本上来。更何况，学习对于他来说本就是一件枯燥的事情，其他事物对他有着更为强烈的吸引力。

　　所以，就算是从培养孩子注意力的角度来考虑，也应该为他准备一个干净整洁的书桌，不要在其上放置各种与学习无关的东西，以保证他能专心地完成自己的学习任务。

・为孩子准备合适的书桌。

从原则上讲，不同年龄段的孩子适用不同的书桌，不过每过一段时间就换一个桌子也着实有些没必要，可以固定一个能供孩子使用较长时间的书桌。

如果家中有条件，最好专门给孩子准备好供他学习的桌子，带书架的或者不带书架的都可以，高度也要合适，要考虑到他的身高增长，最好不要准备太过矮小的桌子。颜色方面也不要太花哨，没有图案最好。

当然如果家中没有太好的条件，其他桌子也是可以的，只是要以这个桌子为中心，给孩子固定好一个合适的学习空间，而不要总是换来换去，否则孩子也学不踏实。

・从一开始就要向孩子明确书桌的作用。

孩子还没到正式开始学习的时候，有些家庭中给他准备的书桌可能就是个摆设，上面会摆满玩具及各种东西，这无疑会让孩子错误地认为书桌是个可以随便摆放东西的所在。既然家中准备了书桌，那么从一开始就该让它发挥正确的作用。

书桌上只摆放书籍和文具，同时也要告诉孩子这个桌子是做什么用的，从孩子小时候开始，如果他想要自己看书，就引着他到书桌上去看，如果他想要拿笔写写画画，也要让他到书桌上去完成。总之就是让孩子知道书桌是用来学习的，所以上面不能随便摆放其他的东西。

・教孩子合理利用书桌。

该怎么使用书桌其实也算是孩子的自由，不过鉴于他并没有很好的自控能力，我们还是要好好教教他。

书桌上摆放的东西可分为长期要用的和临时要用的两部分，像是一些工具书、参考书、纸笔等文具都是要长期摆放在书桌上的，就可以给它们固定好位置，以方便平时的取用。而孩子的教科书或者临时要用到的一些额外的参考书，以及他的作业等都是临时的东西。另外，看书时也可以放一杯水以解渴，省得来回跑来跑去。这些临时的东西要和长期摆放的东西有所区分，不要太过混乱地放在一起，即便是临时取用，也要摆放得整齐，用完后还要及时收好。水杯或者苹果这样的临时吃食，最好放得稍远一些，以免不小心碰倒而弄脏了桌面及桌面上的东西。

使用完之后，除了要将书桌上临时放置的东西清理干净，留下的废纸、铅笔屑等东西收拾干净，还要把桌子擦干净，以方便下次再用。

- 提醒孩子也要注意学校书桌的整洁。

这里所提到的书桌，不仅仅是指家中的书桌，也包括学校里的书桌。孩子除了要注意家中书桌的整洁，对学校的书桌也要有保持整洁的意识。

除了每天都要擦桌子之外，书桌上摆放的东西也要像家中书桌一样处理，书本文具摆放整齐，用哪个就拿哪个，不要都摊在桌子上。有桌斗的书桌，桌斗里也要保持干净，其中只存放书包或者其他应用书本文具就好，其他的零食、玩具、漫画书可不要带到学校去。

教育启示

要想有良好的学习状态，就要有一个干净整洁的学习空间，书桌是孩子学习的"主战场"，保证这个战场的干净整洁，将会保证孩子的注意力不被与学习不相干的事物所扰乱，对于提升孩子学习的效率也大有帮助。去除书桌上与学习无关的东西，会让孩子学习时的注意力更为集中，也能最大限度地保证孩子的学习效果。

认真对待孩子提出的每一个问题

年幼的孩子大都会化身为"十万个为什么"，对于很多事物他都会有想要搞清楚的意愿，有些问题来自于他对生活的所思所想，有一些问题则来自于他的教科书。孩子询问"为什么"的对象，除了老师，就是与他最亲近的父母了，而且他也很期待从我们口中听到他所不知道的答案。

不过，不是所有的人都愿意充当孩子的问题"解答器"的。因为孩子的问题一般都会比较幼稚，在成年人看来，很多问题都是明摆着的事情，没必要解释的，孩子问了这样的问题，我们不但不觉得他勤学好问，反倒觉得他怎么这么幼稚，于是也就拒绝回答。

不仅如此，孩子的很多问题又都天马行空，想起什么问什么，大问题能大到宇宙的广度，小问题又小得跟针鼻眼儿一样小，很多成年人的思维明显没有孩子那么跳跃，反应也就没那么迅速，对于这样的问题，我们自然也是能敷衍就敷衍过去。

更重要的是，我们很忙，我们忙着工作，忙着挣钱养家，回家后还要忙着做家务，忙着照顾全家上下，处理邻里朋友的事，处理柴米油盐酱醋茶，这么忙碌的生活，哪儿还有空去思考孩子问了什么问题。

我们给自己找了各种理由作借口，来推脱孩子的询问，甚至觉得，他的问题应该去学校问，老师和同学才是他询问的对象。而且，本来上学就是去解除自身疑惑的，怎么越学反倒问题越多了呢？是不是他没有好好学？结果，我们不仅没有解决孩子的问题，反倒是我们自己对孩子平添了许多错误的判断。

其实孩子有问题是好事，能问出问题，代表他的思维是活跃的，代表他有了自己的思考，显然正是因为他在自己所知的有限的资源中找不到答案，所以才来询问的，这时刚好也是我们拓展他知识面的大好时机。而且，不明白就问问，这原本也是个好习惯，总好过孩子将不明白埋在心底，到最后问题反倒越积累越多，让他无法学到更多的知识。

所以，对于孩子提出来的问题，我们应该以认真的态度去应对，不嘲笑其幼稚，不抱怨其天马行空，也不要给自己找一堆借口，给孩子一个合理的应对就好。

· 认真听听孩子的问题。

孩子会在各种情况下提出问题，不过不管他在什么时候提出问题，我们都要保持耐心，至少要认认真真地将孩子的问题听完。

可能当时我们正在忙碌，一时分不开身，告诉孩子"稍等，过会儿再说"就好。不过，最好在我们开始忙碌前，就告诉孩子暂时先不要打扰，以免出现中途被打扰的情况。如果当时不太忙碌，就先暂停手中的事情，好好看着孩子的眼睛，听听他想问什么，来个简单的交流，看看他的问题来自哪里，他想要了解到什么程度，以清楚了解孩子的问题。

· 以合适的方式"告诉"他答案。

孩子问出了问题，都是想要获得答案的，如果知道答案，我们当然可以直接将答案告诉他，不过也可以换一种方式。比如，引导孩子自己去搜索可搜索的资源，不管是翻书还是自己亲自动手去体会，当孩子自己找到答案时，要比我们直接告诉他答案记忆深刻得多。

如果我们暂时不知道答案，也要明确告诉孩子，只不过不要理直气壮地说"我不知道，你去问老师吧"，毕竟不知道答案也不是什么值得炫耀的事情，可以和孩子一起去寻找答案，或者让他记录下来，以待日后学习了更多的知识后再重新思考。

另外，有些问题可能很幼稚，我们不必做出回答，可以通过提出问题的方式，让他积极思考；有些问题，我们要引导孩子自己观察，让他自己去验证。比如，孩子问："妈妈，苹果核的籽是什么味道的？"我们可以鼓励孩子亲口尝一尝，让他自己去证实。

对于一些其他小常识，我们也不必做出回答，可以鼓励孩子："你亲手做一个实验，验证一下就有结果了。"必要的时候，可以给孩子一些指导，这样不仅利于孩子形成严谨的思维，还有利于他积极思考，养成坚持不懈的探索精神。

- 不被自己的情绪左右回答。

很多人在解答孩子的问题时,都随着自己的情绪来决定最终的答案,如果自己高兴,可能就会讲上许多,前因后果都能给孩子讲清楚;可如果自己当时刚好不那么高兴,可能一句敷衍就过去了,更有可能不仅不好好解答,反倒训斥孩子一顿,认为他自己不好好思考,什么都学不会。这岂不是冤枉了孩子吗?

控制好自己的情绪,也是我们必须要做到的一件事,面对孩子时,不要让情绪左右自己的态度,更不要迁怒于孩子,与他的相处应该是平稳和谐的、充满关爱的。孩子来问问题,我们调整一下自己的情绪,将注意力放到他的问题上就好。

- 遵循一些"答题"的原则。

孩子的思维跳跃性比较强,问题也是千奇百怪。

针对不同的问题,我们要遵循以下答题原则:

对待知识性问题,要以启发为主,不宜说得太透,鼓励他积极思考;

对待生理问题,比如"我是怎么来的",要根据孩子的年龄和理解能力做出解释,如果孩子年龄比较小,不易理解,可以让孩子观察小动物,间接明白一些生理现象;

对于一些是非题,包括人际关系、生活常识,除了要告诉孩子"是"或"不是",还要给孩子讲明道理;

对于一些没有答案的问题,可以把问题留给他,给他想象的空间……

・鼓励孩子养成提问题的好习惯。

经常提问是个好习惯，但是随着孩子成长，很多孩子却越来越少问问题了，有的孩子甚至不再问问题。这其中有很多原因，有的孩子已经学会了自己寻找答案的方法，有的孩子则是变懒了，还有的孩子则觉得问了也没用。

我们应该时刻保持可以解答孩子问题的状态，同时也要教他学会自己为自己答疑解惑。即便他日后不再问我们问题，这个好习惯也还是要鼓励他保持下去。

・认真对待，要悟透"认真"的学问。

孩子的问题多种多样，但有的问题并不一定要求我们做出精确的回答，他只是想获得一种满足感，希望得到我们的重视。所以，当孩子总喜欢追着我们说话，问一些无聊的问题时，我们要反思，最近是不是冷落了孩子，应抽出时间来多陪陪他，满足他被重视的愿望。

另外，成人要少问孩子尤其是三四岁的孩子"为什么"，问得越多，他就"思考"越多，这种"思考"显然在助长他的"思辩（是想办法去辩论，而不是辨别）"能力。如果孩子在幼儿阶段就有强大思辩能力，反而会影响他成长，他会对一些问题找很多"借口"，会影响他的吸收力。所以培养思考力要把握度，过犹不及，要根据孩子的不同年龄分别培养。

教育启示

能提出问题来，不管是简单的还是复杂的问题，都意味着孩子的思维经历了变化，他是经过自己的思考后才有问题提出的，这是一件好事。而我们对待他这些问题的态度，则是决定他是不是能一直保持这种思维高度活跃状态的条件，显然只有我们肯定了他的提问，只有我们愿意配合他解决问题，他才会愿意提出更多的问题，并从中受益。

不要给孩子贴上"笨"的"标签"

"笨死了！"很多父母总会看似随意地从口中说出这样的一句评价，有些人已经将这样一句话当成了自己的口头禅，只要孩子有不那么好的表现，这句话随时都能从自己口中冒出来。

我们将这句话当成了自己的一句感叹，有时候也会认为这样一句话对孩子是一种激励，当然有的父母就纯粹是用这句话来发泄自己心中的闷气了。究其原因，不过都是孩子表现不佳罢了，但这种不佳也并不是孩子真的不那么好，有的时候还可能是因为孩子没有实现我们心中的目标，或者与周围人相比有些差距。

一位妈妈就经历了这样一件事：

回老家探亲，有天刚上小学一年级的侄女在做作业，十以内的加减法，侄女做得也很慢。帮着检查作业的姥姥忍不住说道："你怎么就这么笨哟！老师上课不是都讲了吗？那还做不出来？"侄女一脸委屈，咬着嘴唇不说话，眼泪也快掉下来了。

我连忙找了个理由支走了姥姥,拿出一堆糖果,用实物来引导她把刚才的数学题又做了一遍,结果她很快都做对了。我夸她领悟得快,鼓励她下次好好想想再做作业。侄女这才露出了笑容,作业也做得快了。

我觉得,姥姥是在气头上才说孩子笨的,可如果孩子经常听到这样的评价,她最终会真的觉得自己很笨,这个标签会跟着她一辈子的。

一个"笨"字,在我们感觉可能没什么,但在孩子听来却是具有重要意义的。特别是爸爸妈妈说他笨的时候,他会想:"我是不是真的如爸爸妈妈所说的那么没用?那爸爸妈妈是不是不再喜欢我了?"如果孩子长期都听到爸爸妈妈对他的"笨"的评价,也就会长期处在这种难过的复杂的情绪之中,久而久之,孩子的变化将会有两种,一种是变得越发自卑,认为自己就是那么笨,变得不再相信自己,可能表现得比之前更差;另一种则是干脆破罐子破摔,原本可能只是有一点地方表现得不好,到后来干脆就自己主动地什么都不干了,如果被训斥,反倒会说"反正我也是笨,做不做都一样"。

不过不管是哪一种,孩子都处于一种主动自我放弃的状态。也许我们认为自己只不过是情绪的一时发泄,可是向来都是以他人评价来判断自我的孩子,原本又将父母的话当成是神圣的存在,就会很笃定自己就是父母口中所描述的样子。

我们看似随意地贴上了标签,却有可能让孩子真的变成那个样子,就好像是一种无形的引导一般,等到日后再想更改可能都有些困难了。

而孩子的表现真的那么不堪吗？回忆一下，孩子只不过是在某一次的表现出现小问题罢了，可是我们却总是会习惯性地将小事夸大。要知道，这种张口就来的训斥，会对孩子造成很严重的心理伤害，不要认为孩子不会想那么多，恰恰相反，有了自我思维能力的孩子，会对任何指向他的评价有非常多的考虑，一旦他的思维也钻入了死胡同，可就很难走出来了。

因此，即便是批评孩子也要万分小心，别轻易说出"笨"这个字。

- 尽量多点评事实，少发表感想。

"笨死了"是一句感想式的评价，是自己对孩子所作所为的感觉，是自己对孩子的一种印象。这样的评价除了能让孩子内心受伤，没有任何其他的意义。所以，就算孩子表现不佳，也应该多点评他的表现，多问问他为什么会出问题，引导他回忆自己哪里做得不好，和他一起想想怎样可以弥补这个缺失……

其实当孩子已经得到了不好结果之后，我们有很多事情可以做，但绝对不要去简单地评价他的表现，笨不笨可不是这一两件事所能体现出来的，而且笨这个定义也是含糊不清的，所以不要轻易就给自己的孩子加上这个意义不明确的定义，反倒引得自己的孩子不开心，这该是多么不划算的事情。

- 不要在他人面前说孩子"笨"。

如果有人夸奖孩子，有的父母却反倒说："我孩子挺笨的，他才没有那么好，别那么夸他，太抬举他了。"可如果有人，特别是老师告诉父母说，孩子的状态不那么好，那么父母就很肯定地说："就是，他特笨，我也看出来了，所以还请老师多费心了。"

前一种说法，是为了体现我们的谦虚；后一种说法，则为了体现我们的恨铁不成钢，但显然不管是哪一种表达，都相当于我们在外人面前贬低了孩子。

我们顾全了自己的面子，让自己表现得很好，但却毫不犹豫地舍弃了孩子的尊严。这样的表达"笨"的方式所带来的伤害，甚至要比我们当面训斥孩子"笨"所带给他的伤害更严重。

所以，这样的做法应该是坚决被禁止的，不管是在谁面前，都不要说孩子笨，特别是当孩子也在场的时候，一定要避免这种表达。如果是老师这样说，我们最好也要挽回一下孩子的面子，说一句"他的反应的确慢一点"，也会让孩子听来好受一些。我们对孩子的尊重，也会换回他对自己的反省。

- 一定注意自己的玩笑表达。

"你这个小笨蛋！""你就是个笨蛋！"在我们看来，前一种说法可能是玩笑，后一种说法可能才是表达感想。我们喜欢和孩子开玩笑，这样说他只是表达我们对他的喜欢，对他笨拙表现的一种疼爱的表达方式。

就像一个小笑话讲的：一位妈妈经常说孩子是"傻孩子"，都成口头语了。孩子就很郁闷，有一天就问妈妈："妈妈，我真是个傻孩子吗？"妈妈笑着说："傻孩子，你怎么是傻孩子呢？"孩子听完后，更郁闷了：看来，我真是傻孩子了！

实际上，孩子的脑子暂时还没有像我们这么复杂，他会将我们口中说出来的任何话都当成是郑重其事的话来听。比如，我们说"你可真是个小不点儿"的时候，是不是孩子一定会反驳"我才不是小不点儿呢"？其实我们只是在玩笑，但孩子往往都会郑重其事地反驳。

所以，即便是玩笑，也不要让他感受到自己被贴了标签，他暂时分辨不出来其中的玩笑成分。如果觉得他做的事情真的不是很靠谱，倒不如告诉他正确的该怎么做，提醒他注意改正错误，引导他做对比较好。

教育启示

孩子最怕被贴上不好的标签，因为这个标签一旦贴上去，想揭都揭不下来，孩子会很"认真"地按照这个标签的指引而发展，这其实是很可怕的事情。特别是"笨"这个标签，孩子会很在意自己的脑子是不是灵光，所以我们倒不如将注意力放在帮他改正问题上，鼓励他通过自己的努力取得进步，他的改善其实也会改变我们对他的判断。

给孩子准备一个展览架，让他展示自己的各种"作品"

孩子学习的过程，也是一个不断出成绩的过程，在很多方面他都会取得或大或小的成果。比如，他可以完整地画一幅色彩丰富、内容充实的画；可以动手制作一件让他感兴趣的小制作；可以有模有样地写一篇工工整整的字，当然他更可以拿回来各种各样的奖状或者小奖杯、小奖牌。

这些都是孩子努力的结果，他也乐于将这些结果展示给我们看，随着年龄增长，他将会有越来越多的"作品""成果"出现，这时我们不妨给他准备一个展览区域，以供他展示自己的作品。

不过对此有些人会有不同的意见，因为孩子的作品，不管是课内要求的还是课外他的兴趣，都具有太大的不确定性，有的可能会颇具有想象力和艺术性，但有的就不是了，可能在我们看来，那就是等同于垃圾一般的存在，但孩子却对其爱若至宝。

想象一下，家里本来很有格调的装修，但却摆上那么几个如果不解释就不知道是什么的东西，完全格格不入，家中没有别人还好，一旦来了客人，就算说是孩子的作品，很多人内心也会有种家中整体美感被破坏的感觉。

而且，更多的人觉得保持家中整洁统一的样子是必须的，孩子平时都不被允许乱写乱画，更何况是要摆放一些不确定美观与否的东西呢？

孩子拿出来的任何一件作品，都很希望得到周围人的肯定，特别是爸爸妈妈的肯定，就算是周围人都不喜欢，但只要爸爸妈妈喜欢，他也会感到非常开心。而如果连我们都对他的作品心不在焉甚至是予以否定，他动手的热情会越来越淡，同时他原本的自信也会逐渐消失不见。对于这种状况，孩子其实是很难过的,他希望得到的肯定得不到,可我们却反倒不停地催促他要在学习上取得好成绩。

换句话说就是,他想做的事情没有得到肯定,被逼迫做的事情却被希望获得肯定,孩子很矛盾,他会渐渐发觉我们关心的只是成绩。但到了那时,他的内心已经被烦躁充满了,同时还有不能违抗爸爸妈妈要求的不甘心,带着这样的情绪去学习,结果可想而知,即便是有了好成绩,也是被逼无奈,无法走心的学习,怎能持续得长久呢?

有人认为不过就是摆放作品而已,怎么会和学习扯上关系?

孩子的生活其实很简单,就是分为学习内的事和学习外的事,这两件事只有互相平衡,才能让孩子的生活平稳继续下去,否则刻意只强调学习,不重视他在学习之外的其他成果,这个平衡被打破,孩子会越发讨厌占用了他兴趣的学习。

因此,为孩子在家中布置展示区域的做法,就是尊重了孩子学习之外的兴趣,更何况,这个作品展示架也不一定都是学习之外的作品,学习之内的作品也同样是可以摆放上去的。看到自己的作品很郑重其事地被摆放出来,孩子一定会开心不已,如此一来他也会愿意在未来、在各个方面表现得更好。

- 准备一个不会被打扰的地方。

给孩子准备作品展示的地方要具备几个特点:不能影响家人的正常生活,但却要让孩子能感受到我们对他作品的重视,同时还要方便整理。

可以选择在孩子的房间里展示,当然也可以拿到客厅或者其他地方展示。可以在墙上搭小架子将孩子的作品一一放上去。

最好从一开始就确定好孩子展示作品的地方，一旦确定就不要轻易再变动，否则今天放在这里，明天放在那里，会让孩子感觉自己的东西其实并不被重视。不仅如此，那个地方也要经常整理，可以让孩子自己去整理，打扫清洁摆放整齐这样的工作都可以让孩子自己来完成。

• 了解孩子的"作品"。

孩子摆放出来的作品，应该都具有一定的意义，不要只是在一旁看着孩子忙活，我们也要了解一下他的这些作品到底都是什么。要带着兴趣去问孩子，耐心听孩子讲解他的作品，站在孩子的角度去欣赏这些作品，不要加入太多成人化的评价。

同时，最好也问问孩子制作作品的最初原因，引导他多加思考，让他能将作品和更多的知识内容联系起来，并且鼓励他更多发散自己的思维，这样就会有更多的好作品被孩子创造出来。

• 不要局限作品的范围。

到底要摆什么样的作品出来，我们也会有自己的考虑，比如有人会提醒孩子，多摆放绘画作品，因为孩子在绘画方面表现得更好；有人又会想让孩子多放各种奖状，因为这样的东西在外人看来最有分量。

其实这样完全没必要，我们为孩子准备作品展示架的目的，是为了让他能意识到我们对他作品的重视，让他能自信起来，可不是为了我们自己面子上好看，更不是为了在外人面前炫耀。所以，不管是什么范围的作品，只要是出自孩子之手，都可以放上展示架。

· 允许孩子自己选择喜欢的作品来展示。

虽然是无差别广泛的选择，但到底要放什么作品上去，也不是毫无选择的，可以让孩子自己去选择，毕竟他自己内心也会有自己的看法，可能我们喜欢的他不那么喜欢，而我们不看好的却恰好就是他的心头最爱。

所以，我们只能给一些建议，但最终决定权还是在孩子，要看他想要展示什么，想要怎么展示，一切随他自由就好。

· 鼓励孩子再接再厉。

作品展示出来应该起到一个鼓励的作用，也就是说，要让孩子看了之后有想要再接再厉，继续再努力，以做出更多更好作品的想法。所以平时可以多鼓励孩子，引导他展开想象，哪怕是改进现有作品，也是一种值得鼓励的进步。

不过，一定不要用"你看这作品都旧了，都不好了，你要不要做更好的"这样的话来鼓励孩子，毕竟都是孩子的心血，我们也该对此有最起码的尊重，换一种说法，提醒他"难道你不想看看自己还有什么更棒的点子吗？"这样的表达更能激发孩子想要一试的意愿。

教育启示

每个孩子都是艺术家，都有自己的想法，都是各个领域的天才。而孩子能真正有所发展的前提就是，我们能不能发现并信任他的表现。作品展示架是我们对孩子的一种肯定，这样的展示其实不仅能让孩子感到自己被肯定，同时也能让家庭中产生一种积极向上的努力氛围，而各种新奇的作品，更是能为家庭增添不一样的光彩，所以赶紧在家里也尝试一下吧！

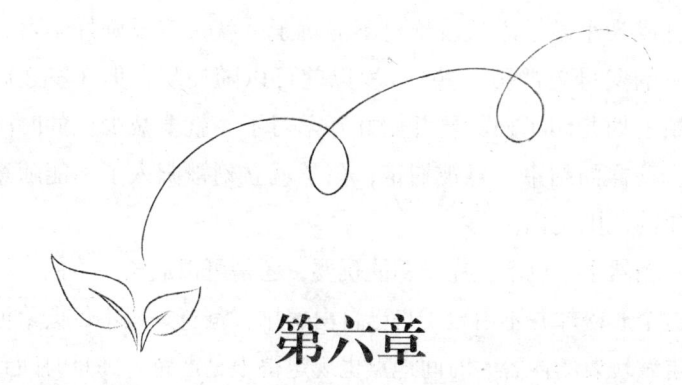

第六章
满足孩子娱乐和交往的 9 大需要

> 玩是孩子的天性，在孩子这里，玩可以被定义为很多种活动，娱乐、交往其实都算是玩的体现。既然是天性，那便是我们不能阻止或限制的，更不可能彻底抹杀。孩子本来就需要娱乐与交往，所以倒不如顺应他的需求，满足他的需要，以保证他的身心健康发展。

允许孩子玩,给他一个玩耍的独立空间

要不要让孩子玩耍?很多人总是自己给孩子划定一个允许的分界线,比如,有的父母认为小学之前孩子可以玩,可一旦成为小学生之后就绝对不能玩了,就一定要好好学习;还有的父母更严厉一些,3岁以前可以随便玩,但3岁之后开始上幼儿园了,就要开始好好学习了,就要减少玩的时间了。这样的约束一旦被划定,孩子就立刻被归入了不能随意玩耍的范围之内。

当然了,也不是完全不能玩耍,还是可以放松一下的,可是这个放松却并不由孩子自己自由安排,爸爸妈妈不仅会给他规定好玩耍的内容,时间地点也规定得很是严苛。一旦时间到了,我们往往都会毫不留情地将孩子从玩耍的氛围中拽出来,即便孩子不高兴,我们也会用苦口婆心的劝阻来"逼"他就范。

结果,孩子不得不放弃带给自己快乐的玩耍,转而重新回到在他看来无比枯燥的学习中去。表面看来,孩子安静地坐下了,要么开始听课,要么开始看书,要么开始练习,但不得不说,这真的只是表面现象罢了。孩子的内心其实还依然想着刚才玩耍的情景,即便只是被规定的玩耍,对于他来说也是很珍贵的。如果他看到了其他孩子无忧无虑地玩耍的场景,就会更加羡慕,也会在他的心里掀起更大的波澜。

而孩子这明显"跑偏"的心思,是很难在短时间内恢复过

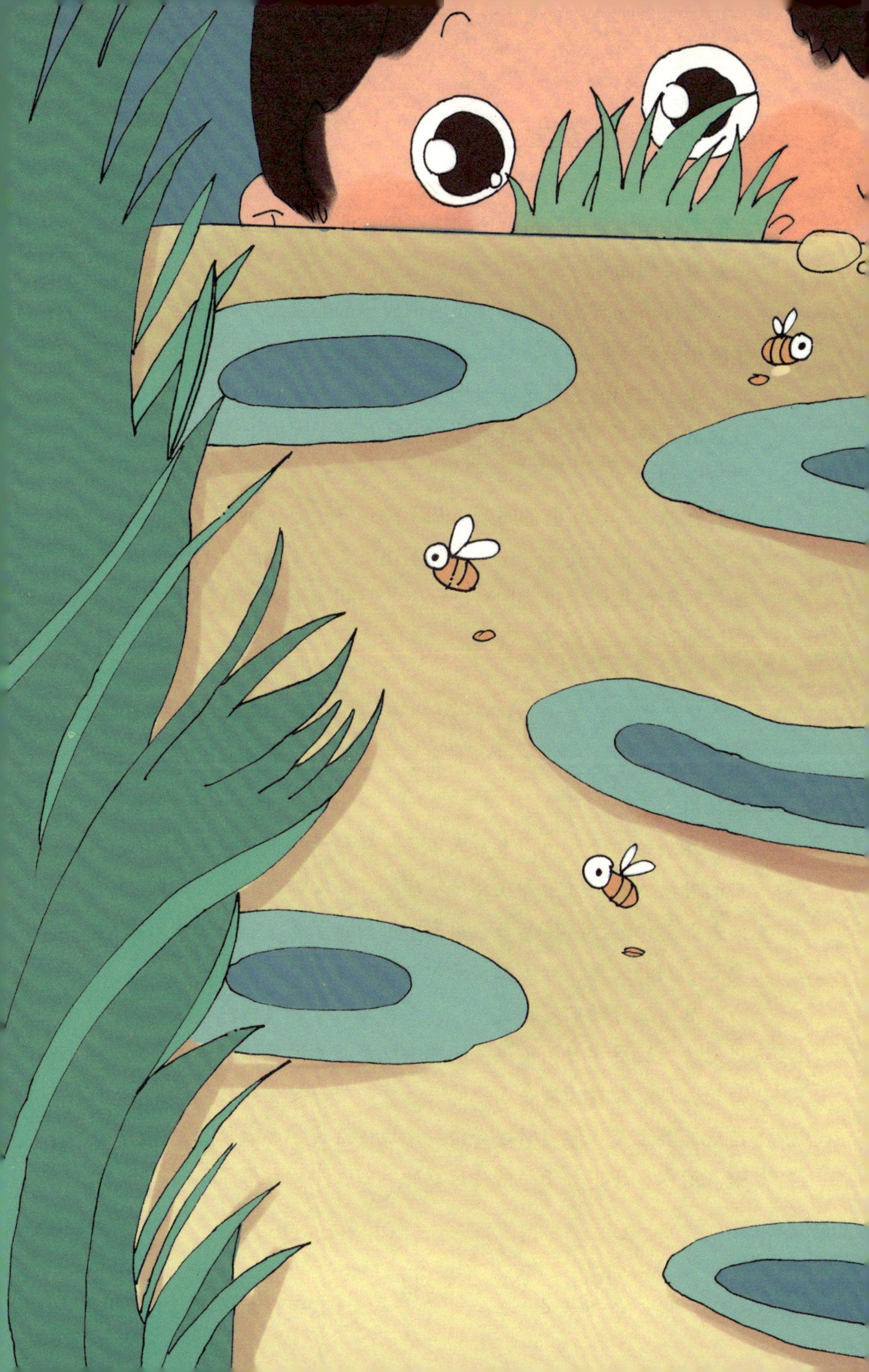

来的。孩子想要玩，可这边却还在逼着他继续学习，这样的学习效果可想而知。

  这种情况其实在很多儿童培训机构都能见到，特别是一些年龄小的孩子们，不管是学习英语、绘画，还是学习舞蹈、音乐，孩子们期待的都是放松玩耍的时刻，上课的时候反倒是不认真的人居多。再加上有严厉的老师，孩子因为上课不认真就没少受到训斥。

  在原本应该玩耍的时候，却不被允许玩耍，还要经历很辛苦的学习，孩子其实过得一点都不快乐。就算他此时取得了成绩，对于他来说，也是用自己玩耍的时间换来的，日后回忆起来，他其实一点都不会开心。

  有一对父母也意识到了这一点，所以他们"老谋深算"地给孩子制定了这样一条规则，那就是每到周末假期时，孩子只能玩耍，不能学习。

  在别的孩子利用周末时间不停地辗转于各个培训班、兴趣班的时候，这个孩子却在大玩特玩。可令人惊奇的是，他的成绩却并不比那些将休息日也用来学习的孩子差，甚至比他们还要好。别的父母惊奇不已，来向这对父母打听"秘方"。

  这对父母的回答却是："正是因为让孩子自由地玩耍，所以他才能玩耍学习两不误。玩本来就是孩子的天性，如果不让他玩，那就相当于剥夺了他的天性。而他一定会想方设法偷偷地玩，甚至是在学习时也会偷偷地玩，这样学习效果当然不会好。所以，还不如干脆给他玩耍的时间，当他玩够了，自然也就会塌下心来做其他事了。"

正如这对父母所说，玩是孩子的天性，快乐、幸福、自由就是童年的最大标志，在这个时期，孩子的思维会相当活跃，因为他还没有受到固有思维的困扰，还没有被世俗的观念所束缚，所以他会有相当多的奇思妙想，每一次玩耍都可能会留下深刻的意义，说不准在什么时候的一段经历，就会给孩子带来怎样的一种启发。

事实上，在孩童时期，吃穿不是最重要的，过早的学习也是没必要的，只有玩耍才是孩子最关心的事，同时也是他最应该做的事。

顺天性而为之，孩子就会自然成长，既然孩子天性爱玩，又何必违逆呢？孩子的精力总是要有释放的地方的，那么小的孩子原本就不可能长时间集中精力。如果强制着压抑他想要玩耍的心，无处释放的精力也会导致他无法安静地完成其他事。

既然如此，我们倒不如顺应孩子想要玩耍的心，给他一个可以充分玩耍的独立空间，没准儿反倒能看到令人意想不到的结果。

之所以这样说，是因为允许孩子充分玩耍意义非凡。

首先，如果孩子能充分玩耍，那么他的全部精力就会得到释放，时间越充分，干扰越少，孩子也会越投入，如此地投入自然会让孩子的专注力得到锻炼，同时越是专注，孩子越能发现更多的乐趣，这就会让他的专注力和创造力得到发展。

其次，充分的玩耍过程中，孩子的体能和动手能力也会得

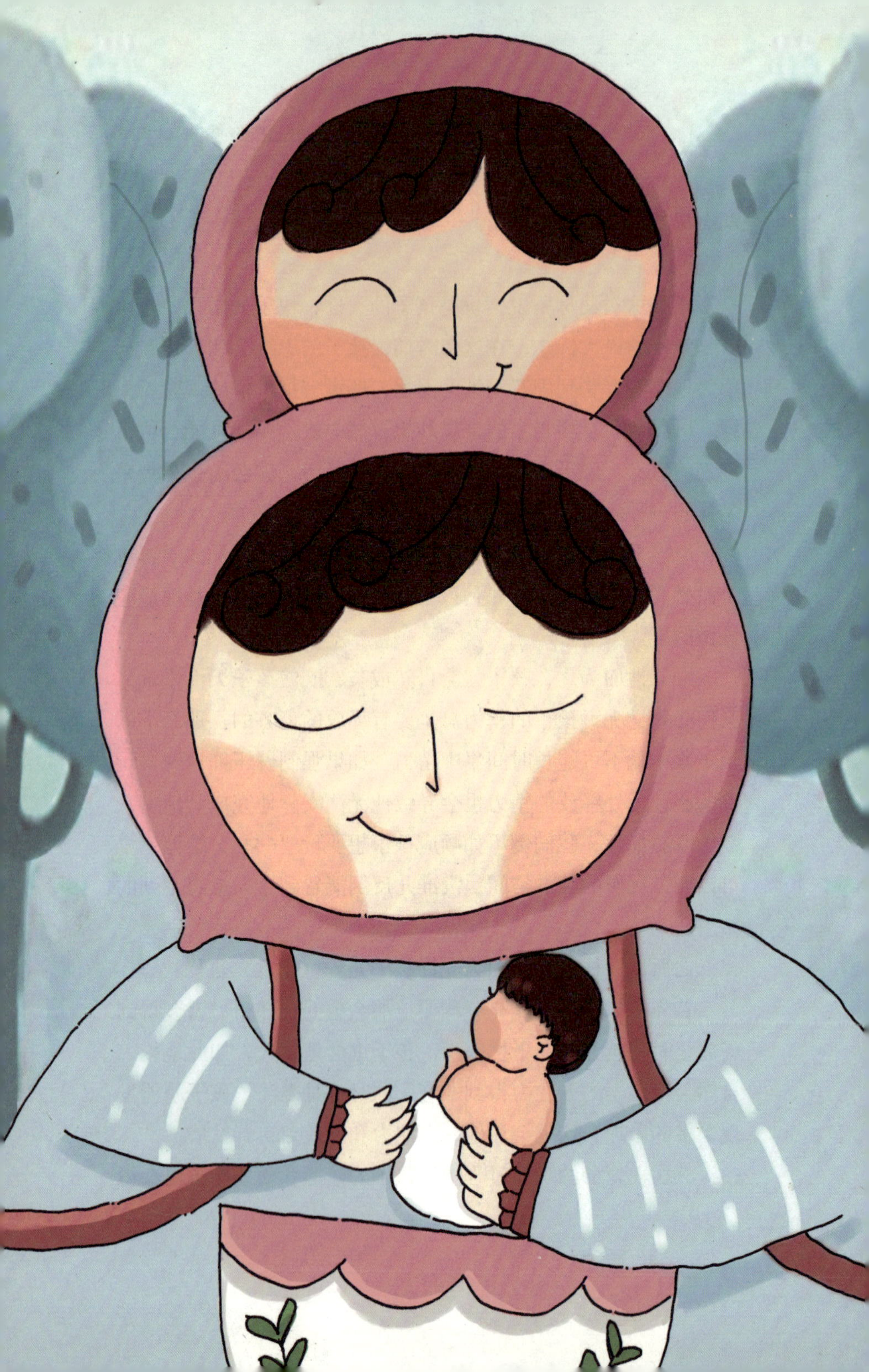

到锻炼，而且他也会在其中收获更多的发现，这对于孩子日后的学习无疑是有好处的。

最后，充分的玩耍其实也是孩子释放情绪的一种有效方式，只要是积极的、健康的、安全的游戏，孩子总能在玩耍过程中忘却不愉快，甚至还会和吵了架的朋友迅速和好。负面情绪的释放，也有助于孩子不带心理压力地去做更多的事。

那么，为什么要给孩子一个独立的玩耍空间呢？孩子玩耍的时候是有自己的玩耍规则的，玩什么、怎么玩，他们自己去规定，自己去体会就好，这也是他培养规则、适应规则的一个过程，这是一个很好的自我成长的经历。我们的干涉只会让他觉得自己玩得不尽兴，而且我们总是因为不安全、不卫生的一些自以为是的原因而阻止他的玩耍，这也无疑会让他感觉自己手脚放不开，也就没法充分尽兴地玩耍了。

所以，在玩这个问题上，我们一定要放开手。

但也不是说什么都不管地任由他随便疯玩，还是可以给他定个规矩的，特别是在重要的事情上，合适的规矩会让孩子能更明确地区分玩与学习的界限。

比如，可以给孩子规定好学习的时间，什么时候写作业，什么时候学习其他知识内容；也可以给他规定好按时吃饭、睡觉等日常生活规矩。定下规矩后，还要提醒孩子必须遵守规矩，不能违背，这也是在培养他的责任心。

教育启示

会休息的人才会工作，而会玩的孩子才会学习，这其实是很多人都能明白的道理，可真到了要执行的时候，却并不是所有人都能有意识地做到的。过分担心孩子会被他人落下的心情，也导致我们对孩子放不开手。其实完全没必要，把玩的权利还给孩子，就是对他的一种解放，越是充分地玩耍，越能让孩子发挥出乐享生活的潜力。

跟孩子一起看动画片，但提前约定好时间，以免成瘾

孩子对动画片的喜爱可以说是众所周知的，年龄越小的孩子，对动画片越执着，那些二次元人物或动物身上发生的种种故事，孩子都会看得津津有味，甚至会深入剧情之中，还会模仿其中的内容，更会想象自己是其中的人物。

动画片有欢快的音乐、明亮的配色，还会有各种性格鲜明的人物，更有主线明朗的故事，这些都是能吸引孩子注意力的元素。而也正是因为有这些元素存在，所以孩子会对动画片格外感兴趣，如果没有人阻拦，他甚至会一直坐在屏幕前看个不停。

可这显然是不可取的，为了阻止孩子对动画片上瘾，最好的方法是和他一起看。但如此一来问题又出现了，很多人都觉得看动画片是孩子的专利，不屑去看。

一位妈妈最开始也是这样想的，她将儿子"交给"了动画片，只要有动画片，儿子就会很乖，不吵不闹，妈妈也就有了足够的时间去做别的事情。

但是儿子渐渐长大后，有了自己的思考，再看完动画片就会不断地问妈妈各种问题，还会和妈妈讨论动画片的剧情。妈妈觉得自己招架不住了，因为她从来没看过那些动画片，对问题、剧情自然也就一无所知，每到这时儿子都会显得很失望。

不仅如此，妈妈还发现儿子看动画片的时间越来越长，有时候电视上没有了，他会要求妈妈给他从电脑里下载或者去买光盘来继续看。妈妈很快也发现这并不利于孩子的身心健康。

最终，妈妈决定陪着儿子一起看动画片，儿子显得很开心，妈妈不只是看，还边看边和他讨论交流。而有了妈妈的陪伴，儿子看动画片的时间也有了规律，再没出现过没完没了的情况。

显然妈妈陪着孩子看动画片，不仅仅是温情的表现，也能帮孩子限定看动画片的时间，对他的健康也是一种保障。

所以，为了让孩子能更有节制地看动画片，我们不妨加入他看动画片的行列中去，和他一起看动画片，我们就能相对更省心一些。

首先，和孩子一起看动画片，我们可以帮他把把关，至少不会让他看到那些不适合孩子看的内容，也能让他避免受到"污染"。

其次，一起看的话，我们会和孩子一起进入剧情，也就能了解孩子喜欢的内容，再和他交流时也就有了共同的话题，这是孩子想要的家庭氛围。

最后,一起看动画片的我们,也能放松身心,而且动画片中的道理,也能经由我们的讲解变得更加通俗易懂。特别是孩子没有看懂的时候,我们还能起到引导作用。

· 和孩子约定好合适的时间。

电视节目中的动画片开演时间大部分都是固定的,如果孩子想要看的是电视台播放的动画片,那么根据动画片的播放时间来安排就好。一般来说也就是半个小时到 1 个小时的时间,而且多半都不会太晚,所以相对要好控制一些。

除了电视节目,孩子也会看光盘或者电脑中的动画视频,这样的动画片的时长可就是自由的了,如果没有节制的话,孩子会一直看下去。特别是那些连载时间很长的动画片,会占用孩子大量的时间。

所以对于这样的动画片,我们就要和孩子提前约定好时间了,每天什么时候可以开始看,看多久就要停下来,都要提前和孩子商量好。而这个时间一旦确定,就要确实执行下去。可以将时间打印出来或者写出来贴在家中醒目位置,提醒孩子要遵守。可以在结束前 10 分钟或 5 分钟提醒孩子一次,让他有心理准备。而一旦到了时间,我们就要毫不犹豫地切断电源,不要心软于孩子的哀求或者哭闹,几次之后他就知道要遵守规矩了。

· 选择更有意义的动画片。

动画片的内容多种多样,但并不是所有的动画片都适合孩子看,也不是所有的动画片都有良好的意义在其中的。

所以，在让孩子看之前，我们首先要了解孩子想看的动画片都有哪些内容。对于那些没有什么教育意义或者太过违背事实规律的片子，就不要让孩子看了。特别是其中还有可能会给孩子带来坏影响的片子，像是有暴力情节、误导情节的片子，一定要避免。

在看的时候，我们可以和孩子有交流，也可以引导他思考其中的内容，这样才体现出我们陪他一起看的意义。

· **注意孩子对动画片的模仿。**

孩子具有极强的模仿能力，动画片中的情节动作对话都是他可模仿的对象。可是，如果他模仿的是错误的，我们就会悔之晚矣。

比如，曾经有孩子模仿一部动画片中烧烤不死的镜头，将自己的小伙伴也绑到树上烧烤，结果酿成大祸；还有孩子模仿某些动画片中用各种东西打头的镜头，结果导致对方受伤；也有孩子不断地模仿动画片中粗俗的语言，令其道德蒙羞。

对于这样的一系列模仿，我们要格外注意。平时如果孩子有这样的模仿苗头，就先要阻断模仿的源头，这样的动画片就先不要看了，然后再针对他错误的模仿展开教育，将未知的危险尽早掐断。

· **保证孩子的视力健康。**

之所以要限定孩子看动画片的时间，与他的身体健康也是大有关系的，特别是他的视力健康。平时看动画片时，要保证孩子远离屏幕，特别是看手机的时候，一定要离开足够的距离，别让孩子自己举着小小的屏幕看起来没完，否则他的视力就会受到极大损伤。

教育启示

为了能让孩子健康地看健康的动画片，我们可不能做甩手掌柜，一定要对孩子看动画片的时间、内容等各方面都严格把关，陪他一起看的时候，我们也要多思考，不仅思考动画片的内容，还要思考和孩子之间该怎样交流，才能既保证他的兴致，同时也能让他从动画片中有所收获。一个总原则：动画片能少看则少看，以免孩子看动画片上瘾，影响其成长。

适度允许孩子看一些少儿益智节目、少儿科教片等

在孩子看电视这个问题上我们也是犹豫不决的，因为电视对孩子具有绝对的吸引力，先不说别的内容，只是广告就能让孩子的注意力被抢走。

曾经有妈妈这样描述自家的孩子：

女儿1岁多的时候，就对电视里的广告格外注意，只要有她喜欢的广告出现，别的什么东西都无法影响到她。

有时候，她会跟着广告里的音乐动作扭来扭去，有时候还会咿咿呀呀地跟着嚷嚷两句。虽然样子看上去可爱得很，可是总盯着电视里的广告看也不是什么好事。

满足孩子娱乐和交往的9大需要

后来等她大一些了，会说话了，对广告的模仿可就更明显了，广告词背得那叫一个溜。不仅如此，她还开始对那热闹的综艺节目也产生了兴趣，又唱又跳的，笑闹不停的，她都目不转睛地站在电视机前看。要是有动画片在演，那她就更不会离开电视了。

很多时候我都怀疑，让孩子看电视是好事吗？

如果不加节制与判断，孩子的确会沉迷到各种各样的电视节目中去。电视节目本身就是声光色俱全的内容，而孩子又喜欢热闹的影像，所以这很明显是一个"供需平衡"的关系。但是不管是从身体健康还是从心理健康的角度来说，毫无节制地任由孩子看电视，也是不可取的。看久了电视，孩子的视力和身体发育会受到影响，而他的心思也将被五光十色、丰富多彩的电视节目所吸引，至于说学习恐怕早就被他遗忘到脑后了。

不过，如果就此完全不让孩子看电视也是有些绝对了，电视也是孩子接触外界社会的一种手段，其中也有很多颇有意义的节目值得一看。只是我们要担当起引导的责任，既要让孩子看到好节目，同时也要能约束他看电视的行为，使他不至于毫无顾忌地浪费时间和精力。

孩子可以看的节目，除了动画片之外，少儿益智节目、少儿科教片也是不错的选择，通过观看这样的片子，让孩子从中有所收获才是我们的目的。

- 提前了解电视节目。

要想让孩子看到合适的少儿节目，我们首先就要提前了解都有哪些节目是他可以看的，很多家庭都会准备电视报，翻一翻一周下来都有哪些时间段有适合孩子看的节目，适当进行安排就好。

当然，现在网络世界发达，上网搜一下节目预告也是可以的。有时候电视中也会对一些很有意义的节目进行提前预告，看电视的时候我们多留意一下就好。

所谓合适的少儿益智节目、少儿科教片，最好要适合孩子当下的年龄特点，适合他当下的需求。其节目内容要积极健康，其中涉及的知识应该是正确的，不能是胡乱玩闹只为博人一笑的。比如，有一些益智类的节目是回答问题的，我们要关注的是以往这个节目中的问题是不是有意义的，如果太过简单或者太过搞笑离谱，这样的节目不看也罢。

不过，如果有特别好的节目，即便孩子现在还看不懂，那我们也可以或是下载，或是录像，通过各种手段将节目保存下来，等待合适的时机再拿给孩子看也不迟。

- 选择合适的观看时间。

不同于电视台动画片的时间固定性，其他类的节目可能开始的时间不固定，有的是下午，有的是晚上，我们要选择合适的时间，不能占据孩子学习和休息的时间，同时也不能没完没了地一直看下去。

如果不是休息日，确定好孩子完成作业的时间和睡觉的时间，在这两个时间之间，如果有好的节目且时间不很长，就可以和孩子一起看一看；但如果时间不允许，哪怕是过后再看重播也不要让他熬得太久。

如果是休息日，时间较为充裕，白天也是可以的，只要和他的写作业时间、休息时间错开，就可以让他看一会儿节目。

每次看节目的时间最好不超过半个小时，半个小时后就要让他站起来休息一下，如果后面还有，那就让他休息一会儿继续再看。不过，总体时间还是要有限度的，1.5小时左右为上限，最好控制在1个小时之内，到了时间就要结束节目，以保证孩子不会沉迷其中。

• 引导孩子对节目产生思考。

不管是益智类的节目还是科教片，其中都有深刻的教育意义，所以孩子看电视的时候不能只是在那里看热闹，我们也要引导他对节目内容产生思考。

益智类的节目要引导他跟着其中提出的问题去想，想想自己能不能思考出答案来，看看自己是不是了解这方面的知识内容；科教片类的节目则要提醒他注意看，其中的一些知识点也要格外注意，如果一时记不住，也可以准备纸笔赶紧写下来。

节目看完之后，我们还可以和孩子一起讨论，问问他从节目中学到了什么、有什么想法，说说我们对节目的看法。不过不要提醒孩子"你一定得记住"之类的话，孩子的收获要靠他自己去感受，倒不如多教教他该怎么从节目中去提取自己想要的东西，让他学会更准确地去抓住节目中的内容，这反倒能让他从节目中受益更多。

・提醒孩子不要依赖这些节目。

孩子很快就会发现看电视节目要比单纯听老师对着文字讲解有意思得多，电视节目中的实景、试验以及真人亲身体验，都会让孩子对很多知识有一种全方位的立体感受。很多孩子因此就会觉得，以后学习知识看电视就好了。

这是孩子的一个误区，如前所说，电视只是学习的一种渠道，却绝对不是他学习的主要渠道，孩子应该广泛涉猎各种知识，从书本、老师、实际经验等各个角度去吸取知识才行。所以对于孩子看节目这件事，我们才要实施"管控"，除了在时间上有所限定外，也要把他带入到其他更多的学习途径上去，多给他准备新鲜的书籍，多带他走出户外，多和他体验更多的有益活动，这多少也能将孩子的注意力从电视节目上拉出来。

教育启示

少儿益智节目和少儿科教片是孩子接触更多知识的一种渠道，好的节目会让孩子以身临其境的感觉去感受到知识的魅力。只是我们也要保证孩子看得有节制，不能没完没了地看电视，看这些节目的主要目的一定要让孩子搞清楚，我们是为了让他能多角度地学到更多知识才让他看的，可不是为了让他通过电视节目来消磨时间解闷的。

和孩子一起玩各种游戏，但要有度

如果说玩耍是孩子的天性，那么游戏就是孩子玩耍的主要目的。所有孩子的玩耍都不是漫无目的的，他的玩耍一定会有一个中心思想在，不同的游戏会带给孩子不同的体验和感受，同时不同的游戏也能让孩子从中有不同的收获。可以说，游戏是孩子生活中的一个重要组成部分，不可或缺，不过也不能太过泛滥。

游戏的确具备开发智能、锻炼手脑身体的作用，但是孩子的生活毕竟不全是由游戏组成的。多数时候孩子会和朋友们一起玩游戏，但有的时候他也很期待和我们一起玩，可是不管哪一种玩，游戏也讲求一个度，否则如果没完没了地玩，游戏所能起到的作用也会慢慢被淡化，孩子的注意力将全部被玩所带走。更重要的是，时间久了，孩子也会玩得疲劳不已，他的收获可能还会慢慢减少。

不过，有人觉得和孩子一起玩游戏会耽误时间，其实这样的想法显得我们很自私。在这方面，有一对父母做得非常好。

女儿小时候，爸爸经常不在家，结果女儿非常有意见，有一段时间甚至不理爸爸。为了挽回女儿的心，爸爸一有时间就会和女儿一起做游戏，不仅是爸爸，妈妈也加入了游戏的行列。一家人一起玩的游戏很简单，无非就是爸爸妈妈小时候玩过的那些小游戏，跳房子、丢沙包、折纸、翻花绳，女儿觉得新奇有趣，和爸爸妈妈玩得不亦乐乎。

不过，爸爸妈妈也不是任由女儿玩下去的，每次他们都会定好一个小闹钟，提前和女儿商量好玩耍的时间，闹钟一响，游戏就结束。开始的时候女儿总是觉得意犹未尽，但时间久了，她也养成了习惯，知道今天的游戏结束了，明天还可以继续，内心也就不那么纠结了。而重点是，爸爸妈妈能和她一起玩，她还学会了很多小手工，这让她在和朋友们交流时感到很自豪。

从这对父母的做法来看，和孩子一起玩游戏明显是颇有好处的，既能让孩子感受到快乐，还不会让他的玩耍变得毫无节制，一举多得。所以，和孩子一起玩游戏也没那么难，不妨也试试看。

· 选择合适且有意义的游戏。

可以和孩子一起玩的游戏有很多，简单的复杂的各式各样，不过显然那种不用动脑的你追我赶抓人游戏有些简单无意义，而那些需要不停地动脑、动手的高难度谜题游戏又因为难度太高而很容易让孩子失去信心。所以，选择一些合适且有意义的游戏就好。

了解一下孩子们现在都喜欢玩什么，玩哪一类的游戏，我们可以搜集孩子经常玩的游戏，同时也可以寻找与之类似的游戏。只不过，这些游戏都要保证有意义，最好是让孩子的手、眼、脑都能动起来的游戏，还能在不知不觉中培养孩子的某些能力，以免孩子只是疯玩，既耽误时间又浪费精力还没有任何收获。

- **最好主动寻找各种有趣的游戏。**

有的爸爸妈妈在和孩子一起玩游戏这件事上显得很被动，似乎只要陪着孩子一起玩就足够了，其他的根本不多想，孩子想要玩什么就顺从他的意思去玩，只是起到一个陪衬的作用，玩不了多久，孩子也会觉得没什么意思。

如果我们能够主动一些就好了，不只是主动向孩子提议玩游戏，也要主动寻找更多有趣的游戏，特别是孩子玩得不熟练的、还没玩过的游戏，新奇的、有趣的、让孩子有全新体验的游戏，更能带给他快乐。而由于这些游戏是我们主动寻找的，孩子会感觉爸爸妈妈愿意与他一起分享快乐，在这样的游戏体验中，他的快乐感会更加强烈。

- **设定好游戏的时间。**

玩游戏也是耗费脑力、体力的活动，而且孩子不可能一直在玩，总还是要学习、休息，做其他事情的。所以在玩之前，我们可以和孩子一起商量着设定好游戏时间。设定时间时，要根据孩子当天的其他安排来设定，首先是作业一定要完成，学习的时间不能被耽误，休息的时间也要固定，不能因为玩而占用休息时间。

而每次玩游戏的时间也不宜过长，最多一个小时足够。在开始前，就要把游戏开始、结束的时间告诉孩子，而且还要提醒他我们会严格遵守时间，到时间就结束，没有讨价还价的余地，再多么好玩的游戏，也要说停就停下来。

- **掐断游戏时间而不是孩子的快乐。**

游戏一旦玩到高兴了，孩子多半都不愿意说停就停，有些爸爸妈妈严格遵守时间，孩子自然也是想要争取一下。面对孩子的哀求撒娇，有的爸爸妈妈会眼睛一瞪，严肃地说："你再这样以后就不跟你玩了，要是还闹以后就再也不让你玩了。"

这样的劝阻纯粹就是一种吓唬的方式，孩子被吓得有所顾虑，这种感受可并不舒服。如果每次我们都用这样的方式来停止孩子的游戏，他会渐渐觉得和爸爸妈妈玩游戏并不是那么有趣，这无疑相当于掐断了孩子的快乐。

其实要想顺利结束游戏，可以提早就提醒孩子游戏时间快到了，在剩下的几分钟或者十几分钟里可以对游戏收个尾，让孩子逐渐平静下来，然后自然地结束游戏就好。

所以这也是提醒我们，在和孩子玩游戏之前，就应该妥善安排好游戏的时间，把握好对时间的控制，也就能避免孩子在游戏结束时因为不舍而不愿意结束。

教育启示

孩子对游戏的热爱无人能及，有意义的游戏才能让孩子从中受益，如果再能和爸爸妈妈一起玩有意义的游戏，这更会让孩子感到不一样的快乐。所以，选择合适的游戏陪孩子一起玩，也是我们不能推卸的责任。只不过，玩游戏也不能一直玩下去，适度地玩不仅能调节生活，也能让孩子得到休息。

跟孩子下棋，要让他赢也要让他输，
教他懂得"落子无悔"

下棋这一游戏，堪称是对智慧最好的磨炼，下棋的时候，人要考虑整体棋盘的布局，还要考虑双方每一步的意义，更要预测下一步甚至下几步的可能。可以说下棋是对一个人注意力、思维能力的最好磨炼。不仅如此，下棋还有一个更重要的作用，那就是会培养人沉稳的气质，并且其中还包含着诸多深刻的人生哲理。

比如，下棋这项活动中有一个最重要的道理，那就是"落子无悔"，即棋子一旦落在棋盘上就不能再挪动了，即便发现自己这一步下错了，也不能轻易悔棋重下。不过很多孩子对这样的规则会非常不喜欢。

也许是自己已经习惯了被宠爱、被重视、被捧在天上的感觉，很多孩子绝对不能接受自己输了的事实，即便是游戏也是如此。下棋的时候，孩子会格外希望自己能赢，所以下每一步他都不希望自己有错，一旦错了，他往往都会很"好"地贯彻一个"知错就改"的表现，立刻悔棋重来，只求保证自己能赢。

这是个非常不好的习惯，下棋其实也折射了人生。

棋盘其实也相当于人生中做各种事情的布局，一步走错势必会导致接下来的步步出问题，甚至还会直接导致失败。所以才需要孩子在下每一步之前都好好思考，也就是说，人生中很多事都是需要好好思考的，不能鲁莽行事。可是如果孩子在棋盘上习惯了悔棋重来，习惯了享受这种经过改动的成功，那他在人生中也会习惯这样的做法。

可现实生活并不是下棋，棋盘上的棋子可以拿起来重新放到另外一个位置上，但生活中的很多事情一旦开始做了就不能随便更改了，因为时间、事情的发展以及他人的关系，都不可能给他这个机会。而这种不能更改一定会让孩子感到无法忍受，特别是最终导致的失败结局，很有可能也会让孩子不能接受，甚至被这个失败打倒。

所以，既然想要和孩子玩下棋的游戏，我们就要有这样一个立场，那就是不能让孩子全输，否则孩子会变得消沉，觉得这游戏没意思；也不能让孩子全赢，特别是"放水"的赢，否则孩子会变得自大，对凡事都不会自己努力了；当然更不能让孩子习惯性悔棋重来，一定要让他学会落子无悔。

· 控制好输赢的比例。

如前所说，下棋是个游戏，可是我们的态度也要拿捏得准确才行。不能太过认真，就算我们不是下棋高手，但应对才几岁的孩子还是绰绰有余的，如果我们一点情面都不给他留，毫不留情地一直赢棋，这对孩子的打击也是蛮大的，总是输的局面会让他对下棋失去兴趣。

但如果不那么认真，总是让着孩子，甚至是明里暗里地给孩子支招，提醒他走一些稳赢的路子，特别是旁边看下棋的人，如果总是给孩子支招，让他总是赢的话，最初他会觉得很骄傲，误以为自己有天分，而时间长了，他也会觉得总赢是件很无聊的事情。

所以，我们应该理智"控制"自己的下棋能力，输输赢赢"合理分配"，有输有赢的游戏才能让孩子更有玩下去的兴趣。而且有输有赢的局面也对孩子是一种启发，他会意识到，游戏也是有输赢的，而且只有自己多动脑筋，多思考，才能让赢的概率更大一些。

· 提醒孩子在落子前要多思考。

落子无悔，其前提就是在落子前要经过严密的思考，想好了再下棋，这样才能保证下的每一步不会出问题，才不会后悔。有的孩子只是看到了眼前的一点小利，就盲目地落子，这样的思考显得不够长远，所以在下棋过程中，我们也要多教孩子一些技巧，提醒他落子不要太快，多想几步，不要只盯着眼前的一步赢，多想想对方可能的应对，这样才能保证步步赢。

· 一定不要允许孩子悔棋。

看见自己一步棋走错，结果导致自己的棋子被吃掉了，或者对方的棋子连着走了好几步，孩子会产生不愉快的心理，有时候他就会嚷着要求重来，如果对方不同意，他会不断哀求，甚至还会用哭闹来要挟。更有的孩子还会赌气不玩了，或者打乱棋盘。

尽管孩子用这样那样的招数想要重来一遍，但是我们却还是要坚持原则，从一开始就不要心软，不要允许孩子悔棋，并告诉他"落子无悔"是原则，绝对不能更改。而对于孩子的坏脾气，我们也不能太过严厉地去训斥他，只是平静地提醒他我们会一直坚守这个原则，相信孩子最终也会发现他的要求是不可能得到许可的。

- 引导孩子看淡输赢。

下棋是个脑力对战的过程，输了的话，会让孩子的挫败感很强烈。可是输赢是常事，孩子正是因为输不起才会想要悔棋重来，所以与其让他为已经输了的棋懊恼辩解，倒不如引导他学会反思，学会在下一次对决中吸取教训，走出正确的棋路。

而孩子赢了的局面也是需要控制一下的，有的孩子认为自己赢棋就代表自己很了不起，一旦沾沾自喜，很容易就会在落子前考虑不周，提醒孩子戒骄戒躁也是我们的责任。

教育启示

棋如人生，在下棋过程中，包含着很多人生道理。和孩子一起玩下棋游戏，也正是一个很好地教他人生道理的机会。在各种人生道理中，落子无悔不仅是下棋游戏中必不可少的原则，更是做人的原则，也是处事的原则。通过游戏，来让孩子逐渐懂得人生的大道理，这才是我们和他一起游戏的最终目的。

允许孩子收集他感兴趣的各种"废弃物"

在很多人看来，收藏是成年人的行为，我们收集自己喜欢的东西，并妥善保管，而且还不断增加新的收集，看着自己的收藏品越积越多，看着自己感兴趣的东西，内心都会感到很快乐。

孩子有时候也会收藏自己喜欢的东西，不过他收藏的很多东西在我们看来却并不能算作是收藏，那只能算是对废弃物的一种收集。

因为孩子所收集的东西，多半都是不值钱的，有些还算是垃圾，比如他会收集冰糕棍，长的、短的、宽的、窄的，看见了就捡，也不管是谁吃的；他还会收集糖纸，本应丢弃的东西，他都一张一张铺平了收起来；他也会收集各种小的包装盒子，药盒子、快递盒子、画笔盒子，只要是小的盒子，他都要收好……虽然孩子也在收集自己喜欢的东西，可这明显在收集废弃物的举动，却会让很多爸爸妈妈颇为不满。

特别是妈妈，原本打扫卫生就是很多妈妈每天的"重头戏"，可每天都要从孩子的房间里或者一些不为人注意的角落里打扫出一堆又一堆的垃圾，这着实也让人受不了。抱怨的同时，也会毫不犹豫地把孩子收集的那堆"破烂"扔掉。可是过不了几天，在另一个地方，我们也许又会扫出另外一堆同样的垃圾来。

孩子的这种"另类"收集让人不能理解，我们烦恼于他为什么会收集垃圾，烦恼于他为什么总是在家中藏着垃圾，可是有没有想过了解一下原因？为什么我们清扫了这一处的垃圾，可过不了多久又会在另一处扫出另一堆来？

孩子都是有自己的喜好的，他的收集也是有原因的，而他知道我们不会允许他收集这些东西，所以才会把自己的收藏品东藏西藏，如果一个地方被发现了，那就换一个地方继续藏。正是我们用不那么正确的态度去应对他的"废物收集"，所以才导致我们总是在各种莫名其妙的地方翻到垃圾的情况出现。

要解决这个问题也不难，就看我们是不是能对孩子"网开一面"了。

·了解孩子的收集目的。

一位妈妈曾讲了一件发生在自己家的事情：

我问女儿，一个小姑娘家，为什么要从外面捡回来那么多冰糕棍，还都给洗得干干净净的放起来。女儿不好意思地笑，不过很快她还是告诉我了，她说，她想做一把小扇子，冰糕棍用来做扇骨的。

我惊讶极了，女儿才不过6岁而已，能做这么复杂的东西吗？不过得知了女儿的想法后，我也就没再管她的废物收集了。

接下来，我发现她经常拿着家中的折扇打开合上，反复多次，然后又自己闷着头想想。

后来的一个星期天，她把自己关在房间里半天多，还跟爸爸要了铁丝和钳子。等到要吃晚饭的时候，她兴高采烈地举着一个小东西跑了出来，她竟然真的用自己穿旧的衣服和那堆冰糕棍做了一把小扇子，开合自如不说，看上去还很好看。

我松了口气，其实孩子做事都是有目的的，只不过是我们不愿意去了解罢了。

对于孩子的收集，我们是不是也有各种各样的疑问？可是我们似乎都没有主动去了解，只是一味地觉得孩子的废物收集是不好的事情。如果能多问问，多了解孩子的行为原因，也许也能和这位妈妈一样感受到惊喜。如果再能以理解的心情去对待孩子，甚至于给他一些小小的帮助，那么孩子在某些方面没准儿就会爆发出闪光点来。毕竟，孩子的潜力可是无穷的。

·给孩子一些合理的收集建议。

越小的孩子，其关注点多半越会放在收集的东西上，其他细节可能就会彻底忽略。允许孩子收集也要顾及他的健康和安全，所以我们也可以给他一些合理的建议。

比如，提醒他不管是从哪里找来的收集品，都一定要保证干净，如果是不干净的，要么就不要去捡拾，要么捡回来就赶紧处理干净，以免把病菌带进家中；也可以教他学会处理收集物，像是尖锐的物体或者带有很多碎末的东西，都要妥善处理，以免划伤或者误吸；还可以由我们来提供一些收集品，这样就能基本保证健康和安全；等等。合理的收集建议会让孩子基本能妥善处理物品，既能保证他收集得全面，也能保证他不会被收集品所伤害。

·为孩子准备合适的收集空间。

孩子将自己的收集品东藏西藏，就是因为我们可能会把它们处理掉，为了不被处理，他才会在家中各个可能藏东西的角落去安置自己的"宝贝"。而当我们允许他收集之后，最好给他准备一个合适的收集空间，专门放置他的宝贝。

可以给他准备一个或多个大小合适的储物箱，放置在他房间的角落里，提醒他只要有收集品就要放进这里，如果放到外面就有可能会被清理掉。这也是在培养孩子养成良好的收集习惯，让他不至于什么东西都乱放。

· 不要干涉孩子对自己收集物的处理。

随着孩子的成长，过去的收集品可能就会被他淘汰掉，或者他忽然就不那么喜欢了。孩子有自由处理收集品的权利，我们不要随便干涉。

特别是有些爸爸妈妈话比较多，看到孩子处理自己的收集品时就会说："看看，自己都知道那是垃圾了吧，我早就说扔掉，你那会儿还说喜欢，这不最后也都扔了吗？你就是闲的，浪费时间……"

这样的话很伤人，孩子的很多举动都不是无意义的，过去喜欢现在不喜欢了的东西也很多，凭什么就非要这样去评价他的行为呢？尊重他的收集就好，对于他的处理，也不要过多评价。孩子清理掉过去的幼稚收集物，开始新的收集，这其实也是一种进步。看到他自己主动的进步，我们不是应该高兴才是吗？

教育启示

每个孩子都会有自己的收集品，各种各样的，或重要或不重要的东西。但处理这些东西的权利只有孩子有，我们可没有，特别是在他还不知道的情况下，我们更是不能说动就动，即便那些东西在我们看来是垃圾。尊重孩子收集的兴趣，给他一些便利条件，引导他注意力的发展，发现他的兴趣，这些其实都能在他收集的过程中得到体现。

经常带着孩子去郊游，或者去更远的地方

有一个词很流行，叫"接地气"，不同领域中这个词有不同的解释。而放在孩子这来说，就是要带孩子走出家门，多与自然接触，通过"地气""自然之气"来补充自身的能量。而让孩子能接地气的最好方法，就是带孩子去郊游，或者去更远的地方。

有人认为，只要让孩子能出家门，不就自然接地气了吗？其实不然，高楼林立的城中生活，充满废气，而且各种现代交通工具、高科技产品的存在，也总是能夺人耳目。孩子即便是脚站在大地上，即便是身体处在户外自然中，可是他的心却依然还被包裹在污染和世俗之中。

看看现在的人，哪个不是行色匆匆却又专注于手中的一方小小屏幕？谁还过多注意路边的花草树木呢？再加上现在的都市，废气污染严重，孩子的身体也在这污染中悄悄发生着外表看不出来的变化。

所以，走出都市的家门，可并不算得上是真正的接地气，孩子只有全身心融入远离都市的大自然中，哪怕是离家很远的地方，但那地方有山有水有植物，远离现代社会的纷繁复杂，那才能真正让孩子接到地气。

- 规划好郊游的有关事项。

带孩子出门可不是"说走就走的旅行",我们应该充分利用起节假日及其他休息时间,选择孩子不那么忙碌的时间段,带他出门才好。

要去的地方应提前选好,但要征求一下孩子的意见,问问他想去一个什么样的地方,或者他有什么目的地,再根据我们的财力、物力、时间等进行一个合理的安排。特别是要去比较远的地方,一定要提前对整个行程有一个详尽的计划,以免临时决定带来诸多不便。

有人可能会想到,有些人辞职并让孩子退学,然后全家人去四处游历,那么我们要不要也这样。其实我们不能对他人的行为有过多评价,每个人都有自己的生活,孩子要学习的东西有很多,要接触的事物有很多,我们需要考虑全面才能做出最终的决定。不能头脑一热就去做了,时间一旦过去就没法弥补,总之不要给自己留遗憾就好。

- 不要给孩子太多的约束。

既然到了郊外,我们就要放开对孩子的束缚,在提醒他注意安全之外,其他的就没必要总是重复了。比如,有的孩子在郊外的草地上会滚来滚去,会趴在水边挖泥巴,可能还会爬树、爬石头,有的爸爸妈妈会说"太脏了",要不就拉起孩子,要不就打掉孩子手里的东西,还有人则会训斥孩子不好好跟着自己。

其实我们应该在之前或者在郊游过程中告诉孩子怎样保护自己,提醒他什么东西是不能碰的,什么地方是不能去的,至于说脏或者跑着玩这种事,何必太在意?原本我们就是要让孩子来接地气的,他不与环境接触,地气哪里来?其实孩子的这些举动都是他与大自然联结的一种本能体现,正因为有了接触,他才懂得喜欢,甚至懂得珍惜。

· 为孩子多讲解各种知识。

自然中藏着诸多知识,如果孩子能从自然中汲取知识,这要比书本上的讲解直观好懂得多。可是,孩子玩得正开心的时候,我们却在一旁一本正经地给他讲知识,这显然也是不合时宜的,所以要想在自然中为孩子讲解各种知识,我们也要有技巧。

孩子玩的过程中,一定会有问题,当他问出问题时,就要趁机赶紧给他讲讲,要趁着他的兴趣来解决他的疑惑。如果孩子拿起了什么东西,他觉得有意思,也要趁着此时他的兴趣赶紧告诉他这是个什么。也就是说,我们要瞅准机会来给孩子讲他想要知道或者感兴趣的内容,而他并不那么在意的其他内容,可以暂时先不用多说。孩子很多时候只是想要知道那东西是什么,所以简单说一说足矣。

当然如果去的地方有历史遗迹或者其他古迹的话,也可以顺便给他讲讲与之相关的内容,介绍清楚了他才能知道该看什么,知道什么是不能破坏的,在学知识的同时也学会了保护自然和历史。

· 允许孩子"自己"去看世界。

带着孩子去郊游,我们都希望在这个过程中,让他能有收获。所以我们可能会给予孩子很多引导、提示。不过,有时候这些引导提示的确有用,但有时候却不一定有用。

一对经常带着孩子在全世界旅行的父母，便有这样一种发现，最开始他们以为是自己带着孩子去认识世界，可后来他们发现，迷路时，他们在纠结地图，可孩子却已经通过向当地人问路解决了问题；因为异国饮食习惯而纠结时，孩子却毫不在意地已经入乡随俗了；当他们在给孩子不断地指出必看的风景时，孩子自己却说"要发现自己的新大陆"……

这对父母终于意识到，带孩子去旅行，并不是由他们带着他看的，而是他用自己的眼睛和心灵来面对一切。

这也就提醒我们，要给孩子一个自己去学习成长的机会，除了前面提到必须说明的知识，剩下的就交给孩子自己去处理好了（当然，保证安全第一），在每一次旅途中，相信他一定会有自己的发现和成长。

教育启示

带孩子郊游有很多好处，会让孩子接触到大自然，让他沐浴在阳光之下，呼吸新鲜空气，感受与都市钢铁森林不一样的美景，会让他了解到更多与高楼大厦不一样的自然知识。通过郊游，甚至是远途旅行，孩子不仅增长了见识，整个身心也会发生变化，如此接地气的娱乐方式，可不要轻易错过。

不妨跟孩子春天踏青、夏天游泳、秋天野炊、冬天打雪仗

和孩子在一起都做些什么事呢？陪着他一起玩，和他一起看有意义的节目，带着他郊游……能和孩子一起做的事非常多，不过我们也要安排有序才好，否则想起什么就去做什么，虽然孩子愿意快乐越多越好，但是如果毫无目的地去做事，孩子也就真的只能感受到快乐，却感受不到更多其他的内容了。

换句话来说，我们陪孩子享受快乐是一定要做的事情，但是如果快乐中能够再加入其他的内容，孩子也会收获更多。

比如，仅就四季而言，我们可以在不同季节带着孩子做不同的事，季节虽然变换，但快乐却总是不断，而不同季节里的不同快乐，也能让孩子意识到季节的特点，快乐与知识他也就可以兼得了。

要说起来，四季里可以做的事情有很多，所以我们要选择的是比较典型的几件事。春天，可以带着孩子去踏青，因为这时恰逢万物复苏时节，正是大自然迎接新生命的好时机，孩子在这个时候融入自然，不仅能欣赏到新生美景，还能感受到生命的生生不息；夏天，则最好带着孩子去游泳，炎热夏季，游泳是消暑的最好方法，而且如果孩子学会了游泳，也是学会了一个可以保命的必备技能；到了秋天，就进入了收获的季节，大自然将无数的果实捧出来，所以不妨和孩子一起来一次野炊，

感受秋收所带来的恩惠；而冬天，冰雪就是与之最相配的东西，若是有机会，就带着孩子去打雪仗，体验冰雪所带来的不一样的冰爽快乐。

不同季节的大自然，会向孩子展示不同的美景，也会让他有不同的体验。所以不要总让孩子闷在屋子里，特别是在夏冬两季，有的爸爸妈妈觉得夏天太热，于是也就不让孩子出门，在屋子里空调、电扇一开，只让孩子享受清凉；至于说冬天，有人又觉得太冷，不管是玩雪还是滑冰都可能给孩子弄得一身湿，回头再冻感冒了就更不好了。而春秋两季，在有些人眼中也是不好的季节，春天多风多花粉，再加上寒热不定，是个容易过敏感冒的季节；秋天就更是肃杀的时节，秋风扫落叶，一场秋雨一场寒，这样的季节里怎么适合出门呢？

如果我们一年四季都把孩子关在房间里，总是找每个季节的缺点来当作不让他出门的借口，他也就会向"宅男宅女"的方向发展，而且他学不到更多自然界的知识，连身体状态都会变得很糟糕。其实我们应该更多关注四季的优点，每个季节有每个季节的特点，让孩子能自然体验到这种不同，才是我们应该做的。

· **春天踏青**。

春天踏青的时间要选好，因为春天虽然来了，但春寒料峭，而且万物复苏的时间也并不确定，盲目出门并不妥当。最好等气温有所回升，小草树木返青时，再计划出门比较好。既然是踏青，自然要选择合适的有"青"的去处。郊外的田野、公园都是可以踏青的地点。

踏青过程中，让孩子找找都有哪些地方显现出了春天的景象，这一方面可以锻炼孩子的观察力，另一方面也能引导他认识春天的景象，而且这种寻找也会提升踏青的乐趣。如果再带上风筝、跳绳、毽子、羽毛球等或娱乐、或运动的器具，就能让踏青之行变得更加丰富多彩，同时也更加有乐趣。

· 夏天游泳。

游泳是夏日消暑的好方法，不过带孩子游泳也要注意几个要点。

首先要选择合适的游泳地点，不要去野外水域，尤其是有些人觉得夏天泳池人多，所以就选择野外人少的地方去消暑，这是非常危险的，即便我们和孩子都学会了游泳，这样做也是有隐患的。带着孩子游泳就要选择有救生人员的正规泳池或者正规海滩。

其次，给孩子准备好游泳圈等一系列防护用具，即便教会了孩子游泳，这些救生用具也是不可缺少的。夏天泳池或海滩人会非常多，有了这些用具，孩子的安全保障会有所增加。

最后，提醒孩子一定要跟在自己身边。有的孩子贪玩，入水之后就想要自己去玩，特别是有些孩子还可能会背着我们和伙伴们去游泳，这样的行为都非常危险。为了安全起见，即便会游泳，孩子也不能擅离我们身边。

· 秋天野炊。

秋天很适合野炊，因为野外的枯木枯草开始增多，这些都是很好的燃烧材料。不过，这也同时提醒我们，野炊一定要注意防火安全，最好要远离可以引发大火的草地或树林，而且要准备好救火措施。

我们最好选择比较原始的方法去野炊，自己制作火堆、用简易的用具来煮东西吃。这样不仅能让孩子体会到野炊的快乐，也能教他学会一些野外生存的技能。野外的食材如果我们能确定是什么，在完全煮透后可以吃一点，如果不确定就一定不要随意采摘食用。可以给孩子介绍几种野外食材，但是也一定要确定无误，以免孩子错认后造成误食。

野炊结束后，一定要打扫干净，特别是不要留下火星，不要留下难以降解的垃圾，最好将垃圾打包带走。即便野炊，也不要破坏生态和自然环境，这个道理也要让孩子牢记。

- 冬天打雪仗。

雪花飞舞的冬天，如果能在户外打雪仗，那将是这个季节最快乐的事情了。我们要带着孩子去平坦的开阔地，一定是我们熟悉的开阔地，不要去那种从外表看上去很平整的雪地，特别是不熟悉的地方，因为雪会覆盖住坑洞、裂缝等地形，如果不熟悉地形，只顾着玩，可能就会给我们和孩子都带来危险。

扔雪球的时候也要注意安全，不要把石头等其他东西裹入雪球中，最好给孩子穿戴好，帽子手套都要准备好，这样一方面是防寒，另一方面也能起到对雪球攻击的缓冲作用。

不过，冬天玩雪这个活动有一定的地域限制，北方的孩子可以轻易享受得到，南方的孩子可能就不那么容易了。如果是南方的孩子，我们可以选择合适的时间，比如寒假的时候，带他去北方观赏一下雪景，感受一下打雪仗的快乐也挺好。

教育启示

四季轮回，不只是时间的交替，对于孩子来说，也是不同快乐的转换与传递。所以在不同的季节里带着孩子体验不同的快乐，这也能丰富孩子的娱乐生活。一定要抛开脏、热、冷、人多之类的想法，若想要让孩子体验到快乐，选择适合季节的活动，全身心地投入进去，和孩子一起感受季节的快乐，他才会更快乐。

鼓励孩子邀请他的同学、朋友到家里来做客

中国青少年研究中心曾在调查中发现：

72.6%的父母表示："我希望孩子和他喜欢的人交朋友。"

79.8%的父母表示："我愿意孩子邀请他的朋友们到家里来。"

从这两个数据来看，我们对孩子交友的情况还是持积极支持的态度的。可是接下来的数据就很令人深思了。

75.8%的父母表示："我对孩子选择朋友有严格要求。"

81.6%的父母表示："我要求孩子选择学习好的同学或朋友。"

64.9%的父母表示："我不愿意孩子有较亲密的异性朋友。"

45.3%的父母表示："为了学习，我要求孩子减少与朋友的交往。"

49.3%的父母表示:"怕孩子学坏,所以我严格限制孩子交朋友。"

这虽然是早前的数据,但是这种父母百般干涉孩子交友的情况却并没有随着时间的推移而有太大的改变。尽管我们明知道孩子能和朋友和睦相处是能带给他快乐的事情,可是我们却对他的朋友有诸多挑剔和限制,这无疑也就使得孩子与朋友之间的互动慢慢变得少了,至于说邀请同学和朋友来家里做客,估计没几个人能很痛快地答应孩子的这个请求。

因为在我们同意之前,会先考虑孩子要带什么样的同学或朋友回来,我们就好像是在调查户口一般要把来的孩子先调查一番,性别、班级、家庭情况、学习情况、个人性格等我们都要摸清楚,只有那些经得住我们筛选的孩子才能有机会被考虑进来。而再之后,我们还会考虑孩子们的到来会不会把家弄脏弄乱,孩子们在一起会不会做我们不想看到的坏事。当然我们还会觉得,孩子们凑在一起岂不是耽误时间?

原本是很简单的一件事,但是在我们看来却似乎连着诸多了不得的事情,最终我们不仅会驳回孩子带同学或朋友来家做客的请求,很可能连他的朋友都一起否定了。

对此孩子一定会不乐意,他原本的心思是最单纯不过的,就是想邀请朋友来自己家里玩,彼此增加感情,彼此共同分享和创造快乐。可是我们却想得太多了,担忧得也太多了,结果不仅扫了孩子的兴,可能还连带着对他交友能力的发展也产生负面影响。

所以我们也该让自己的心思变得单纯一些了,孩子只是和朋友一起玩而已，倒不如说，我们应该多鼓励他带着要好的同学或朋友来家里玩一玩。

·耐心和孩子聊聊他的朋友。

其实孩子最初每交一个朋友都会告诉我们，我们如果能耐心听他的讲述，就能基本了解他所交的朋友都是什么样子的。当孩子和我们介绍朋友的时候，我们不要总是自我代入感受，要认真听孩子的介绍，而且时间久了，孩子总会将朋友的种种动态讲出来，这样我们也就能大致了解他的朋友的基本情况了。

如果有想要了解的内容，最好温和平静地问孩子，不要用疑问句问他，比如"他学习不好吧"这样的话一定不要轻易出口，孩子交朋友往往不是用成绩来衡量的，他看重的可能是其他的品质，而我们则要接受他所看重的那个品质。不随便评价孩子的朋友，也是对孩子的一种尊重。

不过，如果真有不那么好的孩子，我们也要善意地提醒他注意一下，不用强硬地要求他远离那个孩子，相信假以时日，有自我原则的孩子自己也能感觉得出来。

·问问孩子在朋友之间的位置与感受。

孩子在朋友之间总会有自己的位置，和朋友相处也会有自己的感受，所以多了解孩子这一类的情况，教他学会应对，这也是在培养他的交友能力。不过，也不要听孩子的一面之词，最好多认识孩子朋友的父母，多方面了解孩子和朋友之间的关系，也有助于帮助他稳固良好的友情。

而孩子的某些感受我们也要格外关注，不管是被冷落了还是被欺负了，这都是交友过程中不可避免的，我们要教孩子学会从自己身上找原因，学会提升自己的整体素质，并教他调整心态，以更好地适应朋友圈中的种种变化。

· 不妨主动提醒孩子邀请朋友。

我们最好能主动提醒孩子邀请他的同学朋友来家里玩，这就能体现出我们对孩子朋友的尊重，同时也是对他的一种信任。这种主动会让孩子更放心地将他的交友情况展现在我们面前，所以这也算是另一种方式的"欲擒故纵"。

不过最好不要提醒孩子要邀请谁，想要请谁来玩是他的自由，我们如果很殷勤地让他邀请某些特定的孩子，比如，强调一定邀请学习好的同学，这就让孩子觉得不舒服了，特别是当他自己学习成绩还没那么好的时候，这种格外强调会让他觉得很不舒服。当然，我们可以建议孩子多请一些朋友来，毕竟也不排除孩子一时高兴而忘记了某些朋友的情况。

· 为孩子们准备一个温馨的快乐园地。

孩子的朋友来家里玩，我们也要协助孩子尽到地主之谊。首先是要帮孩子准备好合适的活动场地，不管是他的卧室还是客厅，我们都要给他腾出足够的空间，将不想被"误伤"的东西都先收起来。同时，也要给孩子们准备足够的"吃喝玩乐"一应物品，以保证孩子们玩得快乐。

而我们则要提前与孩子约定好玩耍时间，可以向他了解一下玩耍内容，但不要刻意约束。同时也要与他"约法三章"，提醒他不能超时，不能过分吵闹，玩耍结束后，他也要协助我们整理房间。

尤其是孩子们走之后，我们不要满腹抱怨，就算是收拾残局也要保持良好平稳的心情。可以问问孩子的感觉，听他说说玩的过程中的快乐事情，和他一起感受快乐。

教育启示

孩子的快乐绝大部分来源于玩耍，而能和朋友一起玩耍也将能让他感受到更多的快乐。所以允许孩子带朋友回家，或者说鼓励他带更多的朋友回家，也就肯定能让他感受到快乐。只不过，我们要收起对孩子朋友的种种偏见，不管是从物质上还是精神上都要支持他和朋友们的快乐相聚，这样孩子才能放下心来去和朋友们相处。

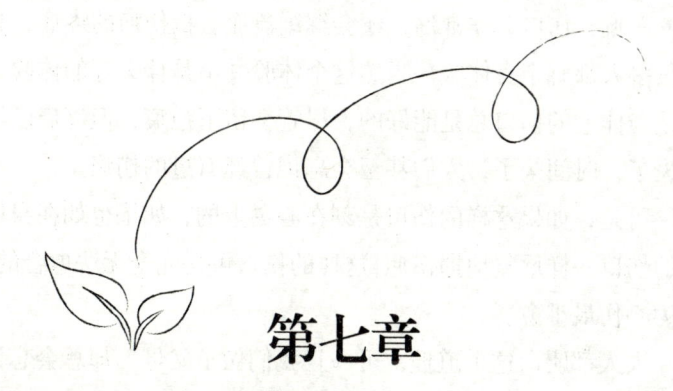

第七章
家庭教育要避免走入的 10 个误区

> 我们总会以教育者自居，认为自己肩负教育孩子的重任，所以一定要不遗余力地对孩子开展教育。虽然这种想法没错，但可能无法保证自己的教育方法是完全正确的，一旦用错方法，教育孩子不成，反倒弄巧成拙。所以，要努力做对的教育，避免走入教育误区。

不要以"揭孩子伤疤"的方式
去提醒他所犯的错误

　　身体受伤后，就会留下伤疤，有时候不小心揭掉了还没长好的血痂，伤口会非常疼，还会继续流血。揭伤疤的疼痛，相信很多人都有亲身体验，当然这个体验并不是什么好的体验，但是身体上的伤口总是能好的，尽管会留下疤痕，但疼痛已经消失了，时间久了，人们甚至会忘记曾经有过的伤痛。

　　可是，如果这样的伤口是刻在心灵上的，如果也如在身体上的伤口一样反复地揭伤疤，这样的伤口可是完全无法愈合的。因为心伤最难愈。

　　人人都明白这个道理，可一旦我们做了父母，却总会忘记这个道理。教育孩子的过程中，我们会发现孩子身上问题连连，错误不断。在训斥他当下的错误时，总是能由此回忆起他之前犯下的那些错误。

　　在我们看来，孩子的错误就是一种连锁状态，如果不放在一起说，是不能给他带来震慑力的，同时也会让他感受不到错误的严重性。当我们如连珠炮一样将孩子的错误一起评论，把他犯过的错误像竹筒倒豆子一般都抖搂出来时，看着他低着头一言不发的样子，我们似乎才感觉到自己的教育产生了威力。

　　可实际上，这种揭伤疤式的教育，却恰恰反映出我们在教育方面的无能。我们只能用孩子过去的错误来引发他的自我羞愧，用这种连串地翻旧账来表明孩子是多么不让人省心，这只是一种摆现状的行为罢了，而我们却没法用自己更有智慧的教育语言和方法，来让孩子仅从眼前一件小事上就意识到自己的问题并想办法纠正。

孩子才是最会察言观色的人，当他发现我们只知道扒开他的旧伤疤，只知道用旧伤痛来刺激他时，他也会意识到我们是没办法教育他的，所以他并不担心我们用什么方法去对付他，他会将更多的注意力放在我们揭伤疤的行为上。他也会疼，他的内心也会觉得不舒服，而我们既然是带给他不舒服的人，所以他也就连带着对我们产生厌恶感。

最终，我们教育不成，反倒因为自己无能的表现而招来了孩子的讨厌，而他因为得不到正确的指点，所以也就势必会犯下更多的错误，也就无形中增加更多可供我们去揭的"伤疤"，而这样的教育让我们也会变得疲劳不已，毕竟总是记着孩子的那些不好，总是要借此来发泄自己的不满，这也并不是什么令人心情顺畅的事情。

我们没有用对教育方法，反倒抱怨孩子怎么总不能成长为我们希望的样子，这岂不是怨错了对象？孩子原本就是要在问题中成长的，他犯了错，原本就希望借由我们的教育来纠正，所以教育的主角是我们，我们应该多动脑筋，多积累教育的智慧，多学习教育的方法。

既然是教育者，我们就该有教育者的样子，可不能只做一个"孩子的历史错误讲解员"，而是要成为帮孩子治疗错误的医生，治疗好伤口，再不复发才好。具体而言，该怎么做呢？

- 把关注点放回到我们自己身上。

就如前面所提到的，孩子的成长原本就伴随着不断犯错，而我们的任务就是要纠正他的错误，帮他找到问题、解决问题，这样他才能有所收获，才能成长。也就是说，我们的教育才是让孩子有所转变的那个重要契机。

关于这一点，古人很早就告诉我们了，"养不教，父之过。教不严，师之惰"，这无不在提醒我们注意，如果孩子总是出问题，明显就是我们自己的教育出了问题，明显就是自己没有掌握正确的教育方法，数落孩子的种种不是反倒是错误的。

所以，还是将教育问题的关注点放回到自己身上，别总抱怨"孩子怎么总是问题连连"，而是多想想"我还有哪里没注意到，有什么方法是没学会的，还有没有更好的方法来应对孩子的问题"。当我们找到了方法，找对了方法时，再去应对孩子的问题，不就很容易了吗？

- 有针对性地、完整地处理孩子的每一个问题。

孩子犯了错、出了问题，我们多关注的应该是眼下的这件事，针对他的问题，该怎么分析、怎么做，具体应对就好。不管是批评、教育还是劝说、引导，都要围绕着眼下的这个问题，不要有其他方面的过多牵连，这样孩子也能将自己的注意力集中到眼前的事情上来。

不仅如此，既然是想要解决孩子的问题，那就要完整地解决，不要留尾巴，引导孩子认识自己的错误，查找错误原因，如果出了漏洞就想办法弥补漏洞，最后总结一下教训，这件事就算过去了。最好不要在后面的几天里总是提起，对待孩子也要如以前一样温和自然。

· 不要总借口"牢记教训"来提醒孩子。

有的父母会习惯性地提醒孩子"牢记教训"，接下来就会又翻出孩子过去的旧事说一遍，这种强迫地让孩子记住教训的方法是不管用的。

教训是需要孩子自己总结并牢记的，不能总是靠周围人的提醒。而且，孩子都有反抗心理，如果我们总是提醒他过去犯了什么错，并提醒他记住教训，他就会下意识地回避那个问题，赌气不去记住，这岂不是和我们预想的相反了吗？

所以，如前所述，一旦解决完了这一篇就算翻过去了，不过多干涉孩子对自己错误的反省总结，信任他，他也会用自律来回报这份信任。

· 理智应对总犯同样错误的孩子。

虽然我们反复提醒孩子不要犯同样的错误，但孩子终归没有那么好的自控力，一不小心就可能又走了过去的老路。但是犯了同样错误并不代表孩子就是不好的，与其数落他过去的同样错误，倒不如引导他想想自己为什么又犯了同样的错误，和他一起找找原因，给他一些合理的改正建议。

毕竟我们的目的是为了帮孩子不再犯同样错误，只要他找对了方法，改正了错误，目的不就已经实现了吗？而且相信他日后也会有所警醒，不再犯错，所以也就不用再过分追究了。

教育启示

不犯错的孩子长不大,可关键就是身为教育者的我们该如何引导孩子从错误中走出来并吸取教训。揭伤疤只会让孩子纠结于自己的过去,也只会让他意识到自己错误连连,反倒不利于培养他积极向上的心理。所以,我们应该多思考,多采取智慧的教育方式,让孩子既能改正错误,还能保证日后再不犯同样的错误。

不要把孩子长时间丢给老人或者保姆带

现在在很多小区中都有这样一种景象,每天凉快的时候,或者天气不错的时候,小区中的空地上都会聚集着一群人,这群人中绝大多数都是老人和孩子,只有极少数的几个年轻人掺杂其中。

如果只是单纯地看这样的景象,我们可能会觉得这明明是其乐融融的氛围,已经退了休或者没有别的事情的爷爷奶奶、姥姥姥爷们自告奋勇或者受孩子委托,来看着家中的第三代。看那群人中间,老人慈爱地看着孩子,孩子快乐地在空地上玩耍,倒是也能让人有老人尽享天伦之乐,孩子无忧无虑的快乐感。

可是,为什么全都是老年人在带着孩子?爸爸妈妈们真的工作忙碌得连照看孩子的时间都没有了吗?更有的家庭中,则干脆是将孩子丢给保姆去带,让孩子在外人的教育下成长。

这不能不说是现在社会的一种怪象,越来越多的人不愿意自己带孩子，特别是在孩子还小的时候，还没有上幼儿园之前，孩子明显是离不开人照料的，而这时候的孩子又是最不好管教的，因为他此时懂的少，思维发育也不完全，很多教育用不上，可他又需要有人哄、有人爱、有人照顾。这时候的孩子最需要费心思，每一对父母都是第一次当父母，手忙脚乱不说，烦躁情绪也会随之而来。

于是，一方面是工作忙，一方面则是自己不会带，再一方面则是从自己心情出发，很多爸爸妈妈自动放弃了自己带孩子的责任。更有甚者，打着"我没想要孩子，老人们催着要，既然生了，自然就是他们带"的旗号，堂而皇之地将孩子丢给老人去带，自己却不闻不问。

结果，孩子跟着老人或者保姆，接受了我们所不知道的教育，养成了我们所不喜欢的习惯，等到他上了幼儿园、上了学，不得不回到我们身边时，我们却觉得孩子怎么问题一大堆，进而再教育、再展现爱，可孩子在最关键的几年里已经被我们自己无情地抛弃了，接下来的教育又怎么可能那么容易就起效呢？

孩子如果没有和爸爸妈妈在一起，他会缺少来自父母独有的爱的滋养，就好像是没有根的大树，难以成长得茁壮茂盛；而我们如果自己主动放弃孩子最初的教育权，我们也将无法经历孩子的成长，即便学了再多的教育方法，也会因为没有实践，没有在孩子身上有所体验，而成为不合格的父母。如此一来，我们与孩子之间势必会出现不可调和的矛盾。

更重要的是，老人经历的时代与我们不同，他们那时候的教育与孩子现在的需求也会有差异。就拿最简单的一件事来说，孩子摔倒了，我们希望的是他能自己站起来，我们会想要提醒他慢慢走；可很多老人的做法却是，赶紧过去抱起孩子，并当着他的面打几下地面，说"让你绊倒我们乖乖宝"。如此不同的教育方法，势必会引导孩子走上两种不同的成长之路。

至于说保姆，其自身受教育的水平都参差不齐，自身人品也是无法预料的，所以，如果我们把孩子完全放手给不熟悉的、不了解的人带，这无疑也在一定程度上增加了危险性。

所以，不要总是用各种借口来推脱带孩子的责任，既然已经为人父母，就应该肩负起教育孩子的责任，不要把孩子长时间丢给老人或者保姆带！

·让自己快速成长起来。

很多年轻人虽然已经为人父母，但年纪尚轻，自己还没有脱离孩子的心性，爱玩不说，还不喜欢拘束，不说对孩子，就算是对自己、对父母、对社会都没有责任心，只要有人愿意帮忙带孩子，年轻人自然乐得将这个黏人的小家伙推出去。

所以才说，身为父母，我们自己就应该快速地成长起来，我们已经不是孩子了，也有了自己需要教育的下一代，我们自己的言行举动，已经成为下一代模仿学习的榜样。抛开那些玩一玩的想法吧，该学习的地方要好好学习，不懂的就翻翻书，向他人多多请教，迅速成长为孩子可以依靠的教育者，才是我们最应该做的。

·合理安排自己的工作与生活。

很多家庭中，为了养育孩子，为了照顾老人，为了支撑整个家庭的正常运转，爸爸妈妈还是要双双投入到工作中去的。

但这并不意味着我们就要将时间和精力完全交给工作,工作与生活最好能好好安排一下,能多陪孩子最好。

比如,每天下班回家后,就要将带孩子的任务从老人或保姆手中接管过来,哪怕是很小的孩子,他也会更愿意与自己最亲的爸爸妈妈相处,就算只是逗他笑一笑,他也会觉得很开心。特别是遇到休息日,更不要只顾着自己休息,抓紧时间和孩子联络感情,抓紧时间展开自己的教育,才不会让孩子与我们变得生分起来。

· 提醒老人或保姆该如何做。

我们总会有顾不上的时候,只是说不能长时间地将孩子丢给老人或保姆,但临时的照顾还是需要的。只是,我们不能将孩子丢给他们就算了,最好提前告诉他们该怎么做。

对自家的老人应该更好说话一些,平时最好多和老人沟通,将我们的想法和意见都提出来,和老人进行磨合,不要强硬地要求老人做这做那,他们毕竟还是有着一定的育儿经验的,只是要提醒他们不能溺爱、不能过分顺从就好。适当买一些适合老人看的教育孙辈的书籍来,不用刻意要求他们必须看,放在他们能看得到的地方就好。

至于说对保姆,最好不要将孩子单独交给他们,信得过的邻居或者其他亲人都是可以托付的对象,请求他们和保姆一起来帮忙照看孩子,防止不良保姆对孩子做出不轨行为。对保姆最好也提一些要求,光明正大地说就好。如果发现孩子有什么不对劲,最好及时和保姆沟通,如果有问题,越早发现越好解决。

·即便是临时照顾也要多关注孩子。

即便是临时地将孩子交由老人或保姆照看，我们也不能表现得不闻不问，一定也要通过各种手段来让孩子知道我们还是关心他的。只要有时间，最好多打几个电话，和孩子简单地交流一下。可以教老人或保姆使用视频聊天，以缓解孩子对爸爸妈妈的思念之情。

而且现在交通也相对便利了，在不是忙得一点时间都抽不出来的时候，最好能偶尔看看孩子，让他知道爸爸妈妈还是想着他的，这也有助于他的内心情感发展。

教育启示

只有在爸爸妈妈身边成长，孩子才能接受到更纯正的亲情带来的爱的滋养，而且爸爸妈妈的教育对他来说才是最重要的。老人和保姆只能是"临时之计"，隔辈人的教育和陌生人的教育，都有可能改变孩子的脾气秉性甚至是道德修养、综合素质，所以我们也该重视起亲自对孩子进行教育这件事，尽量想办法自己带，或者多抽点时间去陪孩子。

不要把自己没有实现的梦想强加在孩子身上

每个人都有梦想，有的成年人的梦想是儿时就有的，如果长大后梦想得以实现还好，如果一直没能实现，这些梦想可能就会变成某些人的执念。特别是当有了自己的孩子之后，有些人会期望由孩子来完成自己未能实现的梦想，以了却自己的心愿。

　　一位爸爸去亲戚家做客，亲戚家的孩子刚好在拉小提琴，爸爸饶有兴趣地听完了孩子的演奏，随口夸道："拉得真棒！没想到你这么喜欢拉小提琴！"

　　可是孩子却面无表情地摇了摇头说："我不喜欢，只不过是妈妈要求的。妈妈说，她从小就梦想自己能拉小提琴，可惜当时没条件。她说现在我有条件了，就可以帮她实现梦想了。"

　　这位爸爸一皱眉，他忽然想起了自己的孩子，也想起了自己的梦想，原本他也的确是有想让孩子继承自己梦想的意思的，但看着亲戚的孩子那一脸木然的表情，爸爸觉得冷汗冒了出来，看来，在梦想这个问题上，他还需要再考虑考虑。

　　社会学家将帮爸爸妈妈实现梦想的孩子称为是"儿童战利品"，我们自己做不到的事情，孩子帮我们做到了，我们很骄傲。可是仔细想想看，实现我们梦想的人是孩子不是我们自己，孩子也没有在做自己非常想要做的事情，从基本意义上来说，这可算得上是两方面都不成功的，那我们的骄傲点到底在哪里呢？

　　不得不说，让孩子帮我们实现梦想这种想法是非常自私的。也许我们因为种种原因错过了实现梦想的机会，可是孩子此时却有大把时间为了他自己的梦想而奋斗。如果此时我们不允许他去实现自己的梦想，反倒将我们的梦想强加给他，让他为了我们的梦想而奋斗，那他因此而留下的遗憾该怎么办呢？等到他将来有了孩子，是不是也会如此将他没有实现的梦想强加给他自己的孩子？这岂不是会变成一种无限的死循环？

孩子再小，也有自己想做的事情，就算他暂时还没确定自己的梦想，我们也不能用自己的梦想去给他"补缺"。他总会找到自己的梦想的，就算我们的梦想的确是不错的梦想，可终归不是他发自内心想要的东西。一旦他日后找到了自己想要的，那么我们强加给他的梦想就会变成他的累赘。虽然不排除一个人可以同时实现多个梦想，但想必我们能一直如此执念的梦想也不是什么轻易就能做到的事情，这无疑会让孩子陷入两难的境地，甚至导致他无法放开手脚尽情释放自己的能力。

梦想是一个人前进的最大的动力，也是一个人成功的重要保障，如此重要，还是让孩子能自由处理为好。

- 继续尝试为自己的梦想努力。

每个人都有为自己梦想努力的权利，更有为自己努力的义务。很多人认为，为梦想努力的事都是孩子和年轻人干的，自己已经为人父母，要为家庭生活奔波，哪里还顾得上为梦想奋斗呢？

其实不然，为梦想而努力，什么时候都不会晚，虽然我们现在要考虑的事情多了，虽然我们要顾虑的问题多了，但还是有时间有能力为自己的梦想再努力一把的。

世界上有很多大器晚成的人，我们怎么能这么早就判定与自己的梦想无缘呢？所以别那么早放弃，只要有时间和精力，就继续为自己的梦想努力。而我们这种努力的状态,也将成为孩子为自己梦想努力的范本,所以就算是从榜样力量的角度考虑,我们也别放弃这种努力。

・了解孩子的梦想是什么。

有的人之所以总想着让孩子帮忙实现成年人的梦想,是因为不了解孩子的梦想是什么。其实我们好好和孩子聊一聊就知道了,每个孩子都有自己的想法,他想做什么、喜欢做什么、对什么感兴趣,也许他会说出很多内容,也许他会很明确地指明某一件事。只有和孩子好好聊过,我们才能知道孩子是不是也有梦想。如果他的梦想和我们的不谋而合,这岂不是顺了两个人的心意?就算不合,知道孩子有了自己的想法,有了自己想要做的事情,我们难道不该为他高兴吗?

当然了,有时候孩子的梦想可能就只是说大话,有些梦想听着像天方夜谭。这也没什么,别嘲笑他,也别借机否定他的梦想并捧出我们的梦想,还是要多鼓励他,允许他为了自己的梦想努力,还要给他一些建议。这样孩子才会意识到为自己想做的事情而努力是正确的,日后他才可能会主动去奋斗。

・不用没实现的梦想来教育孩子。

"我过去也有梦想,可是那时候条件不好,我的梦想都实现不了。你看你现在条件多好,做什么都可以,爸爸妈妈知道你是孝顺的孩子,我们的梦想就全靠你帮忙了。"乍听上去,这样的话没什么,不仅提出了我们的要求,还夸奖了孩子一番。可实际上,这无疑是绑架了孩子的情感,逼迫他放弃自己的梦想。

我们的梦想没有实现,原因有很多,怎么能全归结于时代？又怎么能用自己的遗憾来教育孩子？这样牵强的联系，无疑会禁锢孩子的发展。就算是要教育孩子，也要用他现在的表现，用他未来的期望来鼓励他，我们没做到的事情，我们半途而废的梦想，只是我们自己的遗憾，孩子不应该为其担责。

・鼓励孩子为了自己的梦想而努力。

不用自己的梦想绑架孩子，是我们对孩子的尊重，但是孩子在梦想面前也会有偷懒时刻，所以适当督促与鼓励也是必要的。为了不让孩子在以后如我们一般为了没有实现的梦想而懊悔，现在就该鼓励他好好努力。

可以帮孩子把梦想列出来，贴在醒目位置，经常和他聊聊与梦想有关的内容，引导他思考自己该怎么做，不要只是一时兴起，以免荒废了努力。

教育启示

梦想是一个人奋斗的基础，为了自己的梦想而奋斗与为了别人的梦想而奋斗，出发点不同，努力的程度也会有所差异。尤其是如果别人的梦想并不是自己喜欢的，那奋斗起来就会更加索然无趣，甚至是心有抵触的。所以属于我们的梦想还是由我们自己好好看管吧，给孩子留出足够的时间空间和精力，让他尽情为了自己的梦想而努力才是正确的。

不拿自己的孩子跟别人的孩子比，不说他比别的孩子差

孩子最讨厌的一件事是什么？如果把这个问题拿去问孩子，相信一定有相当一部分孩子的回答是统一的，"我最讨厌别人家的孩子，最讨厌爸爸妈妈拿我去和别人比较"。

的确，很多孩子的信心都是被"别人家的孩子"击垮的，因为我们张嘴闭嘴就是"你看看人家的孩子，总是考好成绩，各方面都有能力，你再看看你，跟人家真是差远了"，听了这样的话，没有哪个孩子还能淡定无触动的。

不仅如此，我们有时候还会表现得特别"谦虚"，在外人面前，也会毫不犹豫地贬低自己的孩子，哪怕孩子就在身边跟着，我们也会用"他可没那么好，跟别人一比差远了，不过就是幸运罢了"，我们是谦虚了，可孩子这无端被否定的感觉，又怎么可能会好受？

有孩子就曾经在日记中写道：

妈妈的口头禅就是"你看看人家的孩子"，然后就是夸人家这个好那个好，每次我都特想说"人家好你要人家去吧"，我真的很讨厌她这样说。

她永远都看不到我做了什么，总是看到别人做了什么。

我觉得自己有进步了，她一定会说别人一直都那么好；我

没考好本来就沮丧，她肯定在旁边说，看看人家的孩子怎么就那么棒。

烦死了！我最讨厌别人家的孩子了！

孩子都不愿意自己被别人比下去，不是说他天生就争强好胜，只是他也需要一个公正的评判，他更希望获得周围人特别是爸爸妈妈的认可。这种认可会带给他继续努力的力量。否则，如果他总是处在别人的光环下，要么会认为自己果然是什么都不行的，原本能做的事后来也会渐渐做不到；要么就会觉得自己是不被喜欢的，自暴自弃的心理甚至是对他人的忌妒心理都会冒出来。一旦孩子的心理出了问题，那再教育起来可就不那么容易了。

有人会说，夸别人的孩子是一种激将法，就是为了让孩子能重视起我们要他做的事情而已。可是这种明显贬低他夸赞别人的做法，却会让孩子有一种自己不被喜欢的感觉，孩子最不愿意接受的就是不被父母喜欢。

回忆一下，年龄小的孩子，是不是很不喜欢自己的爸爸妈妈抱起别的孩子？是不是很不喜欢听见别人说"爸爸妈妈不喜欢你了"？孩子都希望自己才是爸爸妈妈眼中的宝，我们在他面前夸赞别人来贬低他，就是最让他感到伤心的做法。

更何况，每个孩子都有自己独有的优点，他更希望我们多看到他的优点，而不是总关注他哪里做得不如别人好。所以，别再用贬低孩子抬高他人的方法来激励他了，正常地夸奖他对他反倒更有促进作用。

• 不要总关注别人的孩子。

孩子就在自己的身边，如果仔细观察，如果认真关注，我们就能看到孩子每天的变化。可是绝大多数人的眼睛却总也不会放在自己孩子身上，反倒总是看着别人的孩子，别人的孩子考了高分、获得了很多奖状、学了很多技能、上了很多兴趣班……别人的孩子做了什么，我们如数家珍；可自己的孩子怎样了，我们却并不关心，顶多只有一句话"他什么都不行"。

我们忽略了自己的孩子，却还表达得理直气壮，这样的态度最伤人心，孩子自然也就不愿意接受接下来的任何一种教育。毕竟我们要教育的还是自己的孩子，别人的孩子再好也是别人的，我们可不能放错了关注点。

• 肯定孩子的进步。

"妈妈，我这次比上次成绩提高了！"孩子原本兴高采烈地告诉我们他的进步，可我们的回应是什么呢？"就这么点进步还值得喊？你看人家的孩子，一直都是满分"，这样的话一出口，孩子的兴奋劲一下子就消失得无影无踪了。

更多的爸爸妈妈习惯于横向对比，但却彻底忽略孩子自身的纵向对比，这对孩子来说是不公平的。

孩子与孩子之间原本就存在差异，原本就是没有可比性的。即便用同一张考卷，最终的考试成绩也代表不了孩子的全部能力。

只有将孩子自身与自身比较，我们才能发现他的变化，所以更多地肯定他的每一次进步，才能让他更愿意付出努力。

・区分榜样力量与刺激作用。

有人也会这样认为，别的孩子表现得好，对于自己的孩子来说就是一个榜样的存在，这样夸奖别人其实也是在用榜样的力量激励他。

其实不然，听到我们对别人的夸奖，孩子绝对不会产生奋发的力量，只可能会出现忌妒的心理，甚至会对那个被我们夸奖的孩子产生厌恶心理。

激励孩子有很多方法，榜样的力量不是这样来运用的，这种单纯的夸奖外人，对孩子只会产生负作用刺激，让他的全部心思都集中到了忌妒和厌恶上去，反倒没有效果。

如果要给孩子树立榜样，可以引导他自己去发现周围的好同学，不要由我们来夸奖，而是引导他想想谁表现得比较好，鼓励他多和这样的孩子接触，提醒他多注意向别人学习，这样才能让孩子主动地向榜样学习，才不会引起他对榜样的排斥。

教育启示

牢记一点，孩子最讨厌我们当着他的面夸奖别人同时还贬低他自己，不管是什么样的孩子，都很讨厌"别人家的孩子"。所以我们更多关注自己家的孩子比较好，关注那些发生在他自己身上的变化，鼓励他自己主动去寻找榜样学习进步。这种关注对他也是一种激励，他也会通过自己的不断进步来回报我们的关注。

不要对孩子轻易许诺，
一旦许诺就要尽全力去兑现

"一诺许他人，千金双错刀"是唐代诗人李白的两句诗，诗中藏着一个尽人皆知的成语，一诺千金。所谓一诺千金，通俗来讲就是许下的诺言有千金的价值，比喻说话要算数，要讲信用。

人与人之间最讲究诚信，只有讲诚信，彼此间才能互相信任，才能和谐共事。而且这种诚信也应该是"全年龄向"的，不仅是对成年人要讲诚信，对孩子也要讲诚信，一诺千金对孩子也很重要。

但是，有人对此就会不那么重视了，因为孩子毕竟年龄小，心思单纯，在我们看来他总是会"无理取闹"，所以要想让孩子安静下来，有的人就会哄一哄、骗一骗，随便许诺孩子什么事，一旦实现了自己的目的，便翻脸不认账，引得孩子抱怨连连甚至哭闹不已，可我们却只觉得逗弄孩子是一件好玩的事。

《韩非子》中提到了"曾子杀猪"，讲的是宗圣曾子的一件事：

曾子的夫人要去集市，儿子哭闹着也想去，夫人安抚儿子说，回来给他杀猪吃，儿子这才不哭了。

等夫人回到家，曾子便要去杀猪。

夫人拦住他说自己只是玩笑罢了,可曾子却说:"可不能和孩子开玩笑!孩子没有思考和判断能力,就等着父母去教导,如果你欺骗他,等于是在教他欺骗。这可不是教育孩子成为正人君子的方法。"

说完,曾子将猪杀掉了。

曾子杀猪的故事,讲的就是对孩子一诺千金的道理。

正如曾子所说,孩子是在跟我们的接触中来磨炼自己的,当发现我们用随口承诺来逗弄他时,他会觉得许诺这件事并不是什么重要的事,他也会学着用这样的方法去逗弄其他的人,并以看对方被愚弄为乐。

孩子是懵懂的,他只认为自己模仿了成年人,自己离成年人又进了一步,但他不知道的是,一旦养成了这种假意许诺糊弄人的习惯,那他在众人心中就变成了"不守承诺"的形象,缺乏诚信的人最不为人待见,也很难寻到愿意与之合作的人。孩子看似玩闹的举动,却为自己未来的发展埋下了最大的障碍。

但是孩子自己却是浑然不觉的,他只认为这是一种玩乐的手段,他甚至还会将这样的手段运用到我们身上,以看我们的烦恼为乐。如果我们因此而训斥他,他反倒觉得很委屈,认为我们偏心不公平。

由此可见,在许诺应诺这件事上,我们从一开始就应该小心翼翼地对待,不轻易对孩子许诺,一旦许下了诺言就一定要为他实现,我们的良好表现才能成为孩子可学习的好榜样。

• 慎说"如果你做到了我就满足你"。

为了让孩子能好好表现，很多人会对孩子说"如果你表现好就给你奖励"，也会说"如果你实现了要求就满足你的愿望"。

当我们说出这样的话之后，孩子的注意力就已经不在他要做的事情上了，转而开始更多地考虑奖励或愿望。他会带着急切的期望去做事，力求又快又好地完成。显然，仅从这一点来看，孩子已经偏离了要凭借自己努力做事的初衷。

其实鼓励孩子有很多方法，许诺给他奖励、满足愿望这件事不能变成常态，否则会让孩子的努力变成在做交易。而显然，判定要不要给他奖励或者满足他愿望的人是我们，这也就给了我们可以随便毁约的"特权"，这对孩子来说也是不公平的。

所以，与其用许诺吊着孩子的胃口，倒不如换其他更稳妥的方式来鼓励他努力，多多赏识，教他一些实用的技巧，引导他自己主动去努力才好。

• 在学习这件事上不要许诺。

专门将学习拿出来说，就是对我们一个重要的提醒。学习是孩子自己应该做的事情，不存在任何值得许诺和奖励的成分，他不努力，是他的问题，他取得了好成绩，也是应该做的事。在学习上只有引导和鼓励，一定不要有类似"如果你考100分，我就给你买礼物"这样的许诺出现。

学习不是孩子用来交换自己想要东西的筹码，就如前一条提到的，他应该学会自己主动努力，自己主动为了能学到更多的知识去发奋。我们绝对不能从自己这里开口给孩子留下坏榜样。

- 成为言出必行的爸爸妈妈。

承诺一出，该做什么就要做什么，可不能借口什么"今天没空儿"这样的理由来搪塞孩子。孩子可是不能哄的，最初他简单的思维就认为，说了话就得算数，说了就要做出来。有人觉得孩子认真直率的样子很好笑，我们可不要只顾着笑而忽略了对他这种一诺千金好品德的培养。

说出口的诺言，该怎么做就要怎么做，不要抱着什么为了孩子好的目的去许诺，孩子的成长要靠自己，我们的言行也是他要学习的参考。所以，说了就要实现，再小的诺言在孩子看来也是值得重视的。

当然了，这也就提醒我们，许诺时一定要更加注意。考虑好自己的时间、精力、财力、物力之后再许诺，否则就不要随便开口。

- 妥善处理无法应诺的情况。

正所谓世事难料，我们以为安排得很好的时间，总会有一些突发事件打乱最初的安排，也许就此打乱了对孩子的许诺。这是无法避免的事情，只不过我们不能让这样的事情接连让孩子失望。

如果这一次不能应诺，那就改个时间，或者改个其他可以暂时缓解的承诺，不要让孩子带着满满的失望继续生活，失望一旦累积得越来越多，他和我们之间的关系可就会陷入危机了。所以除了要向孩子解释清楚我们为什么不能应诺的原因，同时也要和他建立新的约定，并且尽快实现新约定，安抚孩子因此而来的坏情绪，并且真诚道歉，让孩子不会太过失望。

> 教育启示

　　向孩子承诺不是一件很容易的事，不管是太过随意地许诺，还是转脸就"不认账"的表现，都有可能让孩子对我们产生信任危机，并且也会让他透过我们的表现学会不讲诚信。一诺千金的美德不是用来糊弄孩子的，我们自己也要讲诚信才能在世间立足。所以能同时培养我们和孩子的美德，这样的好事可不要放弃。

不要当众批评和嘲笑孩子，你要面子，孩子也要

　　在很多爸爸妈妈的眼中，自己的孩子是最好的谈资，甚至有人不管说什么话，最终都能绕到自己孩子身上去。如果说的话是好话还算好，至少孩子能从中获得美好的感受，可是更多的人在提到自己孩子时，总会有一种"恨铁不成钢"的意味在其中。

　　很多人是因为顾及自己的面子，所以才会放弃了孩子。因为孩子的某些表现着实让人高兴不起来，特别是别人不经意间提起的时候，或者别人在说起自己那令人骄傲的孩子时，我们总会想起自己孩子那令人郁闷的表现。

　　就如听到自己的不好会感到难堪一样，看到孩子令人难过的表现，我们也会觉得脸上无光。可是在同样是父母的他人面前，我们总是想要保住自己的面子。有这样不好的孩子，难免

也会被人认为我们是无能的。毕竟人们在说到某个孩子不好时,还会习惯性地说"家里父母没教育好",显然我们是绝对不愿意落下这样的口实的。

于是,再遇到这样的交谈,我们就会立刻站到孩子的对立面,哪怕是当着众人的面,也会毫不留情地批评孩子,甚至是和大家一样嘲笑他。

在外人看来,我们既然批评孩子,那也就是我们在展开教育了,多半也就会认为孩子不好的表现只是他自己不听话而已,显然我们把自己推了个干干净净。

可是孩子呢?在众人面前,每个人都会有想要寻求熟悉之人的庇护的原始需求,孩子更是如此。更何况,爸爸妈妈原本就是他最亲近的人,他更是希望能在我们这里寻求到庇护。但我们却用批评和嘲笑给了他当头一棒,这无疑相当于将他推进了孤立无援的境地。

不用多说别的,我们自己都知道颜面尽失是一种怎样的尴尬和难过,孩子更是如此。而当他发现是他最喜欢的爸爸妈妈将他推到这个境地时,他会感到更加难过。有的孩子会因为这种被"出卖"的感觉而产生性格的变化,对父母也会产生厌恶与怨恨,可是却唯独不会想着要通过自己的努力来改变现状。这个结果其实是和孩子单纯的心性有关的,他会很明白地表现自己的情绪。

鉴于此,不要只顾及自己的面子了,众人面前,维护孩子的面子也是一件非常重要的事情。我们对他的维护,不仅是维护彼此的面子,也是维护家庭的和谐团结,这也有助于培养孩子的团结友爱精神。

• 不要随声附和别人的批评和嘲笑。

父母们在一起难免会互相攀比一下，自己的孩子如何了，别人的孩子怎么不好了，一些对话你来我往却也会暗藏很多明枪暗箭。

当别人的批评和嘲笑袭来时，不要降低身份去迎合，特别是当孩子就站在身边时，也不要就此抛弃他。哪怕用歉意的微笑或者闭口不言来应对，也不要自己开口伤害自己的孩子。

更何况他人的批评和嘲笑不一定是真的，所以我们也要信任孩子。

面子不是大问题，我们要关注的是孩子的尊严，关注的是他未来能不能进步。所以完全可以将他人的批评与嘲笑当成是一种建议，回去之后好好让孩子改正问题、弥补缺点，当孩子有了改观，他人的批评与嘲笑自然也就无处遁形了。

• 理智维护孩子的尊严。

要说维护孩子在他人面前的尊严，我们该怎么表达？是直接说"我的孩子才不是那样的"吗？这个效果应该不会太好，他人只会认为我们是在护短，并连带着对我们的印象也会一落千丈。所以，要维护孩子的尊严也要有智慧，既要解决眼下问题，也要让孩子不感到难堪，而且还能维护彼此的面子，更要能让孩子通过这件事来得到教训，提起想要努力的欲望。

比如，面对老师对孩子成绩差的指责，有一位妈妈是这样回应的："您说的问题我记住了，不过孩子也的确很努力，这些我都看在眼里，我想，出现不好的成绩应该是他没有用对方法。所以我们也会和孩子一起努力，找对了方法，他也会有所改变的。"

这样的回答既没有驳了老师的面子，还肯定了孩子的努力，又提出了日后改进的方法，可以说三方面的面子都维护住了。更重要的是，孩子听到我们这样的回答，也会意识到自己该怎么做，而且我们也给了他希望，因为我们坚信他会改变。

· 平时多加强对孩子的教育。

有很多人都是在听到了别人的批评和嘲笑之后，才想着去教育孩子，结果孩子不仅心灵受到伤害，还要额外再接受教育，这显然会让他更加不高兴。

所以，平时就该多注意对孩子的教育，教育要尽量全面，不能只顾着学习，也不能只顾着培养能力和道德，三者要结合着来。提前让孩子一步一步做好，日后自然也会少很多他人的无端指责了。

· 回家之后不要再训斥孩子。

原本孩子在外面就经历被他人批评指责的不好感受，回到家后，有人会觉得孩子的不良表现让自己也受到了他人的嘲笑和批评，所以回家之后可能还会给孩子来一顿更加严厉的训斥甚至是打骂。

这样的表现只能体现出我们的无能，批评打骂可不是解决孩子问题的好方法，平时我们也应该多注意观察孩子，多注意他身上出现的问题，尽早发现，尽早解决才好。而如果遭遇了外人的批评，回家后也不要再指责孩子，好好安抚他才是正确的。反倒是我们自己要好好反思一下，寻找更合适的教育方法来改变现状才是我们应该做的。

> 教育启示

外人的批评和嘲笑的确会给孩子带来内心伤害，可是如果爸爸妈妈再附和着外人也一同嘲笑的话，就会让孩子更加难过了。孩子尽管有错、有问题，但我们却不能为了自己的面子就不顾及他的尊严，有尊严的孩子才能主动去纠错，一旦尊严都没有了，孩子就会破罐破摔了。所以，不管到什么时候都应该尊重孩子的人格，这是一条不能更改的真理。

绝不用辱骂来惩罚孩子，呵斥与辱骂是无能的表现

孩子成长的过程就是一个不断犯错、不断受教育、不断进步的过程，其实所有的爸爸妈妈在孩子还未出生时应该都已经有所了解，就算不了解，回忆一下自己的成长经历就知道了。

可是，并不是所有人都能很理性地看待孩子出问题这件事，很多人对此事的应对方法只有一种，那就是辱骂。他们认为，骂一骂孩子才能长记性，总是好言好语地跟他说，他才不会好好听。

当然也有的父母在最开始还能好好说话，可一旦孩子不那么听话，或者犯了让我们不能很容易就纠正的错误时，就会开

始辱骂了，就好像说得越难听，孩子才会越害怕。

第一次使用辱骂时，孩子的确会收敛自己的行为，因为他从来没见过爸爸妈妈对他说那么难听的话，也从来没经历过这样的阵势，可以说他是被吓到了。可是随着辱骂的次数越来越多，孩子也会发现，我们除了骂得难听点，并没有任何有实质意义的指导和建议，他就会慢慢地不再在意那些话，对此变得麻木起来。直到最后他形成习惯，认为只要犯错，爸爸妈妈无非就是骂一顿，自己也没什么损失，也就该犯错还犯错，丝毫不知道悔改，甚至还会变本加厉错得更离谱。

由此来看，辱骂绝对不是个好的教育方法，而从孩子最终的结果来看，辱骂也显得我们很无能，尽管耗费了如此多的口舌，可却把孩子越教育越糟糕。不仅如此，孩子也会跟着我们学会辱骂，如果他的朋友或者其他人做了让他不舒服的事情，他也会张嘴就骂，而且得理不饶人，如此一来他身边的朋友就会越来越少。

教育孩子最注重方法，好的方法并不需要高声、重话，更不需要践踏孩子的尊严，所以有智慧的父母都会以更理智的方法来教育孩子。

· 养成温柔说话的好习惯。

不管以前我们有怎样的说话习惯，但是有了孩子以后，就要逐渐改掉过去的习惯，特别是有些人脾气火爆，一丁点小事都能让自己爆炸的性子一定要尽快改正。孩子是需要温柔对待的，好好和他说话，他才会听得进去，我们越是急躁训斥甚至辱骂他，他反倒只会感到害怕或者无所谓。

当然要改掉以往的说话习惯也不容易，所以夫妻双方最好共同努力，要有意识地放低声音、减缓语速，有意识地选择比较温柔的语言来表达。在和孩子说话的时候，更要注意斟酌即将出口的词语，以保证不会说错话。

• 去掉无意义的辱骂式口头禅。

很多人都有一些不良口头禅，特别是在急躁的时候，更是一张嘴就在骂人。比如，看到孩子成绩差，张嘴就说"你个笨蛋"；孩子闯了祸，就说他"不让人省心的孽障"；孩子遇到了困难，就骂他"你看你那没出息的样儿"……在说完这样的话之后，才开始说更有意义的教育内容。有人觉得这只是一种说话习惯，并没有真的要辱骂孩子。

可是孩子是分辨不出来的，辱骂在他听来都是一样的，是让他心里不舒服的话语。即便我们再怎么恨铁不成钢，骂人的话也要收敛起来，直接切入主题去说就好，这种听来就让人难受的话语还是能省就省掉吧！

• 不要总关注问题的后果。

一些妈妈之所以会辱骂孩子，其主要原因是她们对孩子所造成的那个后果很在意，对他的行为很在意，所以才会因为那个不能如自己所愿的现状而表现得很气愤。可是即便对孩子骂得再多，事实也已经如此了，如果只纠结在用言语来评价孩子的表现之上，当然会越说情绪越激动，开始辱骂也就在所难免。

所以，要将自己的关注点转移到帮孩子解决问题上来，注意帮孩子找问题的原因，帮他分析他的问题，引导他思考自己该怎么弥补或者改正。这样一来，不再受到已有混乱场面的影响，自己的情绪也会平复下来，自然也就不会只想骂孩子来泄愤了。

- 不要借由辱骂发泄自己的情绪。

说到底，辱骂孩子只是在发泄自己的情绪罢了，于解决问题没有丝毫用处。面对孩子的错误、问题，情绪波动是正常的，只是不要太过上火，因为情绪爆发而辱骂孩子除了让自己感到心烦、让孩子感到恐惧之外再没有别的作用。

所以，不要因为孩子犯了错，就将所有情绪都发泄到他身上，有骂人的时间，还不如多想想该怎么解决问题。如果觉得自己情绪难以控制，暂时先离开孩子身边，等到自己情绪平复之后再回来解决也不迟。

教育启示

辱骂孩子是最无能的教育方式，甚至根本就不算是"教育"，因为辱骂不仅起不到任何积极正面的教育作用，反倒会给孩子带来心理伤害。虽然表面看上去暂时有效，但孩子只不过是被吓怕了而已，他并没有从中获得什么指导意见。作为一个有智慧的人，教育孩子应该选择更有智慧的方法，呵斥和辱骂这种只能凸显自己情绪失控的表现，能省则省吧！

不要随便吓唬孩子,以免他变得胆小怕事

在教育方面,很多人总是会选择一些很"另类"的教育方式,比如前面一节提到的辱骂,还比如有些人又会用吓唬来进行教育。如果说辱骂会给孩子带来心理伤害,那么吓唬所带来的伤害可能会更上升一个级别。

举个最简单的例子,很多孩子都怕黑、怕鬼,孩子最初对未知的事物会有害怕之意也是正常的,如果能正确引导,孩子很快就能从这种不切实际的害怕中走出来。可是,一些妈妈却并没有这样做,反而对孩子的这种惧意"善加利用"起来。如果孩子太过顽皮,妈妈就会说"再闹就有鬼来抓你了",或者说"把你关进小黑屋不理你"。本来孩子就怕黑怕鬼,妈妈却还用这个来对他施加惩罚,这无疑等于放大了孩子内心的恐惧。这种被放大的恐惧,会让孩子害怕更多的事物,甚至有些原本不怕的东西,也会因为他的胡思乱想而变得害怕。最终,孩子会形成软弱的性格,变得胆小怕事,不管做什么都放不开手脚。

妈妈的初衷也许是想要通过吓唬一下孩子,让他意识到危险以及自己能力的不足,但却高估了孩子对吓唬的承受力,也忽略了他丰富的想象力。

只要有被吓唬的"前科",孩子就会将那个不好的记忆牢牢记在心里,日后再有什么相关的事,他都会进行丰富的联想,慢慢地也就形成了什么都怕的性格。

由此可见，罪魁祸首还是在父母。所以，为了避免孩子变得太过胆小怕事，就不要随便用吓唬来阻挡孩子行动和探索的脚步。

· **帮孩子摆脱无意义的害怕。**

如前所说，凡是孩子，总会有一些害怕的东西，不过孩子对有些东西的惧意可能只是一种无意义的害怕，比如怕黑、怕鬼、怕虫子，我们要帮他正确认识这些事物，打消他内心的恐惧。当然，有些恐惧随着成长可能会消失，有些恐惧也许反而会变得更加根深蒂固，如果孩子实在害怕，也没必要非逼着他不去害怕，顺着他的自然需求就好。

· **不用吓唬来改变孩子的初衷。**

有时候孩子很想做某件事，可是我们却拦着不让他做，孩子执拗起来，在我们看来就有些难以接受了，于是为了打消他的初衷，有人便会吓唬孩子。吓唬得狠了，孩子也许当时会打消念头，但他内心还是会存有希望，说不准什么时候，他会找机会去做我们不想让他做的事。显然如果是这样的结果，就意味着我们并没有阻挡住孩子。

有时候孩子很鲁莽，想做的事情是不好的事，阻止他是有必要的，不过要给他摆清楚做这件事的各种不好的原因，让他主动意识到自己想做的是不好的事，这样才算成功阻止了他。但有时候孩子想做的事只是我们感觉不好罢了，可以多问问孩子他到底要干什么，做某件事有什么意义，了解孩子的初衷，也许我们就能理解他，进而也就不再阻拦了。

・正常向孩子介绍各种常识。

我们在向孩子介绍某些方面的知识时，有时候会说得很夸张，甚至会用一些不可能的结果吓唬孩子，我们的目的是为了阻止孩子因为好奇而做出不合适的举动，可是单纯的孩子却可能对此信以为真。

比如，如果吓唬小孩子说"自己一个人下楼梯的话，就会滚下去摔断胳膊摔断腿"，我们的原意是想提醒年龄小的孩子注意安全，要在爸爸妈妈的陪伴下下楼梯，可是孩子不会领会得那么深刻，他会一直记得自己一个人下楼梯是不好的，甚至长大了具备了独立下楼梯的能力之后，他也依然不敢独自下楼梯。这个结果就显然是我们的吓唬给他留下了心理阴影，把原本可以正常做的一件事也变得不能正常做了。

所以，有些知识要用正常的表达来描述，尤其是那些即便孩子现在做不到，但他日后能做到的事情。可以给孩子讲清楚其中的危险性，提醒他要做什么的时候一定告诉爸爸妈妈，这样才能避免他变得胆小怕事。

・多给孩子一些正向的鼓励。

与其用吓唬让孩子远离某些我们所以为的危险，倒不如多给孩子一些正向的鼓励，让他能更有勇气去面对。越吓唬孩子只会让他越来越胆小，但多一些正向的鼓励却是在给孩子打气，会让他的内心充满勇气和力量。

不要过分担心孩子做的事情，只要确信他做的是积极的、正确的、健康的，让他尝试一下也不是什么坏事。

尽管可能会因为能力不够或者经验不足而失败，但是有过尝试后，孩子就能意识到自己的缺陷在哪里，而且我们的鼓励也会促使他更加努力。放手鼓励他去做，总要好过用吓唬来束缚他的手脚。

教育启示

　　用吓唬来教育孩子的父母，多半都认为吓一吓会让孩子知道什么能做、什么不能做，但是孩子关注的却并不一定是事情本身，他更关注的可能只会是吓唬的内容，那个内容会给他留下深刻的印象，甚至会影响他的心理发展。所以，不要用吓唬毁了孩子日后奋斗的心，多一些正向的鼓励才是让他勇敢面对未来的好方法。

不要责备孩子的房间太乱，因为他可能在"创作"

　　爱干净的人对于家中不整洁的地方总会抱怨连连，如果这些地方常年都不那么令人满意的话，我们更是会觉得烦躁情绪与日俱增。这种情绪在很多妈妈那里会表现得更为明显，妈妈每次都能把房间整理得干净整洁，可是有些孩子却并不那么理解妈妈的辛苦，经常很快地就把自己的房间搞得一团乱，妈妈看了自然会觉得自己的劳动不被珍惜，气也就不打一处来。

　　面对孩子乱得出格的房间，一些妈妈内心的火气的确不那么容易就被熄灭，一定会随口就来上几句抱怨，当情绪越发被"调动"起来后，我们会说得越来越多，甚至开始动手清理孩子的房间，力图使之恢复成我们想要看到的样子。

可对于妈妈的愤怒，孩子有时候会面露惭愧，但有时候却是十分不解的，还有时候又会表现出非常愤怒来。面对后两种情况，有的妈妈也会感到不解，明明就是他自己错了，可为什么还会有不知悔改的情绪呢？

其实，有时候我们还真是错怪了孩子。孩子顽皮的天性，的确会让他在不知不觉中就把房间弄得一团乱，这时我们的训斥自然会引发他的愧疚之心，他也会意识到自己的表现是对爸爸妈妈辛勤打扫的不尊重。

不过，除了真的因为调皮而搞乱了房间之外，有时孩子的房间虽然看着乱，但却也是"大有玄机"的，并不是我们想象中的他一顿胡乱折腾才导致的，如果仔细观察一下，可能就会发现孩子房间里的秘密。

每个孩子天生都带有很强大的想象力，在自己的房间里，在这样一方只属于自己的自由空间，孩子的想象力会发散得更广，他可能会捣鼓出许多新鲜的东西来。

比如，有的孩子会在屋子里所有可以下笔的地方画上画，就好像自己生活在画中一样；有的孩子又会用各种材料来做各种他想象中的东西，结果屋子里就会摆满各种奇形怪状的作品，如果他不解释，恐怕我们永远都不知道那堆东西是什么……

也就是说，孩子房间里看似杂乱的堆放，其实是他辛勤劳作的作品，他可能原本想着日后向我们炫耀展示，但没想到我们却以对待垃圾的态度收走了他的作品，还训斥了他，对此他自然是感到心里不舒服了。

发现了真相，我们也应该改变一下原来的态度，换一种方式来处理这件事，让孩子也能心甘情愿地接受我们的建议。

· 不太过随便地进入孩子的房间。

很多父母总是不打招呼就直接推开孩子（尤其是比较大的孩子）的房门，进去就说打扫卫生，然后在里面就不停地抱怨、训斥，甚至还会扯到与卫生八竿子打不到的学习或者其他事情上。如果孩子对此表示出不满，父母反倒还觉得孩子不知好歹，结果训斥他训斥得更凶了。

对此父母也应该好好反省一下，本来就是自己擅自闯进了孩子的空间，结果还训斥他的不好，这是对他不尊重的表现。要进入大一点孩子的房间，最好先敲敲门，得到他的同意后再进去。孩子的房间属于他的独立空间，父母还是适度保持一点距离为好。

· 主动了解孩子房间内的"与众不同"。

如果发现孩子的房间太乱，可以换种方式了解其房间内的"与众不同"。比如，可以说"你都创作了什么大作，我参观一下，你能给我讲讲吗？"也可以说"我太好奇了，特想看看你都做了什么让我吃惊的东西出来，快让我看看吧"。

当我们带着这种主动意识来询问孩子时，他多半也就不会排斥了。尤其是有的孩子真的在自己的房间里搞出了"大作"时，他会很开心有人欣赏的。由孩子带着进入他的房间，由他来介绍他房间中的各种东西，在了解他大作的过程中，对他房间中有什么自然也就一清二楚了。

・尊重孩子的创作成果。

不过，我们进入孩子的房间可不能只是为了窥探他房间里到底有什么，也不能只顾着关注房间是不是混乱不堪，应该关注的重点还是孩子的那些"作品"。要带着想要了解的心情去听孩子的介绍，最好还能问上几句，以表示我们的确在认真听孩子介绍。如果有可能，给上几句建议也是可以的，这会带给孩子肯定与信心。

切记不要摆出一副嫌恶的样子来，不要随口评价孩子的作品"不好""看不明白"，否则会让他"很受伤"。尤其是不要说出类似于"你在屋子里不好好学习就瞎捣鼓这个？真是让人不省心"这样的话来，孩子满心希望得到的是我们的惊奇、夸赞，如果一盆冷水泼过去，他的心情变糟不说，还可能从此不再愿意让我们进门。所以，尊重孩子的作品也是我们不能忽略的。

・和孩子商量好清理房间的事宜。

当然了，孩子虽然是在搞创作，可把房间弄得一团乱也是事实。既然我们不能随便对他的各种"大作"进行清理、打扫，那就和他好好商量一下，让他自己记得清理房间就好。

可以和他来个"约法三章"，教他学会打扫房间，然后提醒他要记得自己清理，如果忘记清理了，那么爸爸妈妈就可能直接进入进行干预了。

提前与孩子商量好，他多半也就能自觉处理自己弄出来的一团乱。而一旦约定定下了，我们也应该相信孩子，不要总是监督或者过多询问，给他一定的自由处理权利就好。

教育启示

如果没有干扰，每一个孩子都能在自己的房间里发挥想象，做出令人意想不到的作品。其实对孩子最大的干扰，来自于身为父母的我们，一看到他的房间不那么整洁，就认为他是在捣乱，是在故意搞破坏，这样的认知可是太过于自我了。尊重孩子想象力与创造力的发展，不对他的房间指手画脚，这才是对他心灵发育的一种保护。

不要过分满足孩子不合理要求，适时说"不"

"人心不足蛇吞象"，这句俗语经常被用来形容人难以被满足的欲望。人的欲望增长就像在挖洞，没有定力的人总会无休止地向下挖，越挖越深，越深越向下继续，最终欲望变成了无底深渊，深陷其中的人也就再难以自拔。

并不是只有成年人才有那么多欲望的，孩子也是如此，只不过他若想要满足自己的欲望，需要求助于我们。显然，能不能控制住孩子的欲望，一半的闸门在我们这里，如果我们这边对他的欲望没有节制的想法，他自己自然也就不懂得控制自己的需求了。

由此可见，要避免孩子被自己的欲望控制，我们就应该帮他控制好，当孩子的欲望开始没有节制的时候，我们要能帮他刹住车，也就是要敢于拒绝他，适时对他的欲望说"不"，使他不至于在欲望的引导下越陷越深。

但这显然不是那么容易做到的事情，现在的大部分家庭都具有一定的经济实力，要满足孩子的个把愿望并不是什么难事。

很多人又有这样一种心理，既然能满足，满足就好，何必非要看着孩子因为愿望被驳回而闹情绪。再加上现在的很多父母自己本身就是独生子女，在自己小时候体会过因为家庭条件而愿望无法被满足的失落感，因此现在自己既然有了条件，那就要好好地满足孩子，甚至对孩子的愿望来者不拒。

不得不说，我们总是将自己的过去带入到孩子的现在是一件很不明智的事情。自己吃不到的，一定要让孩子吃到；自己没得到的，孩子不能也委屈着；自己的需求被忽略了，孩子这里可一点都不能忽略。

我们以为自己这样会让孩子得到满足，他会开心，可实际上，欲望被满足得越多，孩子反倒越烦躁。因为他的要求都被轻易地实现了，他会觉得很没有意思，这就是为什么有很多孩子会提出一些相当稀奇古怪的要求，为什么有很多孩子明明要求被满足了却显得不那么开心。

当自己的要求太容易就得以实现时，孩子并不会觉得自己是受重视的，他反倒认为爸爸妈妈是为了不再让他打扰而满足他，说白了就是为了打发他而满足他，这会让他感到烦躁不已。而那些要求，可能根本也不是他特别想要的，所以这无疑也是一种浪费。

而对于我们来说，对孩子百依百顺也很危险，孩子也会意识到他不管做什么都是可以的，因此也会不断地挑战我们的极限。久而久之，我们在他心目中的威信就会渐渐消失，日后的其他管教也将逐渐失灵。

所以不要过分满足孩子，控制好满足的闸门，也就控制好了他的欲望。

· 对孩子提出来的要求要斟酌。

孩子的要求有的是必须要得到满足的，有的就只是他一时的心血来潮，我们应该具备分辨能力，好好斟酌他的要求到底是什么性质的，只有那些必须要满足的才能予以满足，那些心血来潮的要求，最好仔细衡量一下，如果没有必要，拒绝就好。

· 不要强硬地对孩子说"不"。

对孩子提出来的要求，只回应一句"不行"是不够的，尤其是那些已经习惯了被满足的孩子，对于这个"不"字会感到很不习惯，并由此以哭闹来反抗。

也就是说，即便拒绝孩子，也要温柔一些，明确告诉他为什么不能满足他的要求，态度要坚决，但要用温柔的话语来告诉他。而且一旦决定一下，就要坚持到底，不能轻易被孩子的眼泪或无理取闹所打败。

· 用约定来约束孩子和自己。

举一个简单的例子，进入玩具商店后，孩子想要的东西会很多，所以去之前就提前和孩子约定好，只能买一个，而且这个约定也要取得孩子的同意。之后在商店里，将选择权交给孩子，让他选择一个自己最想要的买给他就好。

约定一定要定得合理，对于一直都能得到满足的孩子，可以一点一点地减少满足的次数和内容，直到孩子最终习惯。

在这个过程中，我们自己也要遵守这个约定，不能因为看到喜欢的东西就自作主张给孩子买下来，特别是那些孩子原本没想要的东西，如果我们给了他额外的东西，他就会又增加新的欲望，这无疑是在给我们自己找麻烦。所以订立的约定，应该约束我们和孩子双方才好。

· 可以尝试一下延迟满足。

总是被满足的孩子，会没有耐心，对所有要求他都希望能立刻得到满足。而减少他这种迫切的一个好办法，就是使用延迟满足。将满足他要求的时间向后推，给他足够的缓冲时间。

不过这种后推时间也要讲究技巧，不能干巴巴地就让孩子等着，我们可以用"现在我很忙，一会儿再说"来开头，然后引导他去做别的事情，让他等待足够长的时间，他也许会忘记自己的要求，就算没忘记，既然他已经等了这么久，满足他也算是对他的一种奖励。

但延迟满足的方式也不可滥用，在不紧急的状况下适度使用是可以的。

教育启示

盲目地满足孩子所有的要求是愚蠢的做法，只会越发让孩子不懂珍惜，也会让他对父母越发不尊重。孩子的要求毕竟有好有坏，有合理也有无理取闹，我们应该好好斟酌他的要求，适当对他说"不",更要让他意识到某些要求他自己也可以实现,培养他自己主动努力,同时我们也要减少对他的百依百顺,以免他变得蛮横跋扈,不可一世。